禅与物

CHAN YU WU

赵 丰 ◎ 著

陕西师范大学出版总社

图书代号:WX15N0212

图书在版编目(CIP)数据

禅与物 / 赵丰著. —西安:陕西师范大学出版总社有限公司,2015.4
ISBN 978-7-5613-8065-9

Ⅰ.①禅… Ⅱ.①赵… Ⅲ.①散文集—中国—当代 Ⅳ.①I267

中国版本图书馆 CIP 数据核字(2015)第 033671 号

禅 与 物

赵 丰 著

责任编辑	胡选宏
责任校对	舒 敏
装帧设计	张 涛
出版发行	陕西师范大学出版总社
	(西安市长安南路 199 号 邮编:710062)
网 址	http://www.snupg.com
印 刷	西安创维印务有限公司
开 本	787mm×1092mm 1/16
印 张	17.5
插 页	1
字 数	250 千
版 次	2015 年 4 月第 1 版
印 次	2015 年 4 月第 1 次印刷
书 号	ISBN 978-7-5613-8065-9
定 价	32.00 元

读者购书、书店添货或发现印装质量问题,请与本公司营销部联系、调换。
电话:(029)85307864 85303629   传真:(029)85303879

目 录

序：神思妙想，天籁之音／阎庆生　1

第一辑　自然与人

鸟的生存方式／003

身体的哲学／017

植物词／027

河流记／035

泥土颂／052

高山仰止／064

关于麻雀／070

白云／075

影子／082

生命中的蛙声／089

第二辑　乡村叙事

天书／097

秋天备忘录／106

乡村作坊 / 112

乡村匠人 / 136

童年里的几棵树 / 152

散淡的村庄 / 162

儿时的游戏 / 170

庞光镇纪事 / 179

南正村人物 / 188

柿子红了 / 196

第三辑　山水地理

谛听天目山的禅声 / 203

在黄桥想起朱自清 / 210

普陀山悟禅 / 215

金山长城，一个民族的背影 / 222

飞霞山禅悟 / 227

壶关大峡谷风景线 / 232

扬州的品相 / 241

乌镇，夜色如禅 / 246

三亚，灵魂之旅 / 251

大写的沂蒙 / 257

序：神思妙想，天籁之音

□ 阎庆生

久居城市，日接烦嚣，心里向往的是散淡的乡野、村落和幽静的山林。我的家乡在渭北高原的一个小县，距省城六十多公里，虽说每年回乡一两趟，但都是当日往返，未能深切地重温乡情野趣。于是，梦境便成了我追求精神慰藉的途径。但梦之为物，可遇而不可求，况且梦境大都恍恍惚惚，难得要领，哪里能满足我返璞归真的愿望呢？忽一日，新结识的、年龄小我一轮的户县作家赵丰先生枉顾寒舍，以其新作散文集《禅与物》书稿征序。我知道他是一位可称道的实力派乡土作家，在全国文学界有一定的知名度，出版过《声音与物象》《小城文化人》等十余部散文小说集，获过冰心散文奖、孙犁文学奖、柳青文学奖，所写多为乡村生活，遂贸然应允下来。

这部书稿的题材，只有几篇是写城市的。全书凡三辑，其一为"自然与人"，其二为"乡村叙事"，其三为"山水地理"。其内容，颇合我的脾胃，一入读就被吸引住了。细细披览，方知此书在写作的体例上，有自己的独特之处。三辑中许多篇章，都在一个大题目之下，分列出几个子题目，围绕着大题目从不同的方位或角度展开描绘和抒情。以林木比之，分而为灿然可观的独木，合而为参差有致、景色连绵的小树丛。这是此书一个外在的、十分突出的特点。如第一辑的《鸟的生存方式》，分为《飞翔》《声音》《伫立》《迁徙》《求偶》《宠臣》《服丧》《平民》七个小题目，《身体的哲学》分为《太阳穴》《丹田》《血管》《咽喉》《关节》《皱纹》六个小题目；第二辑的《儿时的游戏》，分为《滚铁环》《打陀螺》《斗蛐蛐》《抓蛋儿》《鸽仗》五个小题目；第三辑的《飞霞山禅悟》，分为《飞霞山》《藏霞洞》《飞来寺》三个小题目；等等。依书名《禅与物》及该书处处弥漫的禅意来揣摩，作者之所以如此安排，其用意恐怕在于：不着重追求画面的凝重与宏阔，而力图达到对事物所含哲思之精微体味。换言之，作者的写作旨归，似在刻意地对自己亲历的事物做形上的沉思；而要做到这一点，就不能倚重于营造完整、连续的画面，而要对原生态的物象做出某种更厉害的"切割"和更富力度的点染，以满足在一定程度上将形象思维与逻辑思维相融合的内在需要。全书充满了"禅意""禅心""禅悟""禅思"之类的字眼，见出作者在散文创作中另辟蹊径、以泛化的禅宗哲学与美学来观照自然与人的意图。应该说，这种写法及其所形成的淡远幽眇的艺术风貌，在当前的散文界还是不多见的。因而，读起来就能给人一种奇丽温润的新鲜感。

　　作者在书中说："我的骨子里，秉承着中国哲学的内敛和玄机。对于相当外化的表现形式，自以为过分夸张，总是带着排斥的心理。"如果说中国古代哲学的学派大都具有"内敛"的特征，那么"玄机"这一点则主要为禅宗所包含。《禅与物》一书满纸禅意、禅机、禅悟。作者不是哲学家，自然不可能在创作中对"禅"做出学理性的推断与演绎，但禅意确实充溢了他的思绪与心灵，甚而成了他创作心理乃至审美观的一个很重要的组成部分。在他的笔下，林林总总的事物，形形色色的景象，不论是自然风物的，还是社会人事的，几乎无一不是用禅心来体味，用禅意来阐释，往往见出禅的妙趣与机缘。拿鸟儿来说，鸟的鸣声，鸟的飞翔，鸟的窝巢，鸟的一切，举凡亲身所见所闻，皆能够于实在的有关鸟的景象中，发掘出深微的含义，引发出种种奇思妙想，从而营造出一种勘破物理世情、潇洒出尘的意境。作者以热爱生命的心态描述了鸟儿的各种生存方式，在他看来："鸟是天堂撒下的花籽"，"不同的鸟有各自独特的飞翔节奏，或高或低，或收或展，旋转如舞"，"鸟优美地起伏身体，天空中充满舞蹈者的弧线。

天空中如果没有鸟,那就少了许多弧线。鸟让气流颤动,像是琴弦奏响的音符"。他歌颂鹰那种"在平静的翱翔中保持着强悍的力量"和"远远超越于现实背景之上的英雄主义",他仰望鹰在高处飞翔的那种隐约的风姿;他又礼赞大雁这"距离太阳最近的鸟",敬慕它的"横空出世",聚焦于"它的目光与白云对接,衍变出两种色彩的对峙";他还赞美海鸥"大海的情怀",能以自己的行止预报天气,"具备着关照人间疾苦的意义"。还有那喜欢水和水边芦苇的斑鸠,作者曾经亲见许多斑鸠掩藏在家乡沣河边的芦苇丛中,"当我试图接近它时,它却瞬间旋飞起来,像一面松木色的古琴,风一般抚响弦样的羽轴,发出昂扬而悦耳的声音——那是思想辐射出的影子"。由此种种,作者不由得深深地感叹:读懂一只鸟,不是一件容易的事!由鸟的飞翔,作者进而提到:我们很少在地面发现鸟尸,"我把云朵想象为鸟的墓床,里面收藏着无数神秘的灵魂"。此种想象,确实是神奇、美丽的,是闪耀着人性光辉的,是富于浓郁的神话色彩的。但是,作者又让自己的思绪回到了大地与现实:"鸟在头顶飞翔,注定我要仰视。"显而易见,作者对鸟的生存的由衷赞佩,源于自己对人生的热爱,而他写出的对鸟的许多想象之词,无论如何可以说是酣畅飞扬的神来之笔!读着这些文字,我不由想起唐代诗人李白"俱怀逸兴壮思飞,欲上青天揽明月"的诗句。

试看该书首篇《鸟的生存方式》中不足两千字的《飞翔》一章。作者想象之丰盛,观察之细腻,辞藻之清丽,行文之婉转,都令我不禁击节赞赏。可以设想,如果作者仅仅只对鸟的生存方式做科学式的探究,那是很难进入文学艺术的畛域的。难得的是,作者的文采、想象已然兼胜,更难得的是哲思加盟经营。大家知道,禅属于哲学范畴,它联系着一种对自然和人参透本体的形而上观照,讲究刹那观照与虚静空灵、心无挂碍、心境浑一之美。禅,意译为"思维修",符合"诗悟"之心理机制。冯友兰在《中国哲学简史》一书中,就把禅宗概括为"静默的哲学"。据赵丰说,他对外国哲学也下过功夫,此书中就提到了苏格拉底、帕斯卡尔、尼采等哲学家的一些理论命题。这就给他的禅思注入了西方哲学思想的养料。他在书中引用最多的,是帕斯卡尔《思想录》中"人不过是一棵会思想的芦苇"这句话。在他看来,不仅各种植物本身都具有灵性,而且它们的生存形态也都弥漫着禅意。在作者的意识里,"婀娜"一词不仅仅是纤细、柔软的表达,而且是某种植物赋予人心灵的感应;"婀娜"表征着植物一枝、一叶、细节的柔美,体现着一种意象的轻盈,能够引领人的精神趋于上升;"而人的躯体无限柔弱的时候,心灵在松弛中化为乌有,这才是生命中难以逝去的婀娜景象"。正是在对西双版纳热带雨林无数植物细致入微的观察中,作者读出了它们绽放出的婀娜神韵,发现了这一词条被辞书所忽略了的禅意。至于"缤纷"一词,作者从常识层面"繁多而错杂的样子",联想到黛玉葬花的情景,引申出秋风寒意、落叶纷飞的忧伤和呻吟,以及其中隐藏的"自然界的兴衰荣枯",从而得出了如此的结论:"落英缤纷,貌似繁华,本质上却是衰败。过去,我从来没有注意到这个词潜藏着的意象,却在鹦鹉学舌般地歌颂着它的美丽。"不过,作者并没有遁入虚无、悲观,而是打开了自己的心扉:"捧着一片落叶,我便恍悟,生命若落叶,你必须珍惜挂在树枝上的瞬间。"又说:"从纯自然的角度看,那缤纷的景色是一种美的享受,禅的愉悦。"可以说,围绕着"缤纷"的禅悟,文章层层展开,波澜起伏,正如伴着一支圆舞曲优雅而轻盈的节奏在舞蹈。

同样,作者在《身体的哲学》里,从与太阳穴有关的手语姿势含义有意识、知道、思考、领悟、哲学等等关涉思想的词汇这一事实出发,印证了自己的太阳穴处常常出现头痛症状,是因为"思考太多,特别是研究西方哲学家常常不得要领的缘故";而他总是在此时拼命按压、旋转太阳穴,这样病状就会减轻,于是,得出了"太阳穴的疼痛,是思想的疼痛,通过自我调节可以减轻或者消除"这一不寻常的结论。窥一斑而知全豹,可知禅悟的运用,使赵丰在散文创作中拓展出一片崭新的、别有风致的艺术天地。平心而论,在阅读此书的过程中,我不断地为作者与文采、意象浑融为一的禅悟所陶醉,时而记下一些片断感想。

富于奇思妙想,迭见清词丽句,每每造出一种淡远幽深的意境,是此书一个鲜明的艺术特点。换句话说,《禅与物》一书意静神旺,佳句纵横,时见妙境,给读者带来的是一种特殊的审美愉悦和艺术陶冶。作者的审美取向很明显是优美。也许作者受过多年以前所谓"宏大叙事"的创伤,抑或其天性本来就如此。在《植物词》中《锦簇》一章里,作者明确地说:"高尚的美术作品,大多避开艳丽的色彩。这是因为艳丽的色彩容易引发人们的审美疲劳";"我的审美观,更执拗于散淡、清雅。淡雅清秀,会给美留下空间,让思索游刃有余。"文学史表明,能够具有清醒、自觉的审美意识的作家,不是那么多的。美学常识告诉我们,优美作为一种审美形态,包含着两种含义:其一是作为与壮美或崇高相对立的审美形态,其二是人类整个审美发展的终极指向。正是在这双重意义上,作家赵丰的审美意识,显示了其一定的深邃性。康德就认为优美的审美形态极为重要,他还把女性称之为优美的性别,昭示了优美在人类社会发展中含义丰富的美学价值。当今,在西方学者诟病现代化引发物欲横流、丧失终极追求的弊病时,他们中的许多人往往不约而同地把目光投向中国古代哲学,其关注的一个焦点就在庄禅。所以,赵丰的这本散文集,读来能起到净化人的灵魂、提升人的精神境界的作用。集子里一些千字文,如《迁徙》《服丧》《皱纹》《摇曳》《幽香》《缤纷》《榆树》等篇,就是优美纯净的散文诗。我在阅读的过程中,曾经动过如此的念头:如能将集子里体制短小、精粹醇美的篇章另行编选为一本十万字的小书,那传播的效果可能更佳呢。

第二辑是乡村叙事,描叙自己的童年生活,以及秦渡镇、庞光镇、南正村、碾儿庄的风土人情和种种人物的命运。作者似乎换了副笔墨,字里行间虽仍有些许禅意的流露,但毕竟纪实的成分很重了。作者的笔下,展开了一幅幅风情画。滚铁环、打陀螺、搭方、鸽伏、斗蛐蛐,这些游戏被写得绘声绘色,见出活跃的童心童趣。村庄与晨雾相融合的炊烟,女人在河边用皂角洗衣,四伯在麦场上扬场,二姨出嫁上花车,妻子分娩时麻老五在旁边吹着悠扬的笛曲……这些场景都写得十分传神。童年的作者是早熟的、聪慧的。他的记忆力很强,能够把儿时记忆中的田野、河流、街道、院落、寺庙、山坡、树林、草木,以栩栩如生的笔墨一一再现出来。庞光镇的旧戏楼、高山庙、铁匠铺、碾坊的场景,令我想起了沈从文笔下湘西凤凰的诸多景象。各种风物的禅意,是作者成人之后在怀旧时加诸前尘往事的,是在自己的人生经历中生成的。可以看出,禅意对于作者所起的积极作用,在于强化他的审美意向并减轻他对现实苦难过多的心理承载,且常常进行一种形而上的思考。在农村的苦水里泡大的文化人,要他不问人间烟火,一味修行,是不大可能的。宗教色彩,实际上在赵丰的作品里是没有的;禅心禅意,于他只是一种对静思、诗思的借用,是对禅宗美学的泛化而已。我寻思,书名为《禅与物》,但青年读者不要被作者的"禅"字遮蔽了眼睛。此种状况,似乎应了一句古诗:"草色遥看近却无。"中国现代文学史表明,乡土作家在创作方法上最容易倾向现实主义。尽管赵丰喜欢谈论禅意,但一旦进入对农村历史与现实的描绘,他就不能不面对苦难深重的土地和农民以及落后的农村景象,深长思之、慨然叹息了。第二辑的不少篇章里,暗含着忧伤的调子,流露着哀痛的衷曲。《秋天备忘录》是这方面的一篇代表作。"和我有关的人或死亡或失踪都在秋天发生":儿子栓栓聋哑痴呆,四伯为了照顾儿子说服四娘不再生育,而且跟别人换了庄基把房子盖到了村外(怕人笑话),谁料儿子在秋季一个雨天死了,他把儿子埋在村里的机井旁,天一晴,四伯跳入机井,自杀了!作者的外公在连绵的秋雨中出走了;外婆也是在秋天死的,死在了秋天的丝瓜架下,"怀抱着一个枯萎在架上的丝瓜","外婆死后的第二年,祖父也死了"。祖父死后不久,一位患梦游症的八岁的小孩,在农历八月十五死于一口井中(坐在机井旁看井里的月亮)。这么多的死亡都发生在秋天,"让我对秋天增添了更多的恐惧",觉得"秋天是个魔鬼!"在常人看来,"秋天带给乡下人的是欢乐,我却在他们的欢乐中体会着死亡的意义"。秋天扭曲了作者的童心,使他"用残疾的心态和扭曲的视角解读秋天的事物"。他甚至"跳起来,把磨亮了的镰刀朝空中一挥,企图向秋天讨个说法,或者想割断秋天的翅膀"。这是作者真实的童年体会,是童年不能承受的生命之重!然而,俱往矣,成年后反思"曾经受伤的心灵",觉得那伤痛的秋天用惊悸和仇恨"折磨着我尚不成熟的思维";"现在,秋天在我的眼里不再那么面目可憎了,但我仍然苦苦地思念着它。——这是走向成熟的一个蜕变过程。在某种意义上说,我所经历的秋天是透视人生的窗口"。应该说,作者此篇的记叙,是严峻有力的,而其哲思又是神采飞扬的。

在艺术上可赞赏的是,作者刻画人物笔墨简洁,善用白描。譬如,《童年里的几棵树》中《榆树》一篇,写祖父对后院那棵榆树的珍惜爱护之情。当初,祖父栽下这棵树就是为了等它长大做盖房用的木料。一个细节是,春天榆树的嫩叶在枝干上蒙上一层绿意,鸟儿在树旁飞翔,祖父手搭凉棚瞧呀瞧的,"好像没见过树枝发芽","我"对祖父这副样子不满,故意摔脸盆等器物,祖父一个人在院子里嘟嘟囔囔:"你这个娃呀,没受过可怜。"秋凉了,榆树叶落了一层层。"祖父坐在小凳子上,一坐就是一晌。一会儿,祖父捧起一把枯叶,用力嗅着。一会儿,用两只手掌搓着,直到把完整的叶片搓成碎末。秋风吹着祖父的胡须,颤抖,无奈。"另外两个细节是,老屋的墙垮塌了,原打算盖新房时伐榆树做檩木用,待到木匠带着锯子来伐时,"祖父却摆摆手让木匠走了";一次给祖父照相时,父亲让祖父坐在屋门口,"祖父二话不说,却走到院子,站在了那棵榆树下"。看来,祖父的生命是与榆树深深地胶结在一起的。不言爱树,而爱树之情溢于行动,并显示了内在的情感节奏。《秋天备忘录》写外婆对外公的思念,作者写道:"外公是在没完没了的秋雨中出走的,因此天只要一下雨,外婆就唠叨这么两句:'没戴草帽,也没穿鞋……'"一句念叨的话,就使外婆的心思活灵活现。此类例子在写人的篇章中还有不少。作者的行文中,时有惊人之笔。细细考察就会发现,赵丰写人往往用的是简笔。这是他进入中年之后,写作技巧与语言功力日趋成熟的表征。在这些方面,作者似乎有意无意地继承了我国古典小说的白描传统。如上所述,赵丰写自然景物,包括写游记,多用的是浮想联翩、神与物游。这一特点,可能更多地受到了外国文学的影响。

我总觉得,赵丰在本质上是一位诗人。他的才情高,情思连绵,观察细腻,总能于平淡处生发出奇思妙想,进入一种心造的奇特意境。一些平常的事物,到了他的笔下,往往就被赋予奇幻的色彩与生命的情调。在一些篇章中,他能够恰当地进行渲染、烘托,从而造成一种诗意的氛围,增强了文字的艺术感染力。《柿子红了》一文,把蔚为大观、满村男女老少兴高采烈地欣赏、交谈的"柿子红了"的自然景象,与二姨出嫁的悲欢离合,六爷临死时久久不肯咽气、一根手指执拗地点着山坡的方向、乡亲们把他的墓穴选择在柿林里的人事,水乳交融,写出了此间村民生命的特殊色彩与向度。在作者诗意的表达里,分明弹奏着如泣如诉、如怨如慕的乡野生命之曲!

看来,赵丰的审美理想,更多地属于生命美学。他的文字,他的情思,他的歌哭,大半系于生命本体。

第三辑是游记。赵丰在游记里,发挥了他的全部艺术才华。作者精力旺盛,游览了不少名山大川。在自然景物面前,他观察,他畅想,他追怀历史的况味,他思索景物的审美价值。他的一个优长之处,在于所到一地、一处,游览之时,必定入微地观察细节。不厌其详,不惮其深。他的笔下山水胜景迭出,而其禅悟宛如汩汩小溪流出,腾跃流转,以人文之遐思奇想点化自然之景,往往生出妙趣,自成格局。他似乎有着无穷尽的禅意,随缘任性,议论风发,而又绝无牵强附会、无病呻吟之弊。《普陀山悟禅》一文,写禅意笼罩着整座普陀山,作者的感觉和思索,与寺院、林木、山石、道场、观音像，与包括"跪地拜佛,用英语向佛祖露心迹"的一对异国男女,与一位一路匍匐行跪、向观世音泣血叩拜的中年男子等众多香客内在地融为一体。他在游记中认为:无欲、无心是禅;豁然晓悟、通达无碍是禅;禅,代表着身心中澄澈的情感、智慧和觉悟;幸福是禅的内在形式;"佛和禅,本是一对温柔的组合"。如上所述,读者不要以为赵丰真的皈依佛门了。他说:"我心非佛,但有时,在迷离困惑之时,我又常常在心灵的深处祈求着佛灵的显现。这是多么矛盾的现象啊!"唯其如此,我们说,赵丰散文中的禅悟是真实的,写出了一个现代文化人实在的、复杂的生命体验。《谛听天目山的禅声》《在黄桥想起朱自清》《扬州的品相》《三亚,灵魂之旅》《飞霞山禅悟》《乌镇,夜色如禅》等篇,景象与写法各不相同,或做人文地理的阐发,或做审美意趣的妙赏,或做人生哲理的探寻。此种重悟重思的路子,契合了孙犁关于游记写作"在思不在游"的教诲。要之,其所写皆出自一己的灵魂深处。它的曲调,它的音节,是自然和谐的,是物我交融、相互激发而生成的。因之,可谓令人愉悦的天籁之音!

全书的终篇是《大写的沂蒙》中《小调》一章,描写作者在"蒙山丽夏"笔会的篝火晚会上,首次听到沂蒙山小调的情景。作者把眼前的听沂蒙山小调与抗日战争时期在此地诞生、在全国唱遍的《沂蒙山小调》之历史相交织,从革命历史与审美两个向度上深化了主题。作者说,"伟大需要沉淀,惊天动地更需要沉淀","小调,属于沂蒙的细节,和伟大相得益彰的细节"。也许,此篇是作者为表白自己的艺术趣味、审美追求而作的。篇中写道:"在人生的坐标上,我把自己定位为小调:淡泊,宁静。"值得注意的是,作者是在艺术辩证法的意义上,把自己的美学理想定位为"小调"的。也许有人会说,赵丰在创作上阴柔有余,阳刚不足。我们说,这可能是他创作上一个相对稳定的态势——须知,从来出众的文学艺术家都是各擅胜场,无人去设计固定的审美比例;而成功的艺术道路都得由艺术家独自进行苦苦的探索,并不存在一个现成的良法美意。但话说回来,作家在世界文学视野内取法乎上,采花酿蜜,还是必要的。就理论进修而言,赵丰如能进一步钻研西方美学史(包括对"崇高""优美""悲剧""喜剧""荒诞"等美学范畴的含义及其相互关系的论述与梳理),汲取当下国内现代意识突出的历史人文学者研究我国社会转型论著的理论营养,将会对其创作水平的提升产生重要作用。在展望赵丰创作前景之际,我们不能忘记他在《小调》中说过的另一句话:"守不住孤独的人,包括自然界的一切物,无法做出轰轰烈烈的伟大事业。"看来,他在文学创作的发展上,是有自己的想法的。我们相信,他会走好自己未来的文学之路。

赵丰正值日中之年。我们期待他的超越,期待他创作上大的突破。

2013 年春节　写于曲江

(作者系陕西师范大学文学院教授,著名文艺评论家)

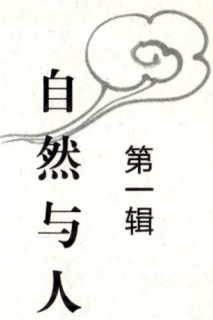

第一辑

自然与人

鸟的生存方式

飞　　翔

　　清晨,懒得起床,打开中央电视台七套,刚好播出的是《人与自然》节目,一个男播音员正在用柔和的声音讲述美洲鹤的生活习性。美洲鹤的脖子和腿很细,飞翔的时候张开一双大翅,优美极了。忽然,我琢磨起"飞翔"这个词来。字典上"飞"和"翔"的含义并没有区别。可是我却在想,"飞"应当是鸟儿起飞的动作,"翔"应当是在空中平行滑行的动作。仓颉的字都是依照万物的形状造出来的。想想,还真的有点味道。

　　据说,两亿年前,昆虫是地球上唯一会飞的动物。这非凡的本领后来被鸟超越。鸟类的飞翔技术显然更娴熟,方式也更为崇高。因为飞翔,它就有了和天空零距离接触的机会。

　　天空云白风清,那是禅的境界。范仲淹在《岳阳楼记》中云:"上下天光,一碧万顷。"在那样的境界里张扬起翅膀,是鸟类生命的价值。

　　不同的鸟有各自独特的飞翔节奏,或高或低,或收或展,旋转如舞。海鸥的圆舞,雨燕的华尔兹,大雁的集体舞……鸟优美地起伏身体,天空中充满舞蹈者的弧线。天空中如果没有鸟,那就少了许多弧线。鸟让气流颤动,像是琴弦奏响的音符。

　　鸟是弯弓射向天空的箭。短暂的降落不过是在养精蓄锐,为的是再一次把自己搭在弓弦之上。

因为飞,鸟的视角比别的动物都要高远。

仰起头,看到乌鸦在飞,黑暗的浓缩降低了光明的纯度。回巢的鸦群又像是四处溅开的墨水,弄脏了整张天空。夜晚,乌鸦展开双翼,遮盖了通向天堂的光线。

鹰在平静的翱翔中保持着强悍力量,具有非凡的力量与孤独的勇气,凝聚着某种远远超越现实背景之上的英雄主义。早在先民部落里,就把鹰视为图腾形象,至今,印第安人仍传唱着有关鹰的优美古歌。飞在高处的鹰,我们必须以仰望的方式,才能见到它隐约的风姿。天幕绸蓝的底衬上,别着一枚高贵的徽章,谁才配接受这样的颁赠?

横空出世。大雁才配得上这样的词语。对于人类来说,这样的比喻是毫无理由的。

应当说,大雁是距离太阳最近的鸟。因为近,它感受到的阳光应该是最温暖的。它的目光和白云对接,衍变出两种色彩的对峙。

我一直认为大雁具有独特情怀,是我审美视野里最伟大的鸟。

海阔凭鱼跃,天高任鸟飞。这鸟,便是海鸥。我的出行,如果可能的话,会尽可能挑选海边。除了看海,还希望看到海鸥的飞翔。大海的情怀,这是我尊敬它的理由。在没有气象预报的年代,海鸥就是渔民的晴雨表。它们贴近海面飞行,预示未来的天气将是晴好的;如果沿着海边徘徊,天气将会逐渐变坏。假如它们离开水面高翔,成群结队地从大海深处飞向海边,或者成群的海鸥聚集在沙滩上或岩石边,是提醒渔民暴风雨即将来临。一种鸟,它们的飞翔具备着关照人间疾苦的意义,我们如何不感动?

斑鸠喜欢水,还有水边的芦苇。风在摇曳着禅意,家乡灞河边的芦苇铺排起波浪。许多斑鸠就掩藏在其中,如帕斯卡尔那样在芦苇丛中闭目思想。帕斯卡尔这样说:人是一棵会思想的苇草。斑鸠也学会了思想。当我试图接近它时,它却瞬间旋飞起来,像一面松木色的古琴,风一般抚响弦样的羽轴,发出昂扬而悦耳的声音——那是思想辐射出的影子。

读懂一只鸟,不是一件容易的事。

飞行升空是人类的美好愿望。古人对鸟类的飞行既向往又困惑。很多文明古国把鸟类视为神秘的物体。许多民族心目中的神都被想象成有飞行能力。几千年来，人类一直在坚持不懈地试图离开地球表面。风筝、飞机、宇宙飞船的诞生，都是受了鸟类飞翔的启示。

小时候，我幻想飞翔。于是，孙大圣就成了我的偶像。八九岁时，我在黑暗中偷偷练习，幼稚而徒劳地挥动双臂，向上跳跃。以为经过不懈的努力，细细的胳膊也可以变作翅膀，飞翔起来。多少个梦里，我悬浮于空中。醒来，回忆着在天空的姿势，其实不是飞，仍旧是走。因为，我的细臂无法变成翅膀。

我们很少在地面上发现鸟尸。我把云朵想象为鸟的墓床，里面收藏着无数神秘的灵魂。

鸟在头顶飞翔，注定我要仰视。

声　音

远古，鸟破天荒地叫了。这个世界最早的声音不是恐龙的，也不是猿猴的，而是鸟的。鸟唤醒了大自然的寂静。最初，山川、河流、森林、海洋都哑巴似的无声无息。某日清晨，一只鸟突发臆想，张开喉咙"啊"了一声，于是声音诞生了。

鸟精灵般的叫声让自然界充满魅力。格雷先生《鸟的魅力》以梦幻般的手法记录了数以百计的鸟的鸣叫，彰显着心灵与自然的和谐。鸟的叫声从一诞生便肩负着神圣的使命，它亘古不变的声音调和着人类和现代科技所发明的声音，熨帖着人类日渐厌倦、疲累的心灵。

夏日的正午，一只野雉疾速飞过，投射下来一小片清凉的暗影，这些细碎的斑点在大地上跳动——我听见了那好听的声音。它们的声音这样打动我的心弦，花腔的情歌，押韵的诗诵，冲锋的号角，失恋的哀叹……

乌鸦是不受欢迎的鸟儿。它的出现总让人产生不祥的预感，据说它的叫声里含有一种诅咒的力量。就像拜访爱伦·坡的那只著名乌鸦，站在智慧女神的雕像上,重复着唯一的"永不再",来回答诗人所有的探询。这一阴郁的谶言或咒语,激起了诗人的烦恼和憎恨,乌鸦也被他痛骂为恶魔。谁不喜欢听好话?乌鸦却做出最逆耳、最冷酷的断语。中国西南一些地区把那些讲话难听、令人厌恶的人叫乌鸦嘴。乔叟在《坎特伯雷故事集》里倒是替乌鸦辩护过,说乌鸦是一种由于说了真话而无辜受罚的动物。但,这并不能阻挠乌鸦在寓言中反复充当反面角色。

让我入迷的鸟声似乎并不多见。可是当我在汉中的洋县聆听到朱鹮的叫声时,仿佛谛听到了呢喃的佛音:远、虚、淡、静。那是心灵的栖息地,是至高的境界。在我的注目下,几只朱鹮一边梳理羽毛,一边合唱。闭眼静听,好像童年时母亲在化羊峪呼唤我回家的声音,那声音在山谷中回荡,有种沉迷的况味。

看过资料,知道朱鹮在这个地球上已经接近灭绝了。除了自然的因素,一部分朱鹮是被人类捕杀的。一种美好的鸟,一种禅音般的啼叫,即将告别人类,这是谁的过错?我真的不知道。我除了心痛,再也说不出什么。

我们不应当无视鸟的存在,而应当尊重它们的生命权。

闻鹤起舞。是的,鹤的发声器官——鸣管很发达,可以在它的胸部盘曲,像共鸣腔一样,发出的鸣叫声音洪亮遥远。"鹤鸣九皋,声闻于天",淝水之战中,自以为投鞭断江的苻坚大败而逃,溃兵失魂落魄,闻听"风声鹤唳",皆以为追兵来剿。

凝神听过鹤唳,显然不若百灵、夜莺的鸣叫婉转,但有着禅音的清傲,让人产生一种苍茫的岁月之感。

杜鹃又叫布谷鸟,据说谷穗和福祉会随着它恳切的祷告翩翩而至。没人追究以往的血案,农人们满怀丰收的希望,聆听它的啼啭。并不是杜鹃带来了阳光和雨水,但它选择了适当的时候,选择了适当的声音,所有的功劳便尽归于它。

布谷鸟是一种农事鸟,对季节和农事的感应是十分敏感的。它的叫声清脆、简洁,音节分两节:布——谷——,布——谷——,催促农人该到田里耕作了、下种了。麦子黄了,它会提醒农人"算黄算割",意思是麦子黄一块就赶紧收割一块,不要错过时机。

我从春日里的一个梦中醒来,远处便传来布谷鸟的叫声,焦急或喜悦。它的韵律滑翔过农夫的精神田园,播下丰收的种子。那是被我的祖辈们称为吉祥的叫声。

我无法解释祖辈们区分鸟类叫声或吉祥或恐怖的标尺,但大致的轮廓是,白天的鸟叫是吉祥的,而夜晚的鸟叫是恐怖的。

伫　立

伫立,静静地,苍穹间弥漫着禅意的静穆。这是鸟赋予我的感受。

鸟的伫立,是在思想,是在眺望。我以为,鸟是有思想的,否则它的伫立就无从解释。和人类相比,鸟的眺望要宽阔的多。我们如何深入到鸟的内心,来感应它眺望的意义呢?这么说,鸟类的伫立,就蕴含着精神的因素。

我家墙外长着两株香椿树。春天,它们的枝条上星星点点地长出了嫩芽。一只燕子从高处飞降,像是下坠的自由落体,落在树枝上。它的头始终高扬着,面对着太阳,长时间一动不动。于是,我便明白了这是一种虔诚的仪式,表达着对太阳的感恩,就像基督徒饭前的祈祷。不断有小孩来到我家的墙外,对树上那只燕子指手画脚,甚至掏出弹弓对它居心叵测。但是它很耐心,伫立在高高的树梢上,安静地等待着什么。

麝雉是圭亚那的国鸟。它是世界上现存的最原始的鸟类之一。这种鸟是一个生物学奇迹,见证了鸟类进化的历程。麝雉主要分布于南美洲的亚马孙河流域,栖息在经常遭遇洪涝的雨林中,不善于飞行却擅长游泳,所以常常在水面上方的树枝上筑巢活动以便及时泅水逃生,躲避敌害。常常,它安静地伫立在枝头,几个小时一动不动,甚至连眼也不眨一下。相隔着遥远的世纪,我很难知道它伫立的目的何在。是精神的需要,情感的需要,还是求生的需要?它的伫立方式,为人类留下了一个永恒的谜。

去年秋天,我去了宁夏的鸣翠湖。看见游人,许多失态的鸟,慌忙转过湖边的一个弯,向高空飞去。一只野鸭,慌不辨向,踏水而逃。然而,我却看见一只苍鹭在距离游人不远的一根树桩上默默独处。它丝毫不理会游人的嘘声,昂首挺胸,和游人对视。

让内心平静的方式是孤独。苍鹭仿佛铭记着哲人的话,坚守着自我的孤独。我无法窥测到它的内心世界。是失恋,还是迷途,抑或是被众鸟抛弃?它昂着的头颅,彰显出悠闲和洒脱。我恍然觉得,它的生命运行过程中,一定有着非凡的经历。

在鸣翠湖,我记住了一只苍鹭。它没有叫声,也没有飞翔的雄姿。但是,它的伫立,却令我震撼。我以为,它的身上凝聚着禅的气象。禅是沉静的,孤独的。

于是鸣翠湖就驻留下孤独的记忆。

鸟儿落满枝条,就像圣诞树上挂满了礼物。《圣经》中讲到圣芳济可以以爱心召唤鸟群,教堂的彩绘玻璃上生动地描画着这一美妙图景。这是宗教叙述中的温情。

悬崖顶端伫立着一只威严的鹰,它把宽阔的翅膀别在身后,如同穿着垫肩大衣的将军。伫立在秋风的悬崖上,倾听着草木的颤动和岩石的呻吟,这便是禅意,是人类感受不到的。它俯瞰着自由的王国,护佑着英雄的家园。鹰总是把卵产在空寂又峭拔的崖顶。它的孩子一降生,就伫立在高远又孤绝的起点上。蛋壳如褓褓一样包裹着鹰的生命,不错,现在它是脆弱的,但它终将是最坚强的,因为它是未来之王。

人和其他动物无法抵达的地方,鸟都可以光临。就凭这一点,鸟比人类懂的事情要多。后来我知道,许多鸟是伫立着睡觉的。

迁　　徙

鸟有留鸟和候鸟之分。我们的身边,有些是此地的永久居民,有些只是匆匆过客。

迁是移动,徙是搬家。对候鸟来说,迁徙是生存的需要。

跟人不一样,候鸟有两个家,两个故乡。它的一生中充满对未知远方的好奇,和不断更改生活的勇气。歌唱着,飞翔着,秋天的末班车就缓缓驶来了,候鸟即将远行。这些阳光与花朵的忠实信徒,这些充满诗情的浪漫主义者,这些不畏艰险的旅行家,就要踏上遥远的征程,迎接风雪、雷电、寒流的洗礼。这是怎样的旅行?这是怎样的壮怀?

一抬头,看见大雁在空中飞翔。大雁是出色的空中旅行家,每年春分后飞回北方繁殖,秋分后飞往南方越冬。每当深秋季节,它们就从老家西伯利亚一带,成群结队、浩浩荡荡地飞到我国的南方过冬。第二年春天,它们经过长途旅行,回到西伯利亚产蛋繁殖。北方的领空,被大雁视为理想的征途。群雁飞行,排成"一"字或"人"字形。大雁的迁徙大多在黄昏或夜晚,旅行途中还要经常选择湖泊等较大的水域休息,寻觅鱼、虾、水草等食物。尽管大雁的飞行速度很快,每小时能飞68—90公里,但几千公里的漫长旅途要飞一两个月,途中历尽千辛万苦。如此出行,实在算不上浪漫。

苍穹是心灵的影子。苍穹中有雁飞过,与白云同返故里。不过,我倒希望大雁是被迫离家流浪,漂泊异乡,饱尝浪子的艰辛和离家的苦涩。大雁深悟其妙。大雁是有思想的,它的迁徙,是在无际的苍穹和遥远的地平线上,寻觅属于自己的精神家园,也是在摸索自己心灵的影子,把内心风景的影子投射到身体之外。在宁静、旷达的风景中,大雁具备了禅的气象,把握住了生命的本质。夕阳、骏马、皓月、帘幕、薄纱、轻雾……这些外在的事物,不过是它心灵折射出的景色。

高空中的大雁,是实实在在的物体,如果没有白云,就无法折射出它的影子。把大雁的影子收藏在心灵的一角,生命的意义就会攀缘到一个更为旷远的境界。

永远超越,是大雁生命的抉择。蔑视低俗,是它的价值观。

候鸟有着准确的潮汐规律,偏心的神灵把时序的秘密偷偷泄露给它们。冬天里的人们,不要丧失对温暖的信仰,抬头凝望寂旷的天空吧:候鸟终将飞来,这些忠诚的纤夫,将再一次把温暖的春天拉回。

鸟是天堂撒下的花籽。秋天的潮水退去，就像沙滩上留下了贝壳，留鸟驻守在它正在降温的家园。雪是大自然进行的一项残酷的游戏，它以优美的方式藏起了鸟儿们基本的口粮，饥寒交迫中，弱小的生命能储存多少抗争的能量？对于拒绝移民的留鸟，生活提出了艰难得近乎苛刻的要求，它们在近于赤贫的土地上，寻找着极为有限的供给——我看到枯干尖硬的槐荚，滑过喜鹊焦急的嗓音。

求　偶

大地回春，万物复苏，鸟类做着生儿育女的准备。为了吸引异性，它们精心梳理了自己的羽衣。雄鸟做的第一桩事就是抢占有利地形，在高大的树梢上引吭高歌，吸引配偶。它绝不允许同一类的雄鸟进入它的领地。倘若后来者要强行侵占，就会出现鸟类的战争。结果是，胜者为王，败者损伤。

鸟的求偶过程完全是一种自我炫耀。用时髦的话说，是在展示自我。

鹤在求偶时，要进行优美的舞蹈仪式。啄木鸟用细长坚硬的嘴急促地敲打空心的树干，发出类似快速击鼓的洪亮声响，迫不及待地向雌鸟倾诉自己的心声。野鸭、雁和天鹅的求偶表现是在水面嬉戏，做出各式各样的游戏和钻水姿势，不时击起高高的水花，传播爱的讯息。雄鹬求偶时，先振翅青云直上，然后疾降，俯冲之际张开尾羽，在气流的震动下发出好似羊叫的声音。这种别具一格的求偶方式，如此张扬，让求爱的仪式变得明快而热烈。

松鸡科的鸟类有一个固定的求偶场地。一到繁殖季节，雌鸡雄鸡就从四面八方赶到这个情场。每天破晓，雄鸡开始登台表演。它突然收缩胸肌，把囊内的空气压迫出去，迸发出的强大气流，振动食道和口腔的壁，发出清脆的一声巨响。它不断地吞吐空气，发出有节奏的"砰、砰"声以招引雌鸡。然后，它将脖子上的白色羽毛竖起来，把一根根长长的尾羽直翘朝天，大摇大摆地在雌鸡群中往返穿行示威，并与进入这一块领地的雄鸡激烈地格斗，最后一名胜利者，自然收获了雌鸡的爱情。情场的决斗，鸟类显然比人类更胜一筹。

孔雀展开灿烂的尾屏，这是它独特的求偶方式。不像我们在电影中欣赏到的矫情的"男追女跑"，两人累得呼哧带喘，毫无美感和情调可言。与其他鸟不同的是，孔雀不诋毁也不攻击情敌，不追逐也不强迫爱人，它只是依靠自身展示出的清雅脱俗般的禅意来吸引对方。这是绅士的求爱方式：含蓄、文明、自尊。它懂得女性的心，为其吟诵情歌、殷勤送礼，还会温情地为女伴梳妆。婚后，在做家务、孵育与哺养孩子方面，这位细心的父亲甘愿做出牺牲。雄性孔雀，它竟然具备母性的光辉。这，也许是它爱情的魔方。

鸳鸯是文学作品中的爱情鸟。数千年来，鸳鸯承载着人类的爱情童话。它止则为偶，飞则为双。《古今注》中称，鸳鸯"雌雄未尝相离，人得其一，则一思而死，故曰匹鸟"。古时的文人借鸳鸯承载自己的浪漫遐想，树立了童话般的爱情信仰，让他们"愿做鸳鸯不羡仙"。

据说，鸳鸯中的一只如果失去了伴侣，另一只绝不会再寻另外的伴侣。这样说来，鸳鸯的爱情，是天地间的大抒情。

我固执地以为，人类所具备的一切情感，鸟类都有。

鸟类中有九成是一夫一妻制。另外那一成呢，注定会有婚外恋，会有第三者插足。算了，没有必要谴责，还是尊重它们的隐私吧。

宠 臣

鸽子既可以自由飞行，又可以随时回到主人的笼子里，享用唾手可得的口粮，这其中涉及鸽子的生存策略。鸽子意识到必须牺牲局部的自由，以谋求现实的生活保障，于是它过着空中与笼内的两栖生活。这为它带来了实惠，它不必像其他鸟那样风来雨往，四处奔波，只低低地飞上两圈，便安逸地走动起来，或懒懒地晒晒太阳。它不会被冬天的饥馑逼到绝境。我们可以发现鸽子的秘密，就在于它找到了一个巧妙的支点，得到双份的好处。鸽子飞行的表演有在主人面前展示与取悦的意味，它归巢的守诺是对主人服从与依靠的表白。从广泛的经验中,我们日益提炼出世俗生活的秘方:降低精神生活的高度,可以弥补物质生活的匮乏;减少灵魂的成色,可以丰富肉体的娱乐——这就是生存可悲的等式。一边是现实的,一边是空灵的;一边是短视的,一边是高远的。两者间的取舍决定了命运的路数,虽然选择后者可能会由此陷入个人悲剧之中,但我多么震撼于那种对理想的忘我捍卫。在我看来,鸽子的妥协与投降有悖于鸟的气节。

鹦鹉也应该归入人类宠臣的范围。鹦鹉的发音在人类的耳朵听来,反映出的大约是"英武"二字。它有一个似乎受过外伤的嘴,上下唇厚薄相差很大,是小姐们化妆起来的唇形。但就是从这张形态奇异的嘴里,说出"你好",然后是"再见"——它把双方交往的历史压缩到最短。动物中,只有鸟能模仿人类的语言,鹦鹉是其中的佼佼者。有资料说,能力超常的鹦鹉甚至能够掌握部分语法,并灵活运用于语言的再创。

笼中的鹦鹉,离开了自由的鸟群部落,置身于人的异族社会,它们以"外语"能力来谋求生存的地位和荣誉,母语反而被遗弃。

一位朋友家里养了一只鹦鹉。它留着大背头,颇有点知识分子的模样。朋友给那只鹦鹉照了张相,放大成十八寸,装裱了挂在客厅的墙上。那天朋友过生日,邀请了许多人去庆贺。进了屋子,我嗅嗅鼻子,闻得见他的家里满是鸟的味道。鸟的味道,那是一种异类的呼吸。我没有鼻炎,对味道很敏感。朋友让那只鹦鹉用英语为其唱生日歌。其谄媚的嘴脸让我为它委屈。它放弃了母语的主权,心甘情愿为人类充当宠臣。乖巧而善解人意的鹦鹉啊,你心灵的词典里只有两个字:屈服。

朋友们在恭敬地聆听着鹦鹉的歌唱。在世俗的热闹中,我却在皱眉。我分明听见,它的叫声像是肺结核病人的咳嗽声。可以肯定的是,笼子并不能隔绝它的记忆。它注定会有回忆的痛苦。它的梦,是否还有青草和树叶的味道?是否还有风和雨的狰狞?是否还珍藏着它的初恋,它的情殇?我想,那个竹做的笼,并不是它的天堂。

百灵鸟生活在内蒙古辽阔的草原上,以其自身的存在维持着生态系统的平衡。它们音域宽广,音韵婉转,能学十种鸟叫。蒙古族歌曲中称"百灵鸟双双地飞是为了爱情来唱歌……"它在歌唱时,常常张开翅膀,跳起各种舞蹈,仿佛蝴蝶在翩翩飞舞。遗憾的是,某些人并不会欣赏蕴含在百灵鸟身上的禅意,却利用它们的美来装饰自己的私欲。百灵鸟嘹亮悦耳的歌声也给自己带来了厄运。在百灵鸟的繁殖季节,有人大量捕获百灵的幼鸟,装进笼子带回家,让它成为家庭的一员。

还有许多鸟,充当着人类精神的贵族。只是,我叫不出它们的名字。

我不喜欢那些提着鸟笼的老人。他们不需要性欲了,于是也把自己的意志强加于鸟的身上,还让它们失去自由。没有性欲,没有自由,鸟如何欢快地啼叫?己所不欲,勿施于鸟啊。我就迷惘了。

我常常疑惑:鸽子、鹦鹉、百灵,它们是否为失去自由悲伤过?

当然,也有不愿接受笼养的鸟儿。譬如大雁、老鹰,还有苍鹭。丧失自由,嗟来之食,是对它们"人格"的侮辱。它们的精神里,坚守着禅的自由。它们是世俗的叛逆者。

服　　丧

猫头鹰因为外貌丑陋,叫声恐怖,被称为"恶声鸟"。小时候,祖父总是提醒我时刻警惕猫头鹰的叫声。祖父和我在一个炕上睡了十三个年头,我甚至能感受到他骨头里的气息。一提到猫头鹰,他的脸上就布满恐惧——那是只有我才能捕捉到的信息。

猫头鹰的叫声预示着灾祸。那时村子里一切的不幸仿佛都与它有关。死人、患病、庄稼歉收、牲畜和家禽失踪……猫头鹰被乡下人视为生存的仇敌。它的啼叫是阴谋诡计,甚至祸国殃民。我幼年时根本没有见过猫头鹰的样子,令我无论如何对它产生不了本能的仇恨,但它莫须有的叫声却常常填充我的噩梦。

还有一种声名狼藉的鸟:乌鸦。在我的家乡,黑夜里乌鸦的叫声,被视为不祥的预兆。它的叫声里散播着一种悲伤的音符,有一种诅咒的成分。

难怪乡下人把那些讲话难听、令人厌恶的人叫"乌鸦嘴"。乌鸦喜欢在墓园、坟地安营扎寨。它的翅膀是黑的,好像一块形状奇异的黑纱,散布着死亡的悲剧氛围。它和死亡是心有灵犀的。谁家的老人死了,乌鸦便来报丧,围绕着主人院子的树枝盘旋。据说乌鸦是死神的使者,专门负责传送唁电,谁家门口的树上集合着乌鸦,说明这家刚刚失去人丁。乌鸦喜欢在墓园建立集体宿舍,因为它们迷恋那里的气氛。置身于坟地,我们通常感受到的那种悲凄、忧伤的气氛,是乌鸦营造出来的生命背景。

乔叟在《坎特伯雷故事集》里倒是替乌鸦辩护过。他说:"乌鸦是一种由于说了真话而无辜受罚的动物。"乔叟鲜为人知,所以在寓言里,乌鸦只能重复着反面角色。

我们不得不承认人生中的宿命因素。比如残疾婴儿,从起点就注定他更曲折的成长。乌鸦因为天生的遗传原因,使它的形貌受人歧视和贬斥——就像在持续的心理伤害中长大的孩子,不难理解他为何变得那么乖戾。

在我的意识里,乌鸦的恶是人类的臆想。从一种鸟的色彩来判断它的本质,这同样是人类的恶习。换个角度想,人死了,乌鸦来服丧,这有什么恶意呢?

可是几千年来,人类的文字记载总是在诬蔑乌鸦,诅咒乌鸦,虽然它并没有破坏人类的秩序,也没有给人类带来灾难。反倒是,人类在装饰自己的同时,展开着自相残杀。

我无意中发现,喜鹊也喜欢墓葬之地。那里高高的树杈上,随处可见它们的宅舍,也许因为这里的死寂,可以保证它们及子女的安全。人们很少提及喜鹊的家庭住址,即使听到喜鹊在公墓里大声喧哗,也把它当作布道的牧师,让它把那些苦苦奔波的浪子,接回死亡宁静的故乡。

我静下心,谛听着喜鹊的叫声,隐约觉得,它的叫声里有种特殊的音符,像是禅的呢喃,宛若《圣经》里的句子。

我有点奇怪,喜鹊既然带着"喜"字,似乎不应当与丧事有关。

我觉得,服丧鸟是有人性的。起码,它们比那些碰到人类的丧事还在唱情歌的鸟儿懂事。

平　民

和人类一样,鸟也有贵族和平民的区别。我的意识里,天鹅、孔雀、白鹭应该归为贵族,而麻雀、乌鸦、斑鸠应该算是平民。很难说清这种区分的理由。总之,后者更接近人类中平民阶层的感情和生活。

麻雀是鸟类里的平民。它们的身上,总是带有一种泥土的气息。灰色的羽毛下,是它们毫不起眼的躯体,这让它们先天就注定了平民身份,无法为自己赢得美誉。长相平民,生命力强——这是麻雀的真实写照。因为普通,它飞翔的高度恐怕是鸟类中最低的。如此,它喜欢和人类朝夕相处,把窝巢建在屋檐下或一些旧的建筑里,譬如破庙、祠堂、碾坊、戏楼。它的生命里,具备着怀旧的意识。

寄人篱下,于人类是一种悲伤。可是在我看来,这是随缘。随缘素位,随遇而安,知足常乐,这是禅意。在麻雀的生存词典里,人类是最具善心的动物。在人类的屋檐下生活,虽不浪漫,却安全、快乐。于是它们做出了明智的抉择:亲近人类。没事的时候,它们聚在一起议论着屋主人家里的秘密。白天和黑夜在这老宅所发生的一切,都躲不过它们的眼睛。

麻雀在关注着普通人的生活。或喜或忧,都是老百姓的情感。

麻雀叽叽的叫声,好像在吐着"饥"音,总想找东西填饱肚子。现在,一想起童年时的饥饿感受,我便替麻雀们忧伤。

20世纪中期,一场除四害的运动铺天盖地而来。可是,祖母却舍不得捣毁屋檐下麻雀的窝。麻雀懂得感恩,对救助过它的人,它会表现出一种亲近。有时,祖母在拐枣树下闭目小憩,它就会落在祖母的肩膀上。安详的、柔和的目光,仿佛感应着祖母的心跳。

我也学着祖母的样子给麻雀撒谷粒,不过是撒在了地面上,上面用木棍儿支着筛子,绳子的一头拴在木棍上,另一头在我的手里。受谷粒的诱惑,麻雀钻到筛子下觅食,我便迅速拉动绳子,一只活生生的麻雀就被俘虏了。它仿佛认识我,目光里有着令人心碎的愤怒,还有乞求。我愣了一下,便放飞了它。

祖母是在屋檐下去世的。那年她七十三岁。吃过午饭,祖母坐在门口的凳子上打盹,忽然就栽倒在台阶上。那会儿,母亲正在屋后喂猪。院子里的麻雀惊叫着飞向猪圈,仿佛向母亲报丧。那样的情景,是母亲后来意识到的。她在向我诉说时,目光里有许多的迷惘。

在鸟的世界里,我不知道是否还有比麻雀更具人性的鸟。

斑鸠喜欢草屋做的顶,那种柔软和芳香混合着农人的呼吸,让它们感受到了生命的根。真的,我很少看见斑鸠蹲在富人家的豪宅顶上唱歌。

燕子生活在人类聚居地区,喜食昆虫,是很有人缘、很有平民意识的鸟。它们喜欢把巢筑在普通人家的屋檐下,衔来几根草叶,几片羽毛,几块泥土,加上自己的唾液,就做成了简陋的住宅,仿佛乡下人的土屋,栖息、生儿育女。那就是家的概念。它们的叫声为响亮粗哑的啾啾声,是长期在田间劳作养成的习惯。有时在影视剧里聆听着黄土坡上婆姨们的吆喝声,我就想起了燕子。

《诗经·燕燕》里说,"燕燕于飞,差池其羽,之子于归,远送于野"。正是因为燕子的这种成双成对,才引起了有情人寄情于燕、渴望比翼双飞的情感。它是古典诗词的常客,或惜春伤秋,或渲染离愁,或寄托相思,或感伤时事,意象之盛,表情之丰,非其他鸟所能及。

燕子的食物,是危害农作物的昆虫,比如蝗虫、蝼蛄、金龟子、夜蛾幼虫、松毛虫等,所以,乡下人把它视为益鸟。但是,有时它也像一个喜欢玩恶作剧的孩子,偷吃谷类与植物的种子。想着小时的自己,潜入田野,摘着刚刚长出颗粒的玉米棒子,还有嫩绿的豌豆角。馋嘴,不仅仅是因为饥饿,还有农村娃的调皮捣蛋。我想燕子也是。

"锄禾日当午,汗滴禾下土。"赤身的农夫喘口气,用手臂抹去脸上的汗水,突然看到成双成对的燕子跳跃追逐,捕食害虫,眼睛里就饱含喜悦,劳作的辛苦便会化为甘甜。燕子的叫声,也就被乡下人视为吉兆。

身体的哲学

太阳穴

搜索着电视频道,看到拳击比赛的一幅画面,一个拳击手击中了对方的太阳穴,被击者应声倒地,裁判样子滑稽地读着秒,完了做出一个动作,宣判击中对方者胜利。被击者倒地的瞬间,我惊出一身冷汗,为他的生命担忧。

太阳穴是人体颅骨骨板最薄弱的部位。在中医经络学上该穴位被称为"经外奇穴"。《少林拳》记载,太阳穴如被点中,轻则昏迷,重则殒命。现代医学证明,击中太阳穴可使人致死,或造成脑震荡使人意识丧失。

太阳之伟大人所皆知。以太阳命名人体颅骨一处最薄弱的部位,这令我困惑。按照帕斯卡尔的说法,人如苇草,但是人却有思想,这就铸就了人的伟大。思想是产生于大脑的,被颅骨包裹着。依照常理分析,它从最薄弱的骨板处,即太阳穴的部位喷发出来。如此,这个命名好像有了依据。

10月11日是世界疼痛日,那天我正好去医院体检,遇到一头痛病人,瘦高,脸色偏白,面色痛苦,唇色干红,一副焦躁的样子。他向医生倾诉:两年前开始出现太阳穴胀痛,严重影响睡眠,近日症状加剧,伴有失眠、不能久视、畏光症状。医生按压他的太阳穴,使用针灸疗法扎了一针,太阳穴胀痛立刻消失。医生开了处方,叮嘱他调整心态,少生闷气,少熬夜。

最近了解了一些手语的常识,觉得很有趣。与太阳穴相关的手语姿势含义有:一手食指在太阳穴处点一下,表示意识;一手食指在太阳穴处点两下,表示知道;一手打手指字母"W"的指式,并在太阳穴处转动几下,象征复杂的思考活动;食指点一下太阳穴处,头部微抬,表示领悟;一手食指点一下太阳穴处,同时点一下头,表示哲学。

意识、知道、思考、领悟、哲学,这些词语竟然都与太阳穴有关,这让我兴奋不已。这些年,我常常出现头痛的症状,而且是在太阳穴处。心里也明白,是思考得太多,特别是研究西方的哲学家常常不得要领的缘故。这时我就闭了眼睛,拼命按压、旋转太阳穴,症状就会减轻。那个时刻,我像一个哑巴做着手语,让哲学渗入身体的纵深处。

疼痛是对生命的救赎,这是我的解释。如果没有疼痛,就不会知道自己身体哪儿出现了问题,从而寻医治疗。而太阳穴的疼痛,是思想的疼痛,通过自我调节可以减轻或者消除。

太阳穴是哲学,这是我内心的风景。我有限的生命时间在弗洛伊德的无时间的无意识中凝固,精神上的钟表逐渐柔软而弯曲。但这丝毫不能影响我的精神构筑。生活着,有时免不了恐惧、烦躁、焦虑,我解除它们的方法是:两个手掌聚拢起来,手掌形成一个空洞,然后分开来盖住自己的太阳穴。此刻,我放松了心态,具备了哲学意义上的安全感。

丹　　田

这是一个模糊的词语,童年时根本不知道它在哪儿。后来,父亲教我太极拳,这才恍然它位于脐下三寸之处,为藏精之所。模仿着父亲的动作,运气、吸气,感觉到了丹田的存在。

中国古人造词很有意思。丹、田,两个字的本义与这个词毫无关联。丹的解释有三:红色、中药丸、姓;田是土地,与耕作有关。而这两个字组合在一起,完全失去了它们的本义。这在汉字里是罕见的。有时候静下来,正襟危坐着抚摸丹田的部位,匀称地出气、吸气,将意念收拢起来,思维随着肌肉和皮肤一起游动,仿佛要冲破身体的束缚,进入极致的禅界。我思故我在。

这是笛卡尔的句子。此刻，唯有自我的存在，在静止中散发出生命的奇想。

身体里的部位，如果要说玄机的话，丹田为最。它具备着禅语般的空灵。张三丰在《太极拳论》中如此论述：一举动，周身俱要轻灵，尤须贯串。气宜鼓荡，神宜内敛，毋使有缺陷处，毋使有凸凹处，毋使有断续处。其根在脚，发于腿，主宰于腰，形于手指。由脚而腿而腰，总须完整一气。向前退后，乃得机得势。王宗岳的《太极拳论》也有类似的文字：太极者，无极而生；动静之机，阴阳之母也。动之则分，静之则合。无过不及，随曲就伸。人刚我柔谓之走，我顺人背谓之黏。动急则急应，动缓则缓随。虽变化万端，而理唯一贯。

复述一段做丹田功的句子：当做功夫时，宜绝念忘机，静心定神，提防动心起念，唯有一灵独耀，而归真返朴。此时便易入无为正定，山河大地、十方虚空，尽皆消殒，归于寂灭。这样的句子看起来很虚，浮躁的人很难进入如此的境界。古希腊哲学家恪守的是"人即灵魂"的"魂论"和"人是理性的动物"，然而在哲学家阿奎纳看来，人是由被个体化了的灵魂与身体构成的，人的身体不是由"绝对的骨和肉"组合而成的一般形体，而是由"这根骨头和这块肌肉"组合而成的这个形体。阿奎纳的人的个体性思想还有更为深邃的一面，这就是人的身体何以能够成为"这个身体"，人的灵魂何以能够成为"这个灵魂"，人何以能够成为"这个人"的问题。他认为，当一心散乱，幻想与杂念纷起，生灭不停时，宜急用斩截法，截断诸心，打杀万缘。正如宋代茶陵郁禅师所说："我有神珠一颗，久被尘劳关锁；今朝尘尽光生，照破山河万朵。"

人的灵魂就在丹田中。这并非阿奎纳的句式，却是他思想的镜子。人的灵魂不在大脑的颅骨里，也不在被胸骨遮护着的心脏处，而在肚脐以下三寸处。在柔软的腹部，隐藏着看不见、摸不着的灵魂，这绝对是哲学的意象。

身体也是文化，丹田的玄奥是对这句话恰当的注解。我想起那些古老的哲人。老子言守柔，孔子讲慎独，孟子倡良知，庄子曰旷达，均系静极通神功夫。"心至无心神自定，一灵独耀遍乾坤"，常见一些大师，静心时怀抱丹田，看似平静，却在内心里涌动着暗流，坚守着信念而非妄想，洞察了淋漓绚烂却令人战栗的生命本质。每一缕细碎的思想的波纹，都折射着大师无比熟悉的生活场景和通往佳境的粼粼光芒。

一部玄幻小说的主人公叫秦幻，他受了伤，通过修炼自己的丹田治好了伤。修炼时，他的丹田构成了太极八卦图中的阴阳鱼，丹田猛然收缩之后，随即向周围膨胀，发出一道白色的光圈向四周传播。当丹田趋于平静时，脑海里便幻化出宇宙中的日月星辰。一个个念想，宛若一个个遥远的星球。

人体中难道真的会呈现如此奇观？这就让我想起气功。抛开伪科学，气功的神奇是客观存在的。我在想，气功是否与人体的丹田有关。人体中究竟还有多少未开发的奇特功能，这远远不是哲学的问题了。

丹田并不虚幻，它就在人的体内，解读着哲学的玄妙。

血　管

血管是人体的河流。它的发源地是心脏，经过循环，又归于心脏。从这个意义上说，心脏既是发动机，又是吸纳百川的大海。童年时听到一位伟人的教导：一个人有动脉、静脉，通过心脏进行血液循环。那时，对这样的句子十分敬畏，现在看来，伟人在做着极其普通的医学讲座。

忽然想起赫拉克利特，他说：人不能两次踏入同一条河流。赫拉克利特这句话的意思是：河里的水是不断流动的，你这次踏进河里，水流走了，你下次踏进河时，流来的便是新水。河水川流不息，所以你不能踏进同一条河流。显然，赫拉克利特的河流观是哲学的命题。而人体内的血液，总是重复着在血管里流淌，一生在一条河流里流淌。如果它跳出了这条河流，就失去了生命的意义。从这个意义上说，血管是对永恒生命模式的诠释。我的祖父祖母，还有父亲母亲，他们终生相守着一条河流——沣河。早晨，他们走进了沣河；傍晚，他们又走出了沣河。他们甚至不相信，什么地方还有比沣河更宽大的河流。我的父辈们虽然重复着踏进沣河，但每次的河水都是新的流水。而血管就不同了，它总是重复着相同的血液。但谁又能否认血管的哲学意义呢？唯物辩证法认为世界存在的基本特征有两个：一个是世界是普遍联系的，另一个是世界是永恒发展的。人体里的静脉、动脉、毛细血管，它们虽是独立的存在物，但却是互相联系的，永恒地流淌着一个人的血液。它们是相互影响、相互作用、相互制约的独立客体。

越来越多的研究表明，心血管疾病已经成为威胁人类健康与生命的头号杀手。河流堵塞了，就会泛滥，就会溢出河床，危及农田、农舍，甚至人的生命。血管也一样，它的堵塞所导致的病症直接引发人的猝死。脑溢血就是一个例证。所以，患有心血管疾病的人最讨厌别人问及自己的健康，或者讨论与健康有关的话题。我们可以在大街上甚至办公室里，讨论肩周炎、偏头疼、腰肌劳损、失眠健忘这些病例的症状和医疗保健，但绝不可以讨论心血管方面的疾病。这不仅是因为后者讳莫如深，而且会透露出与生命有关的人体隐私。

血管是脆弱的，脆弱到一不留神就会破裂流血。在高血压和高血脂"里应外合"的攻击下，我们的血管将越来越不堪一击。据统计，在我国，每三个死亡的人中就有一人死于心脑血管病。因此，聚焦血管，清理血管，恢复血管的活力，"共筑长城"，抵御高血压和高血脂对血管的"内外夹击"，是降低心脑血管疾病发生率和病死率的重要策略之一。

黑格尔把河流比作精神的喻体。按照这个模式，我把血管誉为生命的载体。蜿蜒曲折的血管是生命的曲折历程，流淌不息的血液延续着生命的存在。我在如此思考着的时候，是在冬天的寒风里，我行走在沣河的河床上，逆风而上，我感应到血管里流淌的血液在汩汩作响。我的整个生命仿佛都从狭窄的血管中涌出来，又消融在景物里。出山风一阵阵掀起呼啸声，树枝、荒草、沙石，还有惊恐的鸟，都在风中舞蹈，宛若一曲交响乐。呼啸的风，它巨大的力量和不确定性感染着生命，荡进我的血管。

劳伦斯说："血管所感觉、所相信、所表明的，经常是真实。"是的，当血液在人的体内流着，人才会感受到生命的真实存在。血液的静止，宣告的是一个生命的逝去。

我感受到了血管的力量以及它所蜿蜒出的壮观生命。

咽　　喉

　　一剑封喉。如果不透过纸面，窥视不到它的血腥，我惊异于这个成语的痛快淋漓，闪电般灿烂。

　　咽喉要道，这是军事上的概念。在古代，狭窄的"咽喉"曾经布满着警惕的目光，以及刀光剑影下的血腥。并不因为狭窄，它就微不足道。

　　咽喉是人体的重要器官。它具有吞咽、呼吸、发声以及对机体的保护、防御功能。由于其生理部位的特殊性，咽喉对人的生命活动至关重要。正因为重要，它也就显得弱不禁风，疾病数目繁多：急性咽炎、慢性咽炎、咽异感症、呼吸道感染、急性扁桃体炎、扁桃体周围脓肿、慢性扁桃体炎、声带麻痹、咽角化症、咽后脓肿、咽旁脓肿、腺样体肥大、喉阻塞……

　　有人说过这样的话：身体是不会病的，病的永远是脑和心，所以，许多病都可以被认为是哲学病。从科学的观点出发，这样的表述并不恰当。但是我们不能否认，某些疾病与思想有关，譬如神经衰弱、偏头疼、眩晕、失眠、颈椎骨质增生（这大多属于伏案工作者），等等。而咽喉病患者注定与思想无关，它属于大众病。即使是哑巴、精神病患者，也会患上咽喉病。

　　我在当教师时，常有咽部不适的感觉。这是讲课时过度使用声带的结果。这也几乎成为教师的职业病。咽喉病人无须遮掩，和对方讲话时，指着自己的喉部，做出一副痛苦的样子，甚至还有点理直气壮的意味。在看医生的时候，无须陈述什么，只要指向喉部，张开嘴，拉长舌头，医生就知道什么病症了。医生打开小巧玲珑的手电筒，或者借助仪器检查病人的咽喉，然后在病历上书写着症状，开出一串药的名字。

　　诊室非常安静，患者极力压抑声音的力度，有的仿佛诉说着心语。那个男医生戴着一副刚刚流行的宽边眼镜，让病人尽力把嘴巴张大。过一会儿，他用一片布擦拭着镜片。在这个过程中，他会轻轻地咳嗽一声。在我看来，他是在向患者证明自己的咽喉是多么清爽、多么健康。那个细节，我是永远记住了。

不要抽烟,不要吃辣子,不要喝凉水,不要大声说话,不要着凉感冒……这些是外部因素,不注意就会刺激咽喉,引发咽喉的不适。那个男医生最后对我交代着注意事项。许多年后,我才明白了他是在用外因和内因的辩证关系来启示我如何保护咽喉。

咽和喉是有区别的。咽为食管上端,下连胃肠,属消化系统。喉为气管上端,外连于鼻,下通于肺,属呼吸系统。治疗上区别很大。传统中医也有咽属胃、喉属肺的说法。往往有些病人,一来就诊便诉说得了咽喉炎,而且是慢性的,就是治不好。但一经检查,却未见发炎症状。这类患者被问及是否咽喉很痛,又一般都说不明显,只是咽喉部位不适罢了,民间将这类症状称为"梅核气"。

"我要扼住命运的咽喉,它绝不能使我完全屈服。"这是贝多芬的名言。关于咽喉这个词语,贝多芬一生只使用了这一次,但却涵盖了他的一生。这是一种哲学般的人生观。在《命运交响曲》等诸多曲调里,我领略到了贝多芬对人生的模拟与演习……他的咽喉蠕动着,不屈地吟唱着生命的颂歌。

一条狭窄的通道,充满秘密和隐私,还有躁动和窒息。这些都属于哲学的意味。

关 节

关节,通常的解释是:骨头与骨头之间相连接的地方,可以自由活动,如肩关节、膝关节等。而中医学对它的解释却复杂得多,让身体的一个简单词语复杂化了。

我所关心的,并非关节的运动形式和范围这些专业性的问题,而在于它的能屈能伸。屈和伸,这是哲学解释。不懂其中奥秘的人注定要栽跟头。试想,无休止的伸长,那疲惫的不仅是躯体,还有心灵。累的时候,屈下身子喘息一阵,以起到缓解疲劳的作用。刚强和柔软,是对立的词语,但却是组成万事万物相统一的因素。岩石间陪衬着流水,你才会拥有至美的感受。

　　人世间的冷暖是变化无常的,人生的道路是变化无常的,该进则进,该退则退,能屈能伸。一个人要想在世上有所作为,"低头"是少不了的,低头是为了把头抬得更高,更有力。暂时的低头并非卑屈,而是为了长久地抬头;一时的退让绝非是丧失原则和自尊,而是为了更好地前进。缩回来的拳头,打出去才更有力。只有采取这种积极而且明智的方法,才能审时度势,通过迂回和缓达到目的。朱元璋做过和尚,吃过树皮,最后当了皇帝,吃着山珍海味,多少次绝境逢生,奇迹般打败了陈友谅、张士诚。他常常挂在嘴边的就是:能屈者能伸。

　　一个人走向野外,目的是领略身体上关节的风景。伸腰、下蹲、旋转,忽然来一个弓箭步,我听到了关节的咯咯作响,仿佛看到了关节的自由屈伸。有时我会放纵身体做圆周运动,关节便会描绘出一个圆锥形的轨迹。

　　能屈能伸,这是中国哲人总结出来的一种人生观。它包括了愚笨者的智慧、柔弱者的力量,传达出生命含义的旷达和由吃亏退隐而带来的安稳宁静。

　　舒展开肢体,松弛了意念,将身体的关节拓展开来,这种舒心闲逸的姿势让关节有了休息的间隙。月光是迷离的,光线是晦涩的,晚风是凄凉的——这是我司空见惯的画面。而在更高处,有嫦娥吴刚桂树、蟾蜍玉兔广寒宫,在这个背景下,关节的记忆像一个飘忽不定的幽灵,它在搜索着主人生命的轨迹。它在旁若无人地思考着:除去思想,主人的一切行踪无不在我的掌控之中。

　　辞书上把起关键性作用的环节也称为"关节"。我们不能不承认,人体的构造之玄妙为汉语词汇做着恰当的注解。在这里,关节不是一个具体的存在物,而成为一个抽象的概念。你可以意识到,却无法捉住它的影像。

　　在当代,关节又呈现出极其丑恶的嘴脸。暗中行贿赂官员的事,却被"关节"一词冠冕堂皇地掩盖着。这就不得不佩服中国人的智慧和想象力。只是,我们身体里的关节抗议着:何时我们变得丑陋了呢?

皱　　纹

皱纹是岁月的年轮，是生命的沧桑，是情感的历练。唯有上了岁数的人，才会拥有它。如此说，它是生命的财富。

生命以皱纹的形式延续下来，从而弥足珍贵。这只是我的念想。

小时候喜欢坐在祖母的腿上，端详她额头的皱纹——那是沉睡在我记忆里的皱纹。祖母对我极其娇惯，任我的双手抚摩着她的皱纹。那时总觉得皱纹极其神圣，充满神秘与厚重。在我看来，祖母脸上的皱纹决断地隔绝了外面的世界。那一缕一缕的沧桑汇聚成我幼小心灵里圣洁的图画，伴我度过了童年的寂寞。那是一种独特的、直达心灵的，通过近乎依赖的方式而呈现出的唯美感觉。

少年时，心境却又起了变化。每当看到祖母枯瘦的脸上又多了一条皱纹，我的心便灌铅似的沉重。那被岁月雕刻的皱纹成为射穿我心灵的弓，伤口的血汩汩地、绝望地流着。此刻皱纹在我的眼里是恐怖的，苍老的，颓废的。所有贬义词用在它身上，在我看来都不过分。因此我憎恨时间，憎恨皱纹。

时间的流逝，总是伴随着一个个生命的陨落。一个寂静的清晨，祖母生命的陨落带走了那些曾经美好的、可恶的皱纹。可是随着时间的流逝，当我的额头也呈现出皱纹时，祖母的皱纹却被我永恒地敬仰着。

皱纹是矛盾的，也是哲学的。它被称为时间的刻度时，也就具备了哲学的意韵：成熟、深刻、庄重。三十多年前，罗立中一幅名为《父亲》的油画打动了整个中国。这是中国油画史上前所未有的一幅巨大的农民头像。从20世纪80年代至今，媒体对于它的关注热情从未消减。有媒体称，《开国大典》《毛主席去安源》《父亲》是新中国成立以来最重要的三件油画作品。面对着"父亲"脸上遍布的皱纹时，我感受到的是油然而生的震撼和黯然神伤，因为它直逼我的心灵深处，令我嗅到了暗淡生活中的哲学气息。许多时候，我面对着《父亲》那幅油画，一次次在心里念诵：哦，那些皱纹很沧桑，很深刻，很有哲学意味。

皱纹与哲学毗邻。一篇文章的题目很有意思——《皱纹长在心里才算老》。文章讲述了一个老太太三十岁时参加高考，三十六岁考研究生，四十三岁报考博士研究生，六十岁退休又去学国画，学生说她不服老，她说："皱纹长在脸上不算老，只有长在心里才算老。"生活中，有人稚气未脱却老气横秋，有人年过花甲却青春依旧。这是因为，前者的皱纹长在了心里，而后者的心灵却溢满青春。

阅读身体，可以感应一个系统在暗处操纵身体的行为。皱纹是表象，操纵它的是人的经历，人的心灵。阅读皱纹，是解剖人生的一种快捷、有效的方式。我观察一个人，除了眼睛这个部位，会把注意力更多地集中在他（她）的皱纹上。我清楚，那是人生的风景线。

我一直扪心自问，那由皱纹连接而成的额头，是不是我的祖母，或者是油画里父亲的成长历程？一个乡下的老太婆，或者山沟里窑洞中的老农，身上有没有某些传奇的故事？

植物词

婀　　娜

许多年来,一直在寻找一种与婀娜有关的植物,可是很难。柳枝、荷叶、竹子、藤条,它们仿佛和这个词语无限接近,但却无法触动我的心灵。

在我的意识里,婀娜不仅仅是纤细、柔软的表达,它具有更深的禅意,但却被辞书忽略了。

婀娜不是表象,并非指植物身体的茎、枝、叶等某一部分,而是一种属于本质的东西,是某种植物赋予人心灵的感应。三国时曹植作有《洛神赋》,其中写道:"含辞未吐,气若幽兰。华容婀娜,令我忘餐。"这是关乎精神的句子,容纳了气质和神韵。"令我忘餐",这是感动心灵的境界。

注重植物表象的人,无法体验到"婀娜"的深邃。

2011年的5月,在西双版纳的热带雨林——那是植物的天然王国,我捕捉到了婀娜这个词语。无数的植物,我叫不出它们的名字,可是却领略了它们绽放出的婀娜的神韵。一枝、一叶,细节的柔美,照应着我心灵里最敏感的神经;一面山坡、一丛灌木,整体的轻盈,如舞蹈家迷乱的舞姿,引领着我的精神纵横、上升。

我匍匐在地,舒展肢体,松弛精神,婀娜成一根草叶的形状,化为雨林中的一株植物。

静静的,我抚摸到了自己的心跳。我在那天的日记里写道:当人的躯体无限柔弱的时候,心灵在松弛中化为乌有,这才是生命中难以逝去的婀娜景象。

如果要寻找一种与婀娜无限接近的植物,我首推芦苇。它的茎和叶,还有细碎的花,都在摇晃的风里表述着一个词语的精神。

寻找一个关于婀娜的词语,耗去了我生命的精华,值得。

缤　　纷

缤纷的解释是:繁多而错杂的样子。

这是属于秋天的词语。思绪恍惚中,一阵秋风带来凉意,于是植物身上的叶子纷飞而下,匍匐于大地的怀抱。

忽然想起黛玉葬花的情景。一个弱女子在花园里葬花,心里充满了忧伤的曲子。这是一幅古典的忧伤画面,曾经无数次打动我的心灵。可见,缤纷这个词的背后,隐藏着自然界的兴衰荣枯。

落英缤纷,貌似繁华,本质上却是衰败。过去,我从来没有注意到这个词潜藏着的意象,却在鹦鹉学舌般地歌颂着它的美丽。

一直都在疑惑着陶渊明《桃花源记》中的这两句:"芳草鲜美,落英缤纷。"前者是春天的景致,后者是秋天的意境,怎么就同时出现在桃花源里了?我丝毫不怀疑陶公的智商,却怎么也解不开心中的疑问。

我喜欢在落叶纷飞的日子里出门,置身于一片树林,聆听着风的喘息,注目着秋叶的舞蹈。这是我生命里难以逝去的散淡。捧着一片落叶,我便恍悟,生命若落叶,你必须珍惜挂在树枝上的瞬间。

换个角度思考,落叶、落花不过是自然界再平常不过的景象,新旧更替,这是自然规律,大可不必因此伤心悲情。从纯自然的角度看,那缤纷的景色也是一种美的享受,禅的愉悦。

摇　曳

　　童年里,一个瘦弱的孩子总是期待着叶子和花在风中摇曳的情景。那时,理想、事业这样的词语距他无限遥远,整个世界于他一片渺茫。他的感觉里,唯有树叶和花的摇曳,能够打动那颗稚嫩的心。常常是,它们在摇曳,他也摇摆起身子,渴望与它们融为一体。

　　这便是我的童年。记忆的远镜头,常常把一个人的童年清晰地呈现。

　　摇曳,是植物动态下的情状。摇是晃动,曳是牵引。动态的美,彰显出植物的生命情结。

　　一株植物,茎干、枝条或者叶片在风里旁若无人地摇晃着,摆动着。这是自然界司空见惯的现象,然而它却会摇动我的心境,还有漫长的思绪。

　　我的生命里弥漫着对芦苇的膜拜。2011年,世园会在西安举办,置身其中,我看到了水泽湖畔一丛丛茂密的芦苇,仿佛照应着我怅惘深长的相思之苦,宛若我梦中的情景再现。我蹲下身来,抚摸着芦苇那摇曳的枝干,禅思禁不住飘飞荡漾。

　　《秦风·蒹葭》吟叹:"蒹葭苍苍,白露为霜。所谓伊人,在水一方。溯洄从之,道阻且长。溯游从之,宛在水中央。"蒹葭便是芦苇。夕阳西斜,片片芦花随风萧瑟,为寻伊人"上穷碧落下黄泉",然终是"人如芦花飞又散,四顾茫茫皆不见",只得喟叹假想伊人"宛在水中央"。

　　我在叹息,古人的精神境界远远高于当今物欲横流的世人。是何时,人类忽视了精神的张扬?

　　在我的意识里,植物的摇曳,如果对应了人的心灵,那就是天人合一的意象。

幽　香

过去总以为,幽香是一种隐蔽起来、东躲西藏的香气,在不知不觉中沁入人的心扉。

如果,植物的词语也带有气质的话,幽香应当算是最具文学气质的一种。它让你看不见,摸不透,只能跟着感觉走。

后来查了词典,对它的解释让我顿感索然无味。

幽香,含义其实非常普通:清淡的香气。谜底虽然很简单,我却不解自己从前的感觉。一个"幽"字,竟让昔日的我云里雾里,想入非非。

暗香疏影、深山幽谷、寻幽探胜、曲径通幽、幽香若兰……

显然,我是受了这一类成语的蛊惑,才把幽香一词理解得神神秘秘,并生出无穷的遐想。

细想,缘由在于那个"幽"字。"幽"的含义有多种,我却喜欢《说文》的解释:幽,隐也。"幽,从山,犹隐从阜,取遮蔽之意。"

幽和香,两个字的组合,带着禅意。隐蔽着的香气,看不见,摸不着,却带给人感官上的爽快,心理上的适意。

我家的院子里生长着两棵桂花树。妻子喜欢桂花的香气,一到秋天,她就站在树下,大呼小叫地让我用鼻子嗅从桂花里散发出来的香。一棵树飘散出香气,另一棵也飘着香味。我竟然不知香来自哪一棵了。这是绝妙的感觉。

我以为,幽香这样的词语,弥漫着禅意,裹挟着诡秘,沁入我们的精神。它不纯粹是感官上的感受,更带有精神的、心理的因素。想不到,词典上的解释竟然如此简单。简单到只是感官上的享受,于是,我就对词典上的解释生疑起来。

博大精深的中国文字,一部词典也许是不够的。

凋　谢

凋谢,含义为草木花叶脱落、凋零,也可指人衰颓或死亡。

无论从哪个层面上理解,凋谢都不是什么美好的事情。

从审美的角度看,鲜花盛开令人愉悦,残花凋谢让人感伤。读古人的诗词,常从字面的凋谢里觉察出诗人的悲伤和失意。譬如周密,他是个有气节的词人,南宋灭亡后,他坚决不仕元朝。他的《吊雪香亭梅》词中有如此的句子:"叹花与人凋谢,依依岁华晚。共凄黯。"这首词作于宋亡以后,作者通过写梅花的凋谢抒发自己对故国的怀念,对新朝的抵触。

"花谢花飞花满天,红消香断有谁怜?"这是《红楼梦》中《葬花吟》里的诗句,其实也有花与人同时凋谢的含义。

花的凋谢本是自然现象,预示着美的陨落,生命的枯萎。这就很自然地让在情感上受挫的人联想起自己的命运,生发出悲悯之情。

我是一个对自然异常敏感的人。我总是觉得,自然界并不比人类简单,因此在有限的生命里,我总是无限地亲近自然。譬如在深秋的季节,我总是缅怀着花园里、田野里的植物,不知不觉地走近它们。我眼前的画面是:所有的花朵都在枯萎,无力地吟唱着哀歌。躺在地上的一朵小花,竟然被一只罪恶的脚踩过,宛若交通事故中人的躯体,扭曲、变形,还洒落着、飞溅着鲜红的血迹——带着鞋印的痕迹。

我感受到了心的凋谢。那个瞬间我的心灵在汩汩滴血。

嫣　红

它生长的季节,应当是春天。明媚、柔软的阳光,是它忠实、贴切的伴侣。

红在中国人看来是喜庆的色彩。对于植物来说，姹紫嫣红更是至高的品味。"嫣"的含义是容貌美好，一朵红花，配了一幅娇容，形色兼备，便是上品了。

　　去洛阳看过牡丹，颜色自然是多样的，可我还是倾向于嫣红的那种，不但红得可爱，容貌也出众，远看近看都惹人眼。许多游人照相，都选择它为背景，可见人的审美意识大同小异。

　　曹雪芹笔下的贾赦，欲娶鸳鸯为妾，因鸳鸯誓死不愿未成，他又遣人各处寻觅，终究费了八百两银子买下一妾，其时年方十七岁。那女子便叫嫣红。《红楼梦》反映的生活场景大约是清乾隆年代，那时朝廷一品官每年的俸禄是七百两银子。嫣红那姑娘有多美丽，我只有凭借想象了。

　　嫣红，美丽而又神秘。宋人楼钥《林和叔侍郎龟潭庄》诗里有这么两句："海棠炫昼绕栏槛，细声嫣红遍繁枝。"海棠雅号"解语花"，花姿潇洒，花开似锦，自古以来就是雅俗共赏的名花，历代文人墨客题咏不绝。它环绕在一户富人家的栏槛上，主人——细数它嫣红的花朵。且不说主人的品行如何，这样的情景，已足见主人审美的情趣。

　　如今，海棠也能生长在普通人家的庭院里了。譬如我家的院子就有数株，它开花的日子，我用心领略着嫣红的真谛。

锦簇

　　花团锦簇，这是一般人的用法。美丽，却也拥挤，我一向不太喜欢这样的表述。我的审美观，更执拗于散淡、清雅。散淡清雅，会给美留下空间，让思索游刃有余。

　　一个词语能影响人的心境，连缀一片心情。不可否认的是，将美集中在一起，是许多人向往的境界。也许，他们是为了节省审美的时间。这样的人，生命是紧张的，生活是忙碌的，毫无质量可言。

　　锦簇指的是色彩艳丽。高尚的美术作品，大多避开艳丽的色彩。艳丽的色彩容易引发人的审美疲劳。看过一幅牡丹图,牡丹的花朵顺着卷曲的叶脉形态,一朵一朵地盛开,似有隐秘的人文气息和怀旧之思。

在许多公园看到这样的景象:刚进门的地方,会用许多色彩艳丽的花盆拼接成一幅图案,供游人先睹为快。许多游人在此留影,将五色缤纷留在身后作为背景。我微笑着绕开,孤身走向僻静的角落,独享或者迷恋一棵草,一枝茎,一朵花。

不要掠夺别人的审美观。这是我一向的做人方式。

喜欢在空旷、幽静的地方读些书。有许多思想家、科学家、文学家,一概拒绝着艳丽的自然景象,孤独、清静、淡泊,是他们的精神气象。

我的骨子里,秉承着中国哲学的内敛与玄机。对于相当外化的表现形式,自认为过分夸张,总是带着排斥的心理。

馥　郁

喜欢这个词的原因,在于它具备着内敛的涵养。

馥郁,形容香气浓厚。一夜醒来,植物们伸伸懒腰,打着哈欠,将蓄积的香气撒满田野。清晨,我总是站在田野里做深呼吸。这不仅是为了增加肺活量,还在于呼吸田野里植物的香气。在鸟啼声中,我弯下腰,拔下一棵碧绿的青草放进嘴里,我咀嚼出的是苦味,可是直觉里却溢满芬芳的香气。

不远处,一位少女做着健美操,腰姿的弯曲呈现出一条弧线。忽然,我感到了浓淡有致的香味从她的身体里弥漫出来,在氤氲间成就了少女的魅力绽放。做完操,她走进一片草丛,蹲下,并无什么动作,只是享受着草木的馥郁,她会不会闭着眼睛?距离有点远,我没有看清。

触及灵魂深处的馥郁。我产生了如此的念想。我,还有一位不知名的少女,在这个清晨,共享着大自然的恩赐。是馥郁这个词语,装饰着这个小城边缘的田野。

有时我也会孤身去山里,感受空谷馥郁这个词的魅力。空旷的山谷里,有鸟叫，有虫鸣，有水流，有风吟，有石头在静默，还有兰花芳香的气味弥漫着。如此的境界，足以打动我的心弦。我做着不雅的动作：张开嘴巴，呼吸、吞吐，将馥郁容纳于身心，将大山收留在魂灵中。

馥郁，馥郁，我轻声吟诵着这个词，让疲顿的身心愉悦，让空荡的灵魂溢满浓香。

河流记

一

在地图上看黄河，形状像汉字的"几"，左边那一撇，仿佛它的起源——青海巴颜喀拉山北麓各姿各雅山下的卡日曲；右边那一勾，是它的归宿入海处。我的祖籍在河南，是黄河的下游。第一次过黄河是六岁那年，我跟父亲回老家。是个黑夜，我看不见河水的模样。挤在一艘木船上，我听见了黄河的咆哮声，牵动着我恐怖的心跳。艄公在唱，似后来听到的曲牌中的某一首。词意模糊了，韵律依然唱响在身体里。

后来，我学会了比喻，黄河便成了我生命的源头。我的老家是一个叫大金香的村子，归温县管辖。父亲十岁那年，在兵荒马乱、灾荒不断的背景下，祖父领着一家人来到关中。父亲后来常常向我说起当年过黄河的情景：在孟津县的一个渡口，全家人被困在河滩上。渡口的名字父亲记不起了，它张开胸脯，接纳着逃难的人潮。渡河的船只很少，等待过河的人只能翘首相望，只要过来一条船，人潮便沸腾起来，蜂拥着朝船只抵岸的地方奔去。有国民党的兵在河边把守，他们朝天鸣枪示警，这才阻止了人潮的簇动。等了整整一天一夜，一家人才上了船。过了黄河，一路走到西安，最后在秦岭脚下的秦渡镇落了根。

在我生命的历程中，有过十几次过黄河回老家的经历。起初是坐船，后来是坐车。坐在车上过黄河的感觉远没有乘船那么真实，但我还是会隔着车窗的玻璃凝视它,直到它的影子从视野里消失。视野的辽阔与胸襟的博大,在那一刻相映生辉。

对父亲来说,黄河就是他的原乡,是他生命的根。在陕西的大半辈子,他一直都在恋着老家,恋着黄河。他的这种情绪传染给了我,让我对黄河也有了异样的感情。除了回老家,我还去过黄河边上的许多地方。豫陕晋交界的风陵渡,我去太原,去北京,如果坐车,那是必经之地。关于风陵渡,金人赵子贞曾这样描述:"一水分南北,中原气自全。云山连晋壤,烟树入秦川。"可见是个好地方。车子每到那儿,我都会找个理由让车停下来。那儿风大,站在岸边让风吹着,俯视黄河的流水、河滩的草木,心里充满的不仅仅是温馨的感觉,我真是一下子无法用文字来表述它。也许,无论怎样的表述都不能满足我。还有山西芮城境内的黄河古渡,晋陕交界的壶口,济南的黄河大桥,内蒙古境内的黄河乌海段,我的足迹都到过。前些年,听说作家于坚在青藏高原探寻澜沧江的源头,时隔四五年,他拿出了一本沉甸甸的《众神之河》。看过书我明白了,于坚是在为一条河撰写精神传记。这打动了我的心。我的人生梦想之一,就是在有生之年徒步走完黄河,从源头开始,一直走到它的入海处,还想为它写一部书,记述它的前世今生。这个梦想,以我有限的人生可能无法实现了,心中总是有无尽的遗憾。

河流是原乡的标记,是一个人生命的根系。时空的转换无法隔绝一个人对故土和母语的记忆与牵系,文学的家园时常被视为作家精神之河的发祥地。河流作为一种客观存在的自然物,经过作家审美情感的观照和艺术心理的同化,提升为具有生命形态的艺术实体。作家苏童是写小说的,竟也写出了一篇好散文《河流的秘密》,文章里写到他的母亲在很脆很薄的冰层上行走,听见脚下发出危险的碎冰声。她畏缩了,可是退回去更危险,于是她祈求着河水,顺利地过了河。苏童以为是天方夜谭,问母亲当时是怎么祈求的,母亲笑着说,能怎么祈求?我求河水,让我过去,让我过去,河水就让我过去了。文章是这样结尾的:河流的心灵漂浮在水中,无论你编织出什么样的网,也无法打捞河流的心灵,这是关于河流最大的秘密。苏童笔下的河流意象,是物象与心像的融合,携带着作家的生命信息和艺术趣味,负载着文化内涵和隐喻意旨,成为叙事与言说的支点。这让我想起荣格说过的一段话:"每一个原始意象中都有着人类精神和人类命运的一块碎片,都有着在我们祖先的历史中重复了无数次的欢乐和悲哀的残余,并且总的说来始终遵循着同样的路线。它就像心理中的一道深深开凿过的河床,生命之流在这条河床中突然奔涌成一条大江,而不是像先前那样在宽阔而清浅的溪流中漫淌。"

说到原乡,我想到了美籍华人作家聂华苓。在异乡,她沿着记忆之流回溯释放着故园之思。长江、嘉陵江是她的原乡,河流的延伸和流动不拘的特性激活了她的记忆,丰富的想象力触动了她的思乡情怀,故乡之河化为她奔波于异域的原动力,她在双重文化背景中的书写大都与河流有关。在《失去的金铃子》中,苓子沿长江逃难而来,又顺长江漂泊而去,生命成长的印痕铭刻在心底。在她看来,"江水有很多象征意义,因为江水象征流动的历史——像江水一样不停地流,不停地变换。人生也是流动的。这对历史、对人生都有象征的意义,对我自己来讲也有意义,我从长江一直流到爱荷华河,流了这么远,也有流浪的意思,浪也与水有关"。正是基于这样一种生命体验,聂华苓把江水化作与人生历史以及女性意识水乳交融的意象贯穿于作品。她运用东方人睿智的凝视与发现,创造出了河流意象,体现出"被放逐的中国人"独特的心路历程。我在年轻时,有时惧怕和父亲待在一起,因为他总是诉说着对老家的回忆,让我有点厌烦。我每出版一部书,都要先送给父亲。他戴上老花镜,抚摸着封面叹息着说:我要是会写,把老家的事情能写成厚厚的一部书。

二

我不喜欢山之永恒,喜欢的是水之漂流。虽然山也是伟大的,但我的审美倾向在于水。柔弱,却有穿透的力量;无形,却有变化的魅力。老子将水人格化:上善若水。他也许是第一个悟出了水之魅力的哲人。古语又说:水滴穿石。它用的是柔功。我的家乡高冠河上游有一瀑布,瀑布下游是高冠潭。瀑布下冲时在一块巨石上冲刷出一道凹槽。所有的河流在源头时都是不起眼的,以至于人们往往不相信这是一条河的开始。从高冠峪口进去,顺着河流,四五个小时就到了高冠河的源头鸡窝子村。房屋散乱在山坡上,白云飘荡在山峦间,石缝里渗出一滴滴水,汇聚成条条小溪。那是些不起眼的小溪,一只手掌就可以止住它的水流,心里还在想着这些小溪怎么可能是沣河的发源地呢。但河流的伟大恰恰就在于它们从不起眼的地方开始,最后汇聚成波澜壮阔的大河。我在想,河流便是大地的血管。很难想象,没有了河流,地球怎样生存?

  有段时间,我因为忙于生活,曾离开河流很久。那段时间就觉得大脑干巴巴的,内心里有一种缺失流水的焦渴,就连身体的皮肤也皱巴巴的,如失掉了水分一般的干枯。把生命的支点架设在河流上,这是别具一格的人生。很多时候,我的潜意识里感觉自己就是那滚动的河水,哪里有河床,我就奔向哪里。每每看见一条河流,哪怕是细瘦的小溪,我也会抑制不住心灵的颤动,有种恋人相见的喜悦,向它倾情。只要有河流,无论我在什么地方,都不会有异乡的感觉。

  别人旅游,是看城市、看风景、购物,而我纯粹是为了看河。每当我的足迹涉入一片陌生的地域时,总是期待一条河的出现,那样我就觉得自己是一个幸运的旅行者。虽然河流也是风景,但是导游不给你看河的时间,大多的导游心思在购物上,因此我对组团旅游是排斥的。我喜欢自驾游,不会开车的我只能在朋友有兴致时一同前往某一条河流。远途的跋涉,我见到了无数条河流。与人一样,它们没有完全相同的模样。每一条河都张扬着个性,演绎着属于自己的故事。阅读一条河,便是我的一次精神巡游。一个人总得有些精神生活的方式,漂泊的身影与川流不息的河水做伴,这是不错的选择。我坚信,每一条河都是上帝造的,都记载着许多关于人类的情结和细节,演绎着人类的情感故事。细想,我对河流的偏爱完全是一种孤独的自救方式。

  拥有了河流的情感,我对生活自然心存感恩。

三

在南疆，我看到了塔里木河。在我的印象里，它是一条极具神秘色彩的河。最初关注它，是科学家彭加木神秘失踪的事件。这就牵扯出来一条河：塔里木河。在此之前，我一直以为，大地上所有的河流都发源于高山，归宿都是大海，并且郑重其事地写进了我的文章里。是听别人说的呢，还是我的想当然，总之一直是个误区。塔里木河纠正了我的这个误区，它没有归入大海，而是注入了罗布泊。彭加木是去考察罗布泊的。罗布泊神秘的、令人恐惧的一望无际的戈壁滩，没有一棵草、一条溪，夏季气温高达70℃，没有任何飞禽敢于穿越。2007年秋天，我有了一次赴新疆的机会，于是约了一个同伴去南疆看塔里木河。我不是科学家，不具备考察罗布泊的资格，因此就去了塔里木河的上游。

一条河，总会有它感人的地方。塔里木河感动我的是与它相邻的沙漠。它的广大自然是无法描述的，呈现在我眼前的是山脊、山谷、山坡。山脊巍峨壮丽，山谷神秘莫测，山坡更美，若图腾的标记。我俯卧在沙上，感受着它的心跳，以及不远处一条河的呼吸。站在河边，我的激动和兴奋在逐渐沉淀：这就是我魂牵梦绕的塔里木河吗？这就是养育了南疆八百万人口的母亲河吗？这清浅如溪水的河流真的浇灌出了漫漫驼铃的古丝绸之路吗？这温柔娴静的河水真的孕育了创造古楼兰文明的游牧民族吗？在我看来，一条河流与沙漠相邻为伴是一种命运的默契。沙漠是它的河岸，造就了它横冲直撞、居无定所的性格，像一匹无缰的野马，奔腾穿行在万里荒漠上。在我的眼里，塔河渲染出一泻千里的恢宏气势，温馨，明媚，宁静，祥和，与沙漠的死亡气息形成鲜明的反差。制造这种格调的是一种树——胡杨。"一千年不死，一千年不倒，一千年不朽"，胡杨长达三千年的存在方式，在塔河流域的植物种类中独树一帜。沙漠上的行走，像是走在耕牛刚刚犁过的、被阳光暴晒的土地上。站在沙脊上远望，一片胡杨林掩映在黄绿错综的绿洲里。

在蓝得纯净而庄严的天空背景下，霜染的胡杨林一片金黄，这是一种成熟生命的本色。我不愿走近它，远处的眺望更具有审美的意义。我恍惚听见了胡杨树在风中为一条河歌唱，那是人们不易感受到的禅音，悠扬的旋律里彰显着雄奇和激越，为一条河的存在而吟诵。

很多时候，我们听不到却能感应到禅音。化声音为虚无，化静物为声音，这是人生的大境界。秋光里，我眼皮底下的一棵胡杨孤独地倾斜着身子，夸张的样子像是给一条河点头哈腰。沙漠上长出一棵树，就好比热锅里蒸出了一株青苗。这是我的想象。事实上，它老了，像一个老人，腿脚支撑不住身子，只好弯下腰。一种树，守望着一条河，在我看来这是精神的写照。

一片芦苇，这是塔里木河令我最为感动的细节。张扬和安静，是需要用心去选择的。芦苇生长在塔里木河的水边，茎秆中空，叶子翠绿，在风里歌唱，并开出美丽的芦花……这是禅音的表述。一条河、一个人、一片芦苇。宁静，一种摄魂夺魄的宁静，带我进入一种充满禅意的境界。好的景物，是需要禅的目光，禅的听觉，禅的心境。在河边，我捡到了一只贝壳，这古老的软体动物化石记录了这条河曾经生机勃勃的历史。这是一条孤独的河流，孤独到只有沙与风在苍天下舞蹈。风，这孤独的斗士，经历了大自然最残酷的折叠，铸就了桀骜不驯的品格。它的吼声让河畔的每一道沙脊，每一座沙梁都历经了最狂怒的迁移。我疑心自己穿越时空进入了鸿蒙开辟的时刻，咫尺、天涯、洪荒，谁也无法真正停留在这肆虐而死寂的世界，塔克拉玛干拒绝一切诱惑，它只坚守自己的冷漠与倔强。聆听着塔里木河的风声，我的胸襟在扩张，身上的毛细血管在膨胀，仿佛禅音灌输进了我的身心。

面对着塔里木河，我如一个朝圣者一般虔诚。面水静坐凝思，宛若入禅。禅，代表着身心中澄澈的情感、智慧和觉醒。禅门的教旨是一法不生，万水千山。于是，我稳住心跳，纹丝不动地坐在河边，聆听着一条河的心声。人到中年，我已经没有了年少时的狂热与激情，学会了用一种理性的眼光审视自然，审视人生。虽然如此，我还是要为它感动，因为在它的身边，我一次次聆听到禅音。禅音，我生命的向往，被一条河占有的时候，我如何能无动于衷呢？

有专家认为,让罗布泊干涸的原因就是塔里木河的断流。生命与死亡在一条神秘的河流里交替相融。说到底,大地上所有的河流都存在着生命的密码。彭加木是如何消失的,成为20世纪80年代罗布泊科考之谜。关于河流的秘密还有多少,人类真的不知道。

四

四十岁那年,我忽然厌倦了所从事的工作,甚至连生活也厌倦了,被孤独抛弃在一座孤岛上。那年秋天,我一个人去南京出差,办完事独自去看秦淮河。在我的印象里,秦淮河是一条关于女人的河。没有李香君、董小宛、柳如是、陈圆圆一类的女人,它不过是一条普通的河。因了那些姿色出众的女人,一条河才让男人们想入非非。

那是个雨天,细密的雨点洒落在秦淮河的水面。我走进一家茶楼,要了一壶红茶,坐在靠窗的位置。茶楼里很静,就我一个客人,我品着茶,看着断线般落在河面上的雨点,解脱着孤独的心境。供茶的女子清瘦美丽,坐在我身后翻阅着当天的《扬子晚报》,不时发出低叹,不知是无奈这雨天茶客寂寥,还是为报上某一则报道中的主人公伤感。我回过头打量着她。也许是偶然,她也抬眼看我,细眯的眸子闪着亮光,清瘦的脸颊弥漫着诗一般的韵致。很快,她埋下了头,我也回过头隔窗而望。雨点刹那间大了起来,水线密匝匝一片。我在想,那些昔日的"秦淮八艳"身材是胖还是瘦呢?遐想间,茶楼女子过来为我续水,细长的手指在我的眼前滑过一道战栗。她披肩的秀发遮着眼睛,我无法看清那眸子中的亮光和神韵,却感觉到她是有意用秀发遮住眼睛,但能从秀发的缝隙里观察到我。我的心跳着,真想抓住她那只小巧玲珑的手。当我明白自己走了神时,她却轻盈地走向茶楼的另一头放响了音乐。我对音乐没有研究,但能听出那是一首古典乐曲,旋律低沉,哀怨如泣。我闭上双眼,沉浸在由乐曲和雨丝交织的凄清氛围中。很久很久,仿佛度过了一段漫长的历史岁月。从三国东吴孙权的叱咤风云到东晋书法家王献之与妻桃叶的缠缠绵绵,从董小宛与冒辟疆的生死相恋到李香君的失望遁入空门……那些回忆有激扬、有悲凄,也有哀叹。这些交织在一起的情绪令我感到温馨。一曲完了,我走出茶楼,想感受在秦淮河的桥上被雨淋湿的滋味。我倚在桥栏上,望着孤寂的船舫和河面上跳荡的雨点,脑子里却是茶楼女子的面影和细长白皙的手指……让我意想不到的是,那女子撑了把绿伞走出来,站在我身旁用伞罩住了我的头顶。那时我的脸颊上已有了从头发上滑下的雨水。远远近近的河边没有一个人影,只有孤寂的船舫和冷落的楼阁,以及水面和楼阁接连处的绿藤,还有两个陌不相识的男女。静静地,她站在我身边,呼吸匀称而细长,我的心迷离而陶醉……大约有五六分钟吧,雨点住了,她离开我进了茶楼。等我再回到茶楼时,那女子却不见了踪影,一个胖乎乎的女孩接替了她。胖女孩坐在茶桌旁嗑着瓜子,一副若无其事的样子。又坐了一个多小时,还是不见她的身影。我怅然若失,结了茶费,消失在细雨之中。

那个雨天,永远过去了。我的孤独,也奇怪地消失了。

五

我的思绪不可抑制地流向童年的河流。我若不写写它们,就会应了那句"忘记过去就意味着背叛"的告诫。

沣河是有历史的。我所说的历史,是有文字记载的历史。周文王、周武王建立的丰镐二京,就在沣河的东西两岸。历史上有八水绕长安之说,其中就有沣水的影子。1945 年,祖父带着全家人逃难到陕西,先在西安待了几年,后来就定居在秦渡镇。沣水就从镇子的身旁流过。我在那儿出生后不久,就被母亲送到了奶妈家。奶妈家在距离秦渡镇以北三华里的阿底村,也在沣河边。母亲当时在镇上的照相馆上班,那时她还年轻,才过二十岁,刚刚参加工作,那时单位不允许女职工请假奶孩子,那时妇女儿童的权益无法像现在这样受到重视和保护。奶妈比母亲大两岁,怀里还有一个孩子,是她的大儿子。一个残酷的现实是,奶妈的奶水达不到奶养两个孩子的条件。她是一个极普通的农村妇女,要她把一碗水端平,完全平等地对待亲儿和奶儿,对她来说实在是难为了。于是,她就只能先喂饱了自己的儿子,再回过头来用奶水喂我。这样,我常常处于饥饿的状态。在我张开小嘴啼哭时,奶妈便把蘸了水的棉球塞进我的嘴里。——这是母亲后来反复向我叙述过的一个细节。这个细节,也是在我即将离开奶妈家时母亲才听到的。不知奶妈村里的哪个长舌妇向母亲透露了这一点。为此,母亲对奶妈心存嫉恨。

我是吸着棉球的水,外加一点微不足道的奶水活下来的。这一点我完全没有记忆。我的记忆里只有沣河。奶妈家的后墙有道门,是那种低矮的木门。推开木门,就可以下到沣河。奶妈在河水里洗衣、淘菜,盘腿坐在细软的沙滩上捶布。"梆——梆——梆!"布是叠起来铺在石头上。那石头光滑,棒槌和布接触的一刹那,就产生了一串串的"梆梆"声,很单调,却很响亮。河里的蛙就随着捶布声鸣叫着:"咯哇——咯哇——"

奶妈拉着我跟着河水走,教我念童谣。那句子是这样的:

沣河沣河啰啰/里头坐着哥哥/哥哥出来买菜/里头坐着妖怪/妖怪出来烧香/里头坐着姑娘/姑娘出来磕头/里头坐着孙猴/孙猴出来抡棒/里头坐着皇上……

后面的句子记不起了,总之是没完没了。念完,奶妈把我抱进河水里前后摇晃。她是把河水当成一个摇篮,摇着我成长。这种待遇,奶哥是享受不到的,他可怜巴巴地站在河滩上看,有时就哭。他哭他的,奶妈不管。河水清澈得像面镜子,瞅瞅四周没人,奶妈就脱了衣裳洗身子。有时,我就朝河水里小便,奶妈就训斥我,让我把小便撒到河岸边的田地里。后来我想,奶妈的心里一定深藏着对河流的虔诚,宛若她的神灵之水。我后来对河流的洁癖也正是从奶妈而来的。我相信,这个世界上一定有许多有河流情结的人。

沣河是大地的伤口,记载着我的疼痛。1962年,因为父母调动了工作,我家离开秦渡镇到了庞光镇,可我依然怀念着沣河,怀念着奶妈,想着童谣,想着蛙声,总之是有着太多的念想。可是母亲对奶妈耿耿于怀,我的那些念想也就化为泡影。1977年,我的小妹患淋巴癌死了,父亲让我去认奶妈,说是多个人保佑,会让我无灾无难。去奶妈家的路非常陌生,单凭着一个村名,还有奶父姓童的印象,我找到了奶妈的家。我推开了两扇漆皮斑驳的门,一个四十多岁的妇人惊疑地盯着我。俗话说吃谁的奶像谁,仅凭她的眼睛,我便断定她就是我的奶妈,于是毫不迟疑地叫了一声。奶妈的手里端着簸箕,里面盛着黑豆。她一愣,簸箕落地了,黑豆在地上跳跃翻滚。她说了句:你是狗娃?在我点头的那个瞬间,奶妈哭了。在奶哥的叙述中,我知道了十几年来奶妈一直愧疚着。我走以后,奶妈就改了奶哥的名字,换成我的小名:狗娃。她甚至幻想着再有一次给我喂奶的机会,因此就多生了两个儿子,并由此带来了贫困潦倒的现况……

奶哥是在沣河岸上向我叙述的,岸上掠过的风诉说着一段逝去的岁月。"咯哇——咯哇——"沣河里起了蛙声,比我童年时听到的苍老了许多。那叫声像在呼唤我:"狗娃——狗娃——"二十年后,奶妈在愧疚和忏悔中死去。而我只去了那次,就再也没有勇气走进奶妈的家门,这也成了我终生的遗憾和愧疚。每次看到沣河,我就向它忏悔。

六

有河流,就会有蛙声。最早的蛙声是从沣河里响起的,再后来出现在曲峪河。曲峪河很普通,无丝毫的人工痕迹,像一个山野村姑的素描画。曲峪河扭曲着身子,从庞光镇的南边流过。我赤着脚丫,在拐弯处的一洼水边玩耍。水面浮着好看的花,陪衬着绿的叶子,几只蜻蜓张开翅膀在花叶上叼食阳光的影子。忽然就起了蛙声,起初是一声,其后是相连的数声,再后来就是偌大的一片。花和叶都有节奏地颤动,遮掩了间隙的水面。蛙声让风也匆匆赶来,池塘的阳光就拼命地摇荡。

春天的时候,我见到的是蝌蚪。黑黑的身子,在水里傻乎乎地摇摆。那时,我无法把它和青蛙联系起来。外婆有一年从河南老家来到庞光镇。外婆四十岁时和外公吵架,外公一气之下离家出走了,说是住庙当和尚去。这一走就再也没了踪影。从那以后,外婆就有点不正常了。记忆里她总是穿着一身黑衣,裹着脚,在院子里晃悠。她很少说话,一旦开口便让人没头没脑。肚子饿了,她便唠唠叨叨:神仙才不吃饭呢,人不吃饭就成神了。街上来了收破烂的,她就自言自语:嫌我老了,把我这身子拿去卖了……她带我去河边看水里的蝌蚪,说蝌蚪是青蛙。就这么五个字,简洁明了,我却疑惑着,蝌蚪怎么会是青蛙?青蛙的头呢,腿呢,都到哪儿去了?蝌蚪那傻乎乎的样子怎么可能是美丽的青蛙?可是外婆懒得解释。她如果这样说:青蛙是蝌蚪变的,一切就都明了了。她那么瘦小,脑子里怎么就装着那么多古怪的东西?母亲也纳闷,有一次她对我说,怪了,你外公没走之前她还好好的,怎么现在就成了这样子?童年的我不理解蝌蚪是青蛙的事实,外婆表达得也很模糊。我在想,如果把那个"是"换成"变"不就明确了吗?可是外婆偏不这么表达。也许是受了外婆的影响,我小时也常常生出一些怪念头。譬如坐在池塘边,我就想:水里的蝌蚪整天想什么呢?岸边伏着的身体是我自己的么?

正午时分,我坐在河边的树下,树荫罩着我。一只青蛙跳上了岸。那家伙碧绿的身体上布满了墨绿色的斑点,白白的大肚子像是充了气,一鼓一鼓的,圆鼓鼓的眼闪着晶莹的光。奇怪,它不怕我?我瞪大眼珠,和它进行着精神的对峙。我想捉住它带回家养起来。突然它做了一个跳跃的姿势,水面上就起了一阵涟漪。那一瞬间,我的心就如那一圈圈的涟漪荡漾开来。那个画面后来就在我生命的长河中挥之不去。

人一生积存着诸多烦恼、孤独和沙漠般的空旷,影响着生命的进程。这时我就躺在某个幽暗的角落,任思维自然流淌。不经意间,童年那个画面就从脑海里掠过,蜻蜓、蛙声、清风、阳光、间隙的水面,这些都在慰藉着我结满伤疤的心灵。

幼年和童年,我的眼目和意识里接触的是河流的影子。帕斯卡尔这样说:智慧带我们进入童年。我一直认为,我的童年谈不上智慧,因为它填充着贫穷和饥饿。可是后来又产生了新的想法。虽然贫穷,虽然饥饿,但因为有了黄河、沣河、曲峪河,有了与水亲密接触的经历,我拥有了智慧。仁者乐山,智者乐水。可见智慧是与水关联的。

七

最早去河边,是去看自然的风景,及至把它视为精神的旅行时,我已经耗过了生命的大多半。这弥足珍贵的人生感悟,我却总疑心小妹从小就获得了。小妹长着椭圆形的脸,好动不好静,完全是男孩子的性格。她是在庞光镇出生的。那时的孩子没地方玩,五六岁的时候她就常常一个人跑去曲峪河玩。好在我家距离河边不到一华里,父母很容易就找到她了。

不到秋天的雨季,河水是不会涨的,平时也就漫不过大腿,因此不用太担心。小妹在河里疯,周围是许多和她一样年龄的男孩子。她摸鱼,逮螃蟹,捉黄鳝,抓青蛙,一些男孩子不敢动的东西她都敢摸。很快她就上了一年级,教室拴住了她,可是毕竟还有暑假。要是不下雨,屋里也没有她的身影,那百分之九十的可能是在河里。河里的水草和浮萍、鱼和虾、青蛙和螃蟹,仿佛都衔接着她生命的链扣。1969年,作为下放居民,我家搬到了南正村,曲峪河沿着村子东边流过。成了少女的小妹忽然间变得文静了,但她还是喜欢往河边跑,洗衣裳、淘菜,那些与河水相关的活儿她都抢着干。有时遇到不高兴的事情,她就跑到河边发呆。十八岁那年的夏天,她被检查出淋巴癌,先在西京医院住了几个月,后来医生建议不要治了。回家后父亲到处找土方子,履行做家长的最后责任。渐渐入冬了,小妹一动不动地坐在河边冰凉的石头上,望着河里的石头、浮萍,还有水草,有时她仿佛想到了什么有趣的事情,咯咯笑了起来。她的肌肉萎缩下去,体重只剩下28公斤。在一个阳光很好的中午,她哼着歌儿让我背她去河边——她已经无力行走了。那一刻,河流在我的眼前拐了个弯。河流拐弯的地方,也许就是生命拐弯的地方。小妹凝视着干涸的河床,久违了的笑容挂在脸上……只有几分钟,她就垂下了头,双手垂落在我的腰间,身体渐渐冰凉……

童年时的黄河给我留下了恐惧，也因此导致了我初恋的失败。女友也是下放居民的子女，家在姚家河，也在曲峪河边，离南正村不到二里路。共同的遭遇让我们惺惺相惜。一开始是我去找她，在河边交流着理想和苦恼。多数都是在白天，河水静静地流淌着，我们牵着手下到河床里。雨季来了，河水开始上涨。一天傍晚，她主动约我去河岸上行走。刚住了雨，月光狰狞着，河水咆哮着，让我想起童年时过黄河的情景。女友拉住我的手，她的手心温热，喘息急促。我却缩回手说了声冷。女友脱下衣服披在我的肩上——一件花衣裳，花的形状恍如岸上杨树的叶子。我不知所措，推开了她的衣服。女友愣住了，眼神在月光里黯淡下去。她的手心变得冰凉，尴尬地穿上衣服，喃喃道：你真没出息。那个晚上，在咆哮的河水旁，我的心里有团阴影，行为有点失常。之后女友开始回避我，即使见了面，脸上也是一片冰冷。最终，她和我分手了，我不知道是否与那个夜晚有关。总之，我不愿意解释自己那天晚上的态度，不想乞求她的谅解。

曲峪河从这个地球上消失了。1976 年学大寨运动时，为了节约土地，县上发动群众将这条河掩埋了，将河水引入了另一条河。这是违反自然规律的行为，自然受到了惩罚。每到雨季，原来曲峪河下游的地里便聚集着无处排泄的水，成片的玉米倒在了水里。这条凝结着我情感的河流的消失，对我来说是痛心疾首的事情，然而我却束手无策。世界上的很多事情，都很难依照我的意志生存或者继续下去。

八

我要写到涝河了。小时见过涝河的样子，那时它还在县城西门外。出了城门，就是一条河，这绝对是美景。女人们出城洗衣裳，孩子们下水打扑腾，简直就是一座小城的后花园。学大寨运动时它没有遭遇曲峪河那样的悲剧，却被改了道，整体西移一公里，且不是原来蜿蜒的模样，直通通向北而去。一条河被人为改道，这就如同人类的被迁徙，会缺失根的维系和习惯的磁场。它无法抗拒命运,但它有抗争的权力。它耍开了脾气,你改了我千年的古道,我就断了水流气死你。也是的,在弯弯曲曲的河床里,水走一阵歇一阵,看看四周的风景。再说了,河流的自然形成,自有它的规律,叫水脉。它的流域地下水资源丰富,不像改了的河道,地下是个干窟窿,怎么能存住水呢?人定胜天,过去我们常常为这句话感动,然而我们终究逃脱不了被惩罚的命运。细想想,是先有河流呢,还有先有人类呢?答案自然是前者。既然河流在先,那它的存在就是一种天意。前几年县上开始重视生态了,在河床里修了几道拦水坝,这才使得它四季不断水。逢到雨季时水量丰盈,水面覆盖住七八十米宽的河床。这些年少有女人们在河边洗衣的景象,却是伸出来无数的钓竿,沿河散开。水里虽说没有大鱼,但小鱼是少不了的。钓鱼嘛,不一定就是为了吃鱼,多半是图个心情。

涝河和户县一个古代的名人有关。这个人是县城北街人,叫王九思,明代"前七子"之一,官至吏部考工员外郎,有诗、散曲、杂剧传世,其《卖儿行》的深刻程度不亚于白居易的《卖炭翁》。四十三岁时,因受宦官刘瑾一案牵连被迫还乡。返乡后,他读书写字,种菜养花。原来的西门外河上没有桥,他自费修了一座八米宽的石板桥,桥头还形成了市场。客居在县城的河南人开了米面铺子,吸引了临近的周至、兴平、长安三县的客商来做生意。米面铺外还有酒坊、染坊、药材铺、铁匠铺、皮坊、零剪行等。年代久了,人们就把这地方叫老桥头。唐天宝年间,杜甫曾来户县,留下一首《城西陂泛舟》,其中就有"不有小舟能荡桨,百壶那送酒如泉"的诗句。河里能行船,可见那时水之丰盛。

黄昏来临,我步出家门,经过长虹十字向西,过了老桥头一公里,就上了涝河岸。其实有更直接的大路通往涝河,可是我偏要绕一个弯,踏上石板桥。这样的感觉很适宜我。解读一条河,就要从它的遗迹开始。想不起这古老的桥曾在哪一部画面发黄的电影里见过。桥面上石板间呈现出若干处裂缝,石板上的坑洼注满了当年车水马龙的景象。木制的车轱辘不再轮回,带走了尘世的欲望和如织的脚印。

在对河流的情感表达方式上,鸟比人类更宽泛,可以在水里嬉戏,可以贴着水面滑行。一个人的时候,有非常大的自由空间,可以坐在河滩上俯视河水,尤其喜欢水鸟在水面上空起伏的情境。自从涝河里储存了水,鸟就来了。夕阳缓缓坠下,鸟儿翩翩飞过平野田畴,衔来薄薄的雾霭罩住了水面,然后是淡淡的一弯弦月升起来,在湛蓝的苍穹撒下清凉的光辉。水里当然有鱼,有蝌蚪,有青蛙,有螃蟹,有黄鳝,观察它们的生活习性,也不失为一种沉默的方式。

在所有的植物中,我尤其喜欢芦苇。在涝河的上下游,凡是被大坝拦住的地方,水边都生长着成片的芦苇。秋天,灰白的芦花到处飘荡,翩翩若雪。握住一片芦花时,我想到了帕斯卡尔,这片片芦花是从他的白发里飘出的吗?帕斯卡尔是一个哲人,思想中没有规范的体系和严谨的学说,是个任思绪流淌而不做聚集和汇总的人,宛若一片自由的芦花。他的毫无拘束的思想火花奔放不羁,直抵生命的最深层次。他关于生命思考的片段动感、跳跃、肆意、热情,这种从心灵流溢出的思想碎片比那些经过人为加工过的更为真实和可靠。

有了帕斯卡尔的启示,河流的景观一直藏匿于我的内心,随着血液流淌。我在涝河里看到了月亮,而且没有一次是重复的。月亮不能两次走进同一条河流,这并非我的发现。赫拉克利特这样说:人不能两次踏进同一条河流。河水川流不息,所以你不能踏进同一条河流。比照这样的理论,月亮也是如此。月亮躲进河流里,我就获得了宁静。这天晚上,我做梦了。梦见自己是一条河流,血液是涌动的河水,心脏是圆圆的月亮,头发是摇曳的芦苇,一只水鸟俯冲下来,我飞上了它的翅膀,向大海那边去了……从年轻的时候起,我就有记录梦的习惯,并郑重其事地比照着解梦书思索梦的意义。解梦书上说:河流是水构成的,它表示滋养;河流可以通航,像道路,可以表示生命历程。我一头雾水,因为解梦书无法解释我的梦。我想,河流一定隐藏着深藏不露的玄机,这才赋予了我荒诞不经的梦境。

自从吃上了"皇粮",我就没有离开过户县。我虽然没有生在涝河边,但它却成了我精神的目的地。不出意外,我会死在它的身边。我死了,它还会在那里流淌,宛若我的安魂曲。

九

我应当有许多故乡：大金香、秦渡镇、庞光镇、南正村。似是故乡，又非故乡。听到故乡这个词，我常常就表现出木讷的样子。我不像别人，一条根就捆绑住了命运。在这个意义上，我甚至不如一条河流，缺失着固定的源头；我又像那条居无定所的塔里木河，随意改变着生活的轨道。我的生命体纠结着水的情结。童年时对黄河的恐惧成为我生命的污点，以后随着阅历的增长，这恐惧渐而消亡，代之的是喜欢上了水的咆哮。比如说多次约朋友去宜川看壶口瀑布，朋友一来户县就请他们去看激流飞泻的高冠瀑布，一听说涝河涨大水了，便放下手头的事情乐颠颠地去了涝河。这从一个极端走向另一个极端的转变，是厌倦了日常循规蹈矩生活的一个例证。由此，我在漫长的岁月里怀念初恋的女友。她那天约我在咆哮的曲峪河边见面，证明了她比我还热爱河流。这样的缘分，被我错过了，不能不说是一个悲剧。

我不清楚赫拉克利特家乡的那条河叫什么名字，但我清楚我去过的江河：长江、黄河、沣河、涝河、渭河、曲峪河、高冠河、秦淮河、嘉陵江、钱塘江、澜沧江、大运河、珠江、汉江、漓江、洛河、沂河、塔里木河。其中的一些我只见过一次，但依然在我的生命里留下了印记。它们如一条条丝带，将我的生命捆绑。

户县与兴平、咸阳交界的那条河是渭河，属黄河的支流。渭河流域被视为中华民族人文初祖轩辕黄帝和神农炎帝的起源地。秦时，渭河旁是阿房宫，杜牧《阿房宫赋》写道：明星荧荧，开妆镜也；绿云扰扰，梳晓鬟也；渭流涨腻，弃脂水也……那时的渭水是官家运输的航道，可见当时的水景。逝去的时光也带走了渭水的盛景，虽长年不断流，但难得行船了。近几年渭河旁建起了许多农业生态园，两岸又修了宽阔的大道，让渭河有了景区的意味。空闲的日子，我骑着电动车风尘仆仆奔向那儿。我不在生态园里停留，而是直奔河滩欣赏河水。在渭河的许多地方，我仔细观察过它水面上的漩涡，几乎没有相同的。我在想,如果我也能成为一条河流,旋转出形态各异的漩涡,那该是多么幸福的事情。如此想着,却又恍然大悟。河流也是有语言的,那些漩涡何尝不是它语言的表现方式啊。河流的语言,人类是听不懂的,这是它的秘密。要想听懂河流的声音,首先你要将自己蜕变成一条河流。

寻找河流的秘密,这是我心灵的命题,需要我付诸艰辛的文字。

有时,我也会在一条河里洗澡。我是河流的受洗者,仿佛一个基督徒的仪式。用河水洗涤身体上污垢的同时,也洗去灵魂里的垃圾。洁净的身体,清爽的灵魂,这是多么好的一个人体形象。

思想是什么?是身体里的河流。把河流定位为内心的风景,让河流回到内心,从此岸走到彼岸,从源头走到归宿,从历史走到未来,拒绝做一个简单的河流旅行者。这样的定位,限定了生命的匆忙和实在。

泥土颂

一

碾儿庄的地形有点奇特，三面环山，一面向塬，宛若母亲怀抱里的婴儿。

碾儿庄是泥土做的，虽说它靠近秦岭，坡上少不了石头，但它更多的成分还是泥土。老屋的墙壁是土做的，檐头的砖、房顶的瓦都是土做的，就连屋顶的蒿草，也是从瓦缝的土里长出来的，街道是泥土的，树木的根扎在泥土里。是啊，碾儿庄的一切都在泥土之上。庄子说："今夫百昌皆生于土而反于土。"就说碾儿庄的人吧，何尝不是泥土变的。《圣经》上说："耶和华神用地上的尘土造人，将生气吹在他鼻孔里，他就成了有灵的活人。"《淮南子》里也说："天地初开，女娲抟黄土为人，剧务，力不暇供，乃引绳横泥中，举以为人。"古人是从亡者一律归于泥土这一事实，推断出人类必是来自泥土。

碾儿庄的人不知道庄子，也很少读《淮南子》和《圣经》。他们只知道自己一辈子都要和泥土打交道，土里找水，土里刨食，最后回归于泥土中。

碾儿庄人喜欢泥土，因为他们明白吃的穿的用的都离不开泥土。

先说吃。要活下去自然离不开水。早些年没有井，村子的人是在蚰蜒河里挑水吃。蚰蜒河出山后曲里拐弯的，绕着村子流过。农闲的日子，村里人去深山挖草药，发现蚰蜒河的水源是从山坡上的泥土里、石缝里渗出来的，一丝丝、一缕缕，最后形成河。村子人吃的主食是小麦、苞谷、谷子，这些是从山坡上、塬下的土地里长出来的。给土里撒了种子，过些天就会长出苗来。泥土不会亏待人。主食还有一种是洋芋，也叫马铃薯，碾儿庄人喜欢叫它土豆。土豆性喜冷凉，大多种在山坡的背阴处。土豆变成主食的简单做法是切成块放进面锅里煮，还有一种吃法是糁粑，将土豆洗净煮熟，然后剥皮，在石槽里用捣蒜锤捣成黏性很强的糊状物，熬一锅酸菜汤，在汤内放入蒜泥、葱花等，把糁粑放入汤内煮熟。除主食外当然还有蔬菜。碾儿庄家家户户都有菜地，在院子或者房前屋后挖块地，种萝卜青菜、韭菜蒜苗、豇豆黄瓜。不过，村里人更多的是在山坡上挖野菜吃。野菜的名堂多着哩，马齿苋、荠荠菜、婆婆丁、苦苣菜、龙头菜、明叶菜、乌刺菜、野萝卜、猪肠子、灰灰菜……还有一种俗名叫羊奶奶的植物，叶子不能吃，根是黑黄色的，长圆状，剥开皮，里边的肉鲜白，流着白汁。孩子们玩够了，就拿个小铲子挖它的根吃。坡上长着槐树、杏树、核桃树和柿子树。春天的槐花可以生吃，也可以跟面和在一起蒸麦饭。杏子夏天就熟了，桃和柿子是秋天大人们的盛宴。孩子们喜欢吃低矮的酸枣树上球状的酸枣果，因为酸中带甜，很合孩子们的口味。

还有一种可以和吃联系起来的东西，就是烟叶。吃烟，在碾儿庄是男人的事情。城里人说吸烟或者抽烟，村子人不说"吸"，也不说"抽"。在他们的意识里，"吸"是初学者的吃法，吸进去吐出来，上不了瘾。"抽"烟是要进咽喉的，经过胃排泄掉。而"吃"烟是要进五脏六腑的，像饭一样吃进肚子，是身体里不可缺少的。男人们干活累了，吃烟解乏气；饭吃饱了，吃烟助消化；瞌睡来了，吃烟提精神……忙了吃，闲了也吃，几个汉子歇凉晒暖在一起吃烟，年轻人用纸卷，老年人用烟锅，冒起的烟像个烟囱。他们把商店卖的香烟叫纸烟，他们不吃纸烟，嫌太贵，也不过瘾。旱烟叶是种在华岗那面坡上的。旱烟耐旱，华岗是阳坡，土质疏松，适宜种旱烟。

这世上所有吃的东西都离不开泥土啊。碾儿庄人感叹着。

再说穿。人的生计除了吃，就是穿。坡下的地里种着棉花。收获了棉花，女人们开始纺线织布，做成衣裳、被子、帽子、鞋，还有袜子。如果不是冬天，碾儿庄人喜欢穿草鞋。草鞋有泥土的味道，穿在脚上透气，不生脚气。做草鞋用的是稻草。蚰蜒河在一个叫草围子的地方拐了一个大弯，形成了一片水面,村子人就在那儿的泥水里种水稻。面积不大,就二十来亩,水稻收割后的稻草足够做草鞋了。

后说用。农人离不开农具,锨、锄、镰、耙的把儿是木棍,斗啊升啊用的是木板,筛子、簸箕、背篓用的是藤条,这些都是泥土里长出来的东西。坡下那个叫华岗的地方开着一口土窑,早先是村上的,后来让麻老五承包了。窑里烧制水缸、罐罐,还有盆盆碗碗。华岗的土应当是碾儿庄最好的泥土,烧制出来的器具清亮、结实。碾儿庄人把凳子不叫凳子,叫马扎,两根木棍交叉做成支架,上面绷着藤条。马扎的好处是轻巧,携带方便。村里人到坡上砍四根木棍,割几把藤条回来就做出一个马扎。村里人的脸盆不用到商店里买,挖下一块大树根,用斧头劈成一个凹槽,用刀削得光滑,一个脸盆就做成了。也有人家用小树根做碗做盘,用一根木头做枕头的。都是泥土里长出来的东西,只要肯动脑筋,就可以做成各种需要的东西。这是碾儿庄人的智慧。

命运之手,穿越泥土,创造着碾儿庄人的生活。他们明白,泥土是他们的生命之源。没有了泥土,就没有了他们的一切。

二

牛头山下有一条泥土路,路的旁边就是小张坡,我家的地就在这面坡上。这是坡上最好的一块地,只要播下种子,不管有墒没墒,不几天泥土里就会蹦出苗苗来。蹦,这个词父亲用得恰当极了。他当然不懂这是拟人的修辞手法,一边吐出这个词,一边肩膀一耸一耸的。

父亲年轻时有当兵的愿望,但被爷爷扼杀了。爷爷说你这辈子就别想离开碾儿庄,你走远了我不放心。父亲是个孝子,从此就断了一切出外的念想,把双脚捆绑在这片土地上,日出而作,日落而息。他的脚步每天从田埂上踩过,留下一串串坚实的脚印。我家有三块地,分别在小张坡、华岗和牛脖子那三面坡上。这些名字都很怪,除了牛脖子还有点象形外,其他两个我至今也没弄明白。父亲也从不解释,轮番去这三块地里耕作。父亲歪斜着身子绕过田埂,留下一串串扭扭歪歪的脚印。有时,我跟着父亲去地里干活,也不自觉地学他走路的样子,父亲回过头满意地笑着说:这就对了,脚印要印在泥土里,麦子苞谷才都会从脚印中长出来。他又叹息一声说:人活着为了啥?不就是为了吃饱肚子。他说得斩钉截铁,丝毫不容我反驳。

冬天里父亲也不闲着。他把茅坑里的土粪挖出来,用背篓背到坡上的地里,这是对泥土的滋补。泥土劳累了一年,到了该歇息的时候,就如女人产后要吃红皮鸡蛋喝红糖水。把土粪撒到泥土上,父亲弯下腰捡拾泥土里的小石子、瓦块、砖头,扔到沟壑里。他是怕这些骨头硌到睡着的泥土,怕来年开春撞坏了犁耙,怕麦苗出土时不顺当。父亲心里最清楚,土地糊弄不得,土地和人是兄弟,对土地好也是对自己好。从地里回来时,父亲的身上总会带着一些泥土,母亲想用手抠,父亲一歪头避开了母亲的手,说道:泥土不脏。吃饭时如果不小心把米粒和碎馍掉到地上,父亲拾起来用嘴吹一下,或者用衣襟擦一下,就毫不含糊地塞进嘴里。那速度之快,像生怕别人会阻拦他。

泥土不脏。小时,这句话并没有走进我的心里,许多年后,当我一次次走进碾儿庄的土地,忽然想起父亲的这句话,才领悟了它的含义。这是哲学家一般的句子,却被只读过三年私塾的父亲说出来。这句话,足够我铭记一辈子。后来,我还读到了诗人雅姆说过的一句话:如果脸上有泥的人从对面走来,要脱帽致敬先让他们过去。仿佛,雅姆是说给父亲听的。

父亲常常在草围子那片稻田里干活,种稻,打药,除草,收获。我家在那儿只有不到三分地,但父亲用的功夫最多。稻子收获后可以吃米饭,还可以酿黄酒。父亲喜欢喝黄酒,就把心思用在稻田里。在岸上,他脱了鞋子,卷高裤管,光着脚走进泥水里。父亲只要一下去,和泥土至少有半天的交道,有时甚至是一整天。稻田的泥土是黝黑的,和父亲一样的肤色,泥巴粘在他的腿上,丝毫看不出来。稻田离村子有五六里路,中午母亲或者我便送饭到草围子,吃过饭,碗筷就会落下泥巴。我很喜欢看父亲在稻田里犁地,黄牛在前边拉着犁,父亲一手扶着犁,一脚一脚地踩进泥土,然后慢慢拔起。犁在父亲的操纵下翻搅着田里的土,泥巴随着犁铧跳到父亲的身上,极像一对知音在谈论着乐曲的高妙。傍晚,父亲上到岸边,把脚放在水里稍稍晃荡几下,便穿上鞋,带着满身泥巴回家。

在家里我很少凝视父亲的背影,因为那个背影总是佝偻着,没有一点精神。但是只要一到了田地里,他的腰杆就挺起来。常常,我看到父亲在田埂上扛着锄头走,干活前先要坐下来,抓起一块土坷垃,掌心对在一起搓,搓散了胳膊一扬,把土撒进田里,这才起身开始干活。很长的时间里,我都在思索父亲这个动作的含义,直到现在也没有弄明白。世上很多事,是不需要明白的。

父亲的手,粗糙得跟泥土一样,是被泥土传染的,手背上的青筋如蚯蚓,手心的老茧像树皮。我童年的时候,父亲常常会用他的手掌抚摸我的脸蛋,我却常常躲开了。到我上中学以后,父亲就不再有那样的动作了,可是我却渴望他用那粗糙的手掌抚摸我。后来我意识到,父亲的手虽然粗糙,但他的手掌是热的,带着如夏天泥土一般的温暖,像庄稼的汁液传到我的血管。父亲的手,是泥土的温度。

这几年,我在县城里有了大房子,好多次想让父母亲来长住,父亲却总是摇头。我家的阳台上养着几盆花,总是不到一年,花盆里就要更换主人。我自责不会伺候花草,父亲有次来了,说你这土不行。过了段时间,他用塑料袋装上牛脖子那面坡上的土提来了,亲手给花盆换了。牛脖子那面坡上的泥土掺杂着细沙,不知含有什么成分,草长得特别旺势,牛和羊一到那面坡就欢喜地叫唤。也怪了,自从家里的花盆换了牛脖子的土,那些过段时间就发蔫蜷缩发黄的花叶绿生生地伸展着,勃发着旺盛的生命力。我这才服了碾儿庄的泥土。父亲以后再来,看着盆里的花草,很得意地说:咋样,我说对了吧。碾儿庄的泥土不但养庄稼养人,也养花草呢。他又接着说道:我才不住你这楼房呢,一天见不到泥土,我心里就憋得慌。没有泥土,哪来的脉气啊。城里的房子不接地气,人住在里面气血不通。没有地气的滋养,人走路轻飘飘的,还会得怪病。人要住在乡下,乡下有鸡鸣狗叫,有泥土的味道,滋润人呢……

三

　　春天是从泥土中来到碾儿庄的。气候渐暖,清晨或者傍晚,坡上的泥土就会冒出热气,像是从睡眠中醒来,打着长长的哈欠。这时候最忙碌的是燕子。我家的屋檐下有燕子的窝。春天一到,燕子飞来飞去,去坡上衔来泥土做窝。燕子知道坡上的泥土有黏性,做出的窝结实。

　　泥土是春天的母亲,春天是泥土的孩子。这样的比喻丝毫不过分。只要有一点泥土,就会有绿芽长出来,这就是泥土的伟大。谁有再大的本事,也没法让石头上长出一棵树。当然,也有从石缝里伸出来的草或者树,那是因为石缝里有泥土。开春了,花开了,人人都在欣赏花的好看,可很少有人想到这是泥土的功劳。花草是懂得感恩的,即便是在枯萎之后,它也要把尸体留给泥土做了肥料。

　　早上醒来,我喜欢到山坡上跑步。跑累了就蹲下身子,顺手捡起一个小木棍在泥土里刨,刨着刨着,就刨出了蚯蚓。红红的,嫩嫩的,它蠕动着,泥土里最辛勤的耕耘者最早苏醒了,在那么冷的冬天还没有被冻死,真是福大命大造化大。

　　童年时,我刚学会走路,祖母就牵着我,在院子或渠岸的泥土里寻找蚯蚓。发现一条蚯蚓,她便欢叫一声,用树枝将一条条蚯蚓蜷曲着的身子拨直。蚯蚓展开了身子,那一刹那,我仿佛感觉到蚯蚓的呻吟,于是也陶醉在蚯蚓的呻吟之中。这是春天里的回忆。过罢农历二月二,吃过炒豆,一场雨刚过,祖母就从炕上爬起来,去泥土里寻找蚯蚓。我对春天的感觉不是树上的嫩芽,不是温暖的春风,也不是苏醒了的蛇,而是蚯蚓。蚯蚓是从泥土里爬出来的,宛若春天的使者。

　　喜欢蚯蚓的还有母亲。母亲对祖母百般孝顺。生下我坐月子的时候,她不忌冷水,手指就落下了风寒,以后就不大灵便了。有一年惊蛰过后,她在菜园松土的时候,不小心把泥土里蚯蚓的身子弄断了,她像做了错事似的喃喃着:这咋办啊,咋办啊。她把断了身子的两截蚯蚓放在手心里,想用温度把蚯蚓的身子接起来。她闭上眼睛,说出了令我吃惊的话:该死呀我。多年之后,我回忆着那个细节,似乎得到了一个启示:喜欢泥土的人,就会喜欢蚯蚓。蚯蚓的身子和泥土是完全一样的颜色,仿佛泥土的孩子。

农谚说"春雨贵如油",这是说给麦苗听的。冬日里,麦苗俯卧在碾儿庄的泥土上,而在雨水的节气里,一场雨就可以让麦苗起身。我观察过,惊蛰过后,泥土里的虫子才会爬出来,而在雨水的节气里,麦苗就起身了,散发出芳香的味道。

碾儿庄正对着的那座山叫牛头山。碾儿庄人有句民谣:牛头山,紧挨天。山上出猛虎,山下出状元。三面的山聚拢了碾儿庄的风水,养庄稼,养牛羊,养人,可是数来数去,村子历史上没有出过一个七品以上的官。清朝初年,村里的宋家倒是出过一个举人,叫宋英奎。那时是通过乡试中举的,可在第一次参加礼部会试时,他就病死在了赴考的路上,官没有做成不说,连命也搭上了。

碾儿庄没出过名人,但也少有弱智者。别的沿山的村子,要么有人长着大脖子,当地人叫"银瓜瓜";要么走路腿一歪一扭,一根指头还塞进嘴里;要么见人就傻傻地笑,不会说话。这些年碾儿庄出了十几个大学生,有的后来还读了研究生,专家说这是水质的问题。碾儿庄的人却认为是泥土的功劳。人是土捏出来的,土质好,所以人才精灵。

泥土的芬芳搅乱了空气中的寒流,一抬头,院子一簇簇四个瓣儿的山桃花,在一个清晨纷纷绽开。我便知道,春天来到了碾儿庄。我来到田野,站在小张坡的泥土里,须臾间,泥土便通过脚掌向我传递着芬芳,灌注着清气。我忽发奇想:只要在泥土里久久凝神伫立,当会有一种旺盛的生命力促我成长。那是地气,顺着翠绿的苇丛潜聚到我的脚下,通过经络慢慢升腾到我的胸间、发际,遍布全身。

这是心灵的回归,像一位俄国诗人所咏赞的:心灵完成了一个伟大的循环,看,我又回到童年的梦幻。

四

我常常这样想象我的出生：在碾儿庄山坡的阵痛中，一团泥土拨开草丛、庄稼和石块，缓缓拱出地面，在拱起的过程中长出头发、眼睛、鼻子、嘴巴、耳朵和四肢。阳光流水般汩汩注入我的躯体，成为鲜红的血液。

碾儿庄的村口有一道老墙，七八米长，像是碾儿庄收藏泥土的匣子。老人们回忆说，村子是有过城墙的，他们小时候见过。只不过村庄三面环山，这城墙就只有北面一道，还有城门。这应该是碾儿庄人为的、年代最久的泥土了。常常，我站在那堵老墙前，想着我怎样才能走出生下我的这片泥土，成为一个城里人。有时我坐在老墙边聆听秋虫的叫声，想着我会永远是碾儿庄的一片泥土、一只虫子么。想着想着就起了秋风，贴着老墙低吼，老墙上就被风撕下一片片泥土。这泥土太古老了，表层裂开了层层皱褶，这是泥土的老脸，经不起风的蹂躏，被岁月打得皴裂。燕子和麻雀喜欢在老墙上做窝，它们知道老墙的泥土坚实。可是再坚实的泥土，也经不起风化。每当它们的窝露出原形的时候，它们不舍得搬家，而是继续向老墙的深处筑窝。也许，它们也具备着强烈的怀旧意识。坚守这古老的泥土，是它们灵魂里苦苦的执着。

在碾儿庄，老墙是泥土最恒久的坚持者了。但它并没有给我在碾儿庄坚持下去的信念。那个夏天，那棵距离老墙四五米远的老槐被雷电劈裂，我便匆匆逃离了碾儿庄，到地区的一所师范学校读书。记得我去考试那天，父亲正在牛脖子那块地里光着脚给秋苗浇水，我去参加考试，必须经过那儿。看见我，父亲带着满腿泥巴从地里出来，看了我好一会儿，才说，那么多人呢，你能考上？我明白他的心思，既想让我出人头地，又怕我长了翅膀离开碾儿庄这片泥土。

我小时和祖父睡一个炕。祖父在碾儿庄待了一辈子，去过最远的地方是西安，因此他的梦几乎都和泥土有关。早上一醒来，他就对我叙述他的梦。记忆最深的是这样一个梦：他在泥土里拾银圆，那么多的银圆躺在泥土上，他的手里捧不下了，就脱了裤子，用腰带扎了裤脚装……祖母提着瓦罐来了，村子更多的人挎着竹篮，背着背篓来了……祖父低头一看，自己竟光着屁股，惊慌中泥土裂开一条缝……梦到这儿就中断了，祖父说他这会儿醒了，连声叹息自己没有钻进那条裂开的缝。那时候我还小，不懂得揣摩这个梦的象征意义。现在想来，梦是人的潜意识，按照弗洛伊德的说法，"梦是清醒生活的继续"。依照这样的观点，在祖父的意识里，泥土就是银圆。

碾儿庄是泥土做的，泥土是碾儿庄的灵魂。碾儿庄人都懂得这样的道理：一切都是泥土给的，泥土是上苍送给碾儿庄最好的礼物。泥土滋养着碾儿庄的人，碾儿庄的人离不开泥土。泥土与庄稼，泥土与人，都是上天安排好了的，谁也离不开谁。一团泥土，就是一部百读不厌的《圣经》。多少辈子的人都读过了，子子孙孙还要继续读下去。

碾儿庄是一抔苍老的泥土，一茬茬人都是生于斯、长于斯、老于斯的古树。他们手执蒲扇，挥去浮世的云烟，静抚鸡犬牛羊温润的呼吸，以一种没有世俗扰攘的淡然守望着生命，回味泥土里的人生。他们一个个在泥土里摸爬滚打，直到连泥土也摸不动的时候，这个生命就该被泥土抚摸了。

总是有人要离开泥土，碾儿庄也不例外。老人们看着无数年轻人长大后，像鸟儿一样飞走了，变成一缕远去的风，成为一株在异乡游走的植物。老人们知道，再好的泥土也留不住心野的后生，因此惋惜归惋惜，还得让开路让他们飞走。当我离开村庄去寻梦时，我和那些人一样忘了我是村庄的一只鸟，有一半的翅膀落在了村庄的泥土上，只用另一半飞翔。

渐渐的，碾儿庄就只剩下村庄和老人，在恬然的黄昏，他们用心听那晚风与炊烟，还有庄稼与土地轻轻的私语。

泥土会抚平所有的创伤和记忆，把所有的生命都收藏在它的名义之下，给每个人提供安宁的灵柩。祖父和祖母早就下世了，葬在小张坡那片泥土里。墓旁的泥土里，长出了小树和茅草，又在运行着生命的轮回。

这几年，秦岭北麓开发形成了气候，沿山公路环线又从碾儿庄脚下穿过，不少西安和外地的客商看中了这块风水宝地，动员碾儿庄的人搬到另外一处平原地方,条件非常优惠,仿照城里的别墅给他们盖新房,新村还有河流、草坪、幼儿园、健身广场等等。但村里人听了只是摇头,说祖先住过的地方,一定是风水宝地,哪能说搬就搬。一辈子住在啥地方,是命中注定的。乡上的干部、县里的干部来劝说都没用。碾儿庄人守着一个非常简单的观念,你们看中这地方的泥土,我们一样是人,能拱手让给你们城里人?别说了,说再多也没用,再好的房子我们也不去住,那地方有这么好的泥土么,有纯净的河水么,有土蚂蚱的叫声么?再说了,我们的老先人都在这泥土里埋着呢,我们不能丢下他们不管,更不能把他们的坟迁到别的地方去。碾儿庄人的执拗劲儿,任谁也没办法,无奈,开发商只好惋惜着放弃。

五

泥土,铺展在碾儿庄的山坡上。

碾儿庄的泥土是肥沃的,踩上一脚就会"滋滋"地往外流油。这是父亲的说法。当春风从山头下来,泥土便睁开蒙眬的睡眼,充满着柔情蜜意,慢慢地舒展腰肢,以天生的母性亲和力和生命力,为碾儿庄人奉献出粮食和生活的必需品。只要它不衰老——泥土永远不会衰老,它就会源源不断地为碾儿庄人做着贡献。

拥有了这样好的泥土,碾儿庄便有了好风水。不过,村子人不叫风水,叫脉气。他们并不在乎村子是不是出过什么官,而是比谁家的土地多打粮食,谁家的老人活得时间长。在他们的意识里,做官是身外之物,长命百岁才是福。相邻碾儿庄二华里不到的巩家坡,明清两朝都出过官,一个是五品,一个是六品。两个村子的人聚到一起,巩家坡的人就炫耀他们的脉气好,而碾儿庄的人却是一副不屑的神气,说你们村有几个人活到了一百岁?我们村的一个老人活了一百零九岁,现在还精神着呢,不信你们来瞧瞧。不止一个,活过百岁的老人也有十几个呢。巩家坡的人就说了,活那么长有啥用,还不是糟蹋粮食呢。碾儿庄的人不跟巩家坡的人较真。他们的心态好,不生气。他们笑笑,岔开话题,又说到天气,说到庄稼,说到收成。在他们看来,庄稼和收成比啥都重要。

　　风水一词,古人是这样解释的:风是元气和场能,水是流动和变化。风水本为相地之术,即临场校察地理的方法,也叫地相,古称堪舆术。说到底,风水是和泥土有关的。譬如说碾儿庄山坡上的泥土就比其他地方的黄,有时在阳光下看,还真是金黄的一片。碾儿庄多少辈人就没听说谁家为粮食发过愁。20世纪六七十年代时,到处闹饥荒,饿死人,出门乞讨。可是碾儿庄就不一样了,不但没饿死人,一个出门乞讨的也没有。说来也怪了,都是呼吸着秦岭北麓的空气,都是种一样的庄稼,碾儿庄的泥土里打下的粮食就比别的村子多。我就明白了,碾儿庄的地里比其他地方多打粮食,一定是与这儿的土壤有关。

　　碾儿庄的人相信风水,婚丧之事一定要请风水先生。这不用愁,本村就有一个曹半仙。这曹半仙早年是个木匠,做苦力的,五十岁那年却迷上了风水,专给死人定穴位。碾儿庄的坟头不像平原上的村子那样连成片的,而是山坡上这儿一个,那儿一个。曹半仙抽上一袋烟,把烟锅往腰带上一别,领着死者的家属满山转,转够了就眯着眼,手一指说:就这儿了。在他看来,碾儿庄到处都是好泥土,埋在哪儿都是天堂。他也给盖房子的人看风水。地基定在哪儿,面南还是面北,卧室在哪儿,灶房在哪儿,甚至猪舍、羊圈、鸡窝在哪儿,都有讲究。这就很费时。他留着一把长胡子,脸上的毛发也从来不刮,弄得真跟神仙似的。他领着自己养的一条菜狗,背着手,绕着村子的山坡转圈,末了才用一根棍子在泥土上画一个圈,也不言语,主人就知道地基定在这儿了。那菜狗模样不好看,却很懂事。主人在泥土上画圈,它就绕着圈嗅着泥土边跑边叫。曹半仙接下来画图,确定房子、院子的结构。画完了,主人就该掏钱了。他的收费开始是十元。那是四十年前的事了,那时还是生产队,一个劳动日也就几毛钱。现在他的收费标准是一百元。村里人说一百元不多,活人总比死人重要,把活人安顿好比啥都强。也别说,凡是经他确定的房基,家里一般都不会出什么怪事,家里人也不会得什么麻烦病。村里人都说他神,要他把绰号改过来,叫曹大仙。他摇头拒绝了,嘿嘿笑着说:我就是个半仙。人要成了仙,那就不是人了。外村人盖房子,也常有来请他的。我有时想,要说曹半仙看风水有什么科学根据,我是不信的。要说他是在瞎碰吧,但这么多年却没有出过岔子。这里边也许有玄妙的东西,我说不清。有些事往往很怪,科学解释不了,却在现实中存在着。

华岗那面坡现在不种旱烟了,改种葡萄和西瓜。坡上有道斜梁,东边种着西瓜,西边种着葡萄。旱烟只供自己吃,葡萄和西瓜可以卖,带来不菲的经济效益。葡萄的品种是华岗三号,紫中带黑,吃起来冰甜爽口,一斤可以卖到八元。华岗三号葡萄还可以做冰葡萄酒,上了西安星级宾馆的餐桌。西瓜的品种是华岗五号,个头不大但是皮薄,瓤是黄的,吃起来沙甜可口,城里人常常在西瓜开园的时候开车来买。他们品尝了葡萄和西瓜,免不了在华岗的坡上转一转,看看这儿的泥土跟其他地方有什么区别。泥土这东西,肉眼是看不出什么名堂的。城里人只好迷惘着离去。

一晃我就过了五十岁,父母也都八十多岁了,可是依然精神,还是碾儿庄的泥土养人。知天命的年龄里,我忽然思念起碾儿庄那片土地。身在闹市高楼,目光被霓虹灯眩惑着,身心被尘埃和噪声污染着,生命在远离泥土的自我异化中逐渐萎缩,于是就渴望有一座带院子的房子,把碾儿庄的泥土,最好是牛脖子那面坡上的泥土搬到院子,像父亲那样光着脚站在泥土里,养花种菜植树,春天里拿根小木棍拨弄蚯蚓,秋天里捧着茶壶听泥土里虫子的鸣叫,从而获取身心的滋养。"我们回家吧。"每当读到科普斯这句再简单不过的话,我都觉得无比圣洁、亲切。那一刻,我想起艾青的诗句:为什么我的眼里常含泪水?因为我对这土地爱得深沉……还有我所敬仰的巴金,以及他那黑色头像的白底座上题写的句子——我唯一的心愿是:化作泥土,留在人们温暖的脚印里。

我在想,我的血脉在碾儿庄,我的根系在碾儿庄,这是命中注定的。走到哪儿,我都脱不了那片泥土的牵连。在出生的那一刻,就注定了我的永恒。要是许多日子没有回去,我就会做梦,梦见碾儿庄的老墙、老槐、牛羊、蚯蚓,还有泥土中秋虫的啼叫,以及泥土上父亲深深的脚印。

高山仰止

高山仰止，出自《诗经·小雅·车辖》。这是将品德高尚的人比作高山。我这里不想引申一个词的含义。古人想象总是非常丰富的，喜欢将客观的事物与人的品行联系起来，一副故作高深的姿态。其实，把词语想得简单些，更原始一点也许更好。返璞归真，我欣赏这样的表述。

我敬仰高山。我所生活的小城不远处是秦岭。它不止一座山峰，而是一座座山脉，由千千万万个山峰构成。这是一派大气象，一个大气场。我只要一进去，肯定会被它征服。征服的不仅是肢体，还有心灵和精神。每每仰望一座山峰，我就会有由衷的敬意。

秦岭是中国南方和北方气候的分水岭。家庭和工作相对固定以后，我常常会和朋友一起登上秦岭梁。每次登上秦岭，我就知道，它注定和我有着某种缘分。

我们常去的地方叫牛背梁，属于陕西柞水县营盘镇朱家湾村的地盘，最高处海拔三千米左右。那儿有茂密的原始森林，迷人的潭溪瀑布，独特的峡谷风光，罕见的石林景观，以及秦岭冷杉、杜鹃林带、高山草甸，还有第四纪冰川遗迹所构成的特有景观。那儿竖立着一块界碑：秦岭。手摸摸这边，有点凉；摸摸那边，有点热。其实也明白，这纯粹是心理的作用。如果没有一点差异，好像枉费此行似的。我们拥着那块界碑留影，一副恋恋不舍的样子。

读《史记》，偶遇这么一句："秦岭天下之大阻也。"这也许是秦岭得名的由来。因为高，所以难以逾越，因此有"九州之险"的称号。自古以来，秦岭就是著名的修道圣地，吸引了众多隐士来此隐身修道，成为隐士的天堂。

我一直以为，大凡隐士者绝非常人。常人向往宫殿、城阙、金银、美女，而隐士崇尚精神的修炼。他们仰望着高山，胸怀着天空云彩，虽生活艰苦至极，但精神无比丰富，才有了不同凡响的人生。

忽然想到了汉时的张良。二十年前我经宝鸡去汉中，穿越秦岭南麓，在留坝县境内的紫柏山下停了车，瞻仰张良当年的隐居之地。仅就张良而言，史学家说没有他就没有大汉王朝。汉朝建立后，开国功臣萧何、韩信、彭越等，皆不得善终。"高鸟散，良弓藏，狡兔尽，走狗烹"，开国杀功臣，几成定律。这样的结局，究其原因其实很简单，无非是世俗功名富贵的诱惑。张良偏偏洞穿了世相，不受三万户齐王的诱惑，辞去丞相之职，"辟谷"于秦岭紫柏山，得以全身而终，成为后人颂扬的典范。伫立在留侯祠张良庙前，我的胸中忽然掠过一种烟云，仿佛超越了世间进入另一种境界。我没有进庙，因为进庙势必会阻碍我的视野。一座庙，它四周的环境氛围更令我感兴趣。

在留侯祠前仰望高山，紫柏山也就成了张良的形象。究竟是紫柏山在仰望张良，还是张良在仰望紫柏山，我不知其解。有人会说，紫柏山在高处，留侯祠在低处，怎么会是仰望？我想说的是，在精神的层面，仰望是不受地理环境制约的。

隐士精神，是紫柏山生命的进行曲。

秦岭又称终南山。因为隐士文化，它为世人所瞩目。终南山自古就有隐逸的传统。除张良外，中国历史上不少名人也曾做过"终南隐士"。西周的开国元勋姜子牙，入朝前就曾在终南山的幡溪谷中隐居，他用一个无钩之钓，引起周文王的注意，后以八十高龄出山，辅佐武王伐纣，成为一代名相。秦末汉初，东园公唐秉、夏黄公崔广、绮里季吴实、甪里先生周术，年皆八十有余，须眉全白，时称"四皓"，先隐居商山，后隐居终南，终成大业。晋时的王嘉，南朝宋时的李和，隋唐五代时的药王孙思邈、吕洞宾、刘海蟾，金元时全真道创始人王重阳，明清时江本实等，都曾隐居终南山。

荀子曰：不登高山，不知天之高也。无数的名人隐士为一座山赋予了丰富的人文色彩。那些隐士们，在高山之上历练精神之后，也就成为人类历史进程中的一座座高山。

秦岭北麓的中段，我少年时的足迹就常常留在那里。那是因为生活，我和伙伴们进山砍柴，用来烧火做饭、烧炕。这是无意识的进入。刚步入青年，我的双足就迫不及待地登上了华山。这是人生第一次有意识的进入。进入它，是为了瞻仰其高耸、其险峻，为生命涂抹上壮丽的色彩。那时尚无缆车，要登上山顶，全凭脚步一寸寸地丈量。从玉泉院出发上北峰，我登完盘旋于悬崖峭壁上的三百七十多个石阶，才艰难地通过了千尺㠉。那是一种怎样的艰难啊：手握铁索，手足并用，朝着只有一线光亮的地方行进。那一线天光，仿佛生命里的佛念。出了千尺㠉，又过百尺峡、仙人桥、俯渭崖、黑虎岭、老君犁沟。老君犁沟是夹在陡峭石壁之间的一条沟状险道，走上去难免颤颤巍巍，担心一步不慎便会葬身于两旁深不可测的山谷。传说太上老君见此处无路可通，就牵来青牛，一夜间犁成这条山沟。

有这一路上的惊心动魄，方可陆续登上东、西、南、北、中五峰，方可领略"落雁""朝阳""莲花"等诸多山峰景象。如若在清晨到达峰顶，便可于东峰观日出。华山也是高人现身之处，《尚书》载：轩辕黄帝曾在此会群仙；《史记》载：黄帝、虞舜曾到此巡狩，陈抟、郝大通、贺元希等道教高人曾居此传道。中国历史上，曾有秦始皇、汉武帝、武则天、唐玄宗等五十六位皇帝到此巡游或举行祭祀活动。隋唐以来，李白、杜甫等文人墨客咏华山的诗歌、碑记和游记不下千余篇，山间摩崖石刻多达千余处。自汉杨宝、杨震到明清冯从吾、顾炎武等不少学者，隐居华山诸峪，开馆授徒，蔚为大观。而汉武帝在位时所建西岳庙，有着"陕西故宫""五岳第一庙"之称誉，这是五岳中建制最早、面积最大的庙宇。到了现代，因金庸的一部《射雕英雄传》闻名遐迩。

秦岭是大地的坐标。其实，把眼光放得更开阔一点，哪一座山不是大地的坐标呢？河流是动态的，人一茬茬来了又去了，鸟和动物在不断地迁徙，甚或灭绝。而哪一座山能移动呢，千万年、数亿年岿然不动，上古的猿人在敬仰它，神仙在敬仰它，现代的人依然在敬仰它。高山仰止，这话说得好极了。除了高山，你还有什么需要仰望呢？蓝天、白云你可以眺望，但无须仰望。仰望是一种精神需要，是一种心理崇拜。

一座山谷，容纳了天界的仙气，身临其境，既有博大浩渺的人生波澜，也有波澜不惊的精神境界。这便是秦岭给予人类的杰作。

说到高山,不能不提到泰山。泰山因其气势之磅礴为五岳之首,自古以来,中国人就崇拜泰山,有"泰山安,四海皆安"的说法。如果说秦岭是文人之山,那么泰山就是皇帝之山,是历代皇帝登基的必拜之山,仰望之山。泰山,究竟有着怎样的神秘,令天下至尊的皇帝为之称臣?这不能不想到中国古代的神话传说。据说盘古死后,头部化为泰山。古代传统文化认为,东方为万物交替、初春发生之地,故泰山有"五岳之长""五岳独尊"的称誉。秦汉之后,泰山逐渐成为政权的象征,古代历朝历代不断在泰山封禅和祭祀,在泰山建庙塑神,刻石题字。

十年前一个春夏之交的日子,我在泰山的天街上徘徊踱步。我明明知道,这不过是一座山的一处平地。但风吹之后,我还是身子哆嗦了一下。这是天风,不同于我生命历程中的任何一种风。此刻,我不能不面对着一座山起了一种神圣之心。我不是"高山仰止"中那个品德高尚的人,我只是一个庸人。面对着一座神圣的山,我无法改变自己的渺小。

对一座座山,我向来是怀有敬仰之心的。每座山的形成,都是历经了艰难和痛苦。是的,一种阵痛。在漫长的历史长河中,山脉的形成都是经历了阵痛:火山爆发、地震和水、风等的侵蚀。凡成大器者,无不仰慕山的雄姿,山的稳固。就像古语说的那样:仁者乐山。我曾经以为,自己是个仁者,但活来活去,总也成不了大器。我知道,这是命。

秦岭之外,我去过次数最多的是太行山。千峰巍然耸立,五岳见之而俯伏,昆仑比之而失色。这便是太行山的本色,这便是一个大丈夫的气概。

太行八陉,为一座山脉诠释着阳刚的意义。山岭逶迤之间,忽然闪出一条横谷,巨涧中流,奇险天开。军都陉、蒲阴陉、飞狐陉、井陉、滏口陉、白陉、太行陉、轵关陉,是古代晋冀豫三省穿越延袤千里、百岭互连的八条咽喉通道。每一处都是军事家青睐的关隘,每一处都曾演绎出经典的历史故事。

巍巍太行,峥嵘岁月。从春秋战国到明清两朝,两千多年来,可以列出一长串的名字来证明曾经飘逝在太行山的战争烟云。齐桓公、刘邦、汉安帝、曹操、袁绍、李世民、窦建德、刘福通……这些人哪一个不是胸怀韬略、大智大勇的英雄豪杰？一座山，将他们的名字镌刻于山壁之间。一座山脉，是一部英雄的史诗，一面面山壁，便是豪杰的纪念碑。

血染娘子关，那是中华儿女的鲜血。我伫立在那里的时候，大脑里忽然闪过元好问诗《游承天悬泉》中的句子："娘子关头更奇崛。"这座万里长城的著名关隘，危楼高耸，气宇轩昂，历经战火烟云的熏陶，彰显出男子汉的阳刚之气。正是夕阳西下时分，每一处水面，每一块石头，每一片草木，仿佛都染上了血的风采。面对着它，我肃然起敬。

有些山景，是需要遥望的，如井冈山的主峰五指峰。绵亘数十公里，气势磅礴，巍峨峻险，至今杳无人迹。自然和人类的融合，很多时候是不可想象的。那五座山峰，并列如人的五根手指。眯着眼，我仿佛看见了它的指甲，它的关节，以及关节处那些横着的、深深的褶纹。它那样数万年的伸展开，是向人类的招手相迎，还是挥手道别？站在观景台上，远望其巍峨的雄姿，是那个下午我的一个姿势。再如我曾走进的太行大峡谷，五指峡、龙泉峡、王莽峡、紫团洞、云盖寺、水妖洞、真泽宫……绿浪滔天的林海，刀削斧劈的悬崖，千姿百态的山石，如练似银的瀑布……有"超然云雾中，不与群山伍"的照壁峰，有生生世世一语不发的树木，有背阴处潮湿阴柔的苔藓。超然出众，这是道家的境界。那是一个冬日，空谷传响，林鸟交鸣。我聆听着风的呻吟，踩踏着雪的足迹，沐浴着月的柔情，鸟的声声啼叫，将我的丝丝恋情，定格在一草一木之间。

有些山景，是需要瞻仰的。如在山东境内招虎山的云顶竹海，我见到了苏公竹、板桥竹。一株普通的竹子，也会吸引我瞻仰的目光。这完全是睹竹思人的情怀。苏东坡，一代文人雅士，当年任登州太守时来过这儿。他一看见蓬生的竹海，犹身于故乡，便结草庐于竹海中，留下"任上一月，竹海千年"之美誉。郑板桥在潍县任县令时，不惧千里到此画竹。他的"千枝万竿挡不住，随手择来都是竹"也许是为招虎山写下的。苏东坡、郑板桥，这些旷世的才子，他们的身上具有禅的风骨，这才为招虎山留下了无数游客瞻仰的目光。再如武当山老君岩石窟正中的太上老君，超然平静，凝神谛听，心若磐石。我模仿着老君的样子闭目打坐，心灵顿时空明。此刻，那是物我两忘、超凡脱俗的境界。南岩万寿宫外的绝崖旁,是一处悬空的雕龙石梁,传说是玄武大帝的御骑。凌空的龙头顶端,有一香炉,被称为"龙头香"。烧龙头香,对众多游客来说,是心灵里渴盼许久的一个仪式。我知道,他们怀揣着希望。希望是精神生活的阳光,它照亮你,温暖你,并悟出活着的意义,完成自我心灵的救赎。恍惚间,佛祖拈花一笑,是释然,是看透,是舍得,是放开。飞升崖,被誉为武当山的第一仙境。一峰突起,三面绝壁。沿着山脊上的小径直达峰巅,跃顶眺望,胜景尽收眼底。既为仙境,必有仙人的典故。相传,真武大帝曾在此修炼,面壁数十年,静如古井,坐如盘松,甚至连鸟儿在他头上筑巢都纹丝不动。

崖上的山风,搅乱了几位女士的长发。若是仙女,她们飞升的姿态该是何等优美!

爱欲海,我慢山。这是《华严经》里的句子。登山,则情满于山。因此,我双腿迟疑,侧耳倾听,慢慢品味它的绝妙,它的禅意。

山顶的风,仿佛从远古吹来,与我相守着一个契约。万事万物,皆无定数。侧耳聆听,松涛的怒吼,犹如万马奔腾。山泉汩汩,瀑布奔泻,小溪如诉,宛如维也纳交响曲,雄浑、悲壮。万物无常,正是禅的心声。

高山仰止。无须引申它的含义,字面的意味足够了。在高山上仰望,或仰望高山,让身心空灵,让精神上升,无疑便是一个品德高尚的人。

《诗经》里"高山仰止"的后一句是"景行行止"。汉郑玄注解说:"古人有高德者则慕仰之,有明行者则而行之。"他以"高山"比喻崇高的道德,"仰"是慕仰,"景行"是明行,即光明正大的行为,是人们行动的准则。宋朱熹则解释说:"仰,瞻望也。景行,大道也。高山则可仰,景行则可行。"

高山上,本无大道。不过,只要你在高山上保持着仰望的姿态,大道,便会在心中。

禅与物 *chan yu wu*

关于麻雀

　　早晨,从家里出发去我写作的工作间,在一家电器店的门前,我看见一群麻雀在地面上跳跃。只是跳跃,看不出什么别的目的。

　　我不由止住了脚步,怕惊动了它们。我知道,像我这样关爱麻雀的人,这个世界上肯定还有许多。鸟的生命,也是生命,是生命,就要尊重,哪怕是自然界最卑微的鸟——麻雀。

　　麻雀是与人类伴生的鸟类。无论是生活还是情感,麻雀都是人类最亲近的朋友。没有哪一类鸟能够随时随处呈现在人的眼前,这就让人类的生活充满情趣。在乡下,碾过谷、收过麦之后,麻雀们就来捡拾遗落在田间、院落和谷场上的谷粒、麦粒。捡拾,这个词好像不适合它们,用叼或鸽来形容更贴切。这时,它们就成了孩子们偷袭的目标,用弹弓瞄着它们的身体。那只是孩子们,我从来没有见过一个叔叔、伯伯对麻雀有过袭击的动作。对孩子们的恶作剧,他们也很漠然。现在的我,当然是学会思想了。我在想,从情感上说,他们的后代自然比一只麻雀重要得多。如果是一只鹰从空中俯冲下来对麻雀进行袭击呢?他们难道也会无动于衷么?

　　忽然想起尘封了多年的一件事。如果不是写这篇文章的缘故,那件事也许永远沉没。现在,它居然成为记忆里的一个过客,而且,那么执拗地渴望我牵住它的影子。

　　村子东头住着的七爷,印象里有一把花白的胡须。刮风的时候,或者他愤怒的时候,那把胡须就抖个不停。每当我看见他,就注视着他的胡须,以至于对他的脸形现在一点印象都没有了。这里说到他,当然和麻雀有关。

好像是个冬天,我和几个孩子在他家门前举着弹弓瞄着柿子树上的一只麻雀。树叶早已落光,光秃秃的树枝在风声里哀鸣。那只麻雀似乎是遇到了什么伤心事,在树枝上垂着头一动不动,犀利的风声,宛若它心底的忧伤。按道理,这样的情景下射杀它是非常容易的。然而,几个孩子的射击技术都太差,从弹弓里发出的小石子总是绕开它。我们恶毒地、气急败坏地咒骂着它,让一个伙伴到村子去请"神射手"虎群。总之,我们想享受一顿烤熟了的麻雀肉,更是为了一解心头的郁闷。这当儿,太阳露出了红红的脸,七爷从家里抱出了一片席子,把淘洗过的麦子晾晒在上面。晾晒干了,他就要为过年准备蒸白馍、吃长面的麦面了。

虎群哥赶来时,那只麻雀却飞下了树枝,落在了七爷晾晒的麦子上。这自然是最佳的时机了。虎群哥没怎么瞄,一弹弓过去,那只麻雀就被击毙了。正当我们欢呼雀跃时,七爷出来了。他看见我们在捡拾麻雀的尸体,胡须便抖起来,高声骂道:"一只雀儿招惹你们什么了,非要往死里打?嫌它吃麦子,吆走不就行了,非要害死一条命!"说着他举起耙麦子的竹箔朝我们奔来。恐慌中,我们一哄而散。

那一刻七爷抖动的胡须就成为我解不开的谜。我个子小,是跑在最后的。偶然一回头,看见七爷拾起那只麻雀的尸体,双手捧着,晶莹的阳光下,我仿佛看见了他眼角的一滴泪水。或许,这只是我的意念,属于一个孩子的意念。

从此,我就远离了打麻雀的游戏,弹弓也被我收藏起来。但是我心头结着一个疙瘩:死了一只麻雀,为何值得七爷如此愤怒?只是潜意识告诉我,一只鸟,它是与人的情感有关的。

尊重麻雀,是一种禅的境界。七爷做到了。

一只麻雀,有没有精神世界?四十多年前的那只麻雀,在我的意念里,为何久久伫立在柿子树的枝干上?它的伫立,难道和思想有关?这样的想法,是我活过五十岁以后才滋生出来的。我喜欢孤独,孤独时想着一些和物质无关的问题,这也是一种乐趣——属于自我的乐趣。在此之前,我已经看过了许多人写鸟的书,像加拿大欧内斯特·汤普森·西顿的《我所知道的野生动物》，英国威廉·亨利·赫德逊的《英国鸟类》，英国爱德华·格雷的《鸟的魅力》，这些作家，都给了鸟类以人文的关怀。被誉为"动物小说之父"的西顿甚至为一只麻雀起了一个很好听的名字：兰迪。在他的笔下，兰迪的一生同人类一样，有快乐也有忧伤，但它始终没有忘记歌唱。歌唱，便是它的精神世界。

屠格涅夫也写过关于麻雀的文章，题目就叫《麻雀》。文章这样写道：

"风猛烈地摇撼着路旁的梧桐树。我顺着林荫路望去，看见一只小麻雀呆呆地站在地上，无可奈何地拍打着小翅膀。它嘴角嫩黄，头上长着绒毛。分明是刚出生不久，从巢里掉下来的。

"猎狗慢慢地走近小麻雀，嗅了嗅，张开大嘴，露出锋利的牙齿。突然，一只老麻雀从一棵树上飞下来，像一块石头似的落在猎狗面前。它倒竖起全身的羽毛，绝望地尖叫着。

"老麻雀用自己的身躯掩护着小麻雀，想拯救自己的幼儿。可是因为紧张，它浑身发抖了，发出嘶哑的声音。它呆立着不动，准备着一场搏斗。在它看来，猎狗是个多么庞大的怪物啊！可是它不能安然地站在高高的没有危险的树枝上，一种强大的力量使它飞了下来。"

一只麻雀为了保护自己的幼儿，奋不顾身的精神令人感动。正如屠格涅夫接下来写的："我急忙唤回我的猎狗，带着它走开了。"

我从来就没有见过麻雀飞向高处。我知道，高贵的鸟都飞翔在人们目光所不能及的地方，就像雄鹰，就像大雁。可是，谁能够进入鹰和雁的内心呢？据说，对自然之美极为敏感的但丁常登高近距离地仰视大雁或欣赏大雁留在蓝天白云上的影子，可是，他望见了什么呢？他什么也没有望见。他只是借助大雁的飞翔来展开自己的想象，或者说将自己灵魂的影子附着于一群大雁身上。

苍穹是心灵的影子，但丁深悟其妙。但丁的精神世界太伟大、太崇高了，也太神秘了。作为一个凡人，我无法像他那样拥有无限的苍穹。我也常常在无际的苍穹和遥远的地平线上探视属于自己的精神家园，也是在摸索自己心灵的影子。可是，我感到的却是更多的茫然。在宁静、旷达的风景中，我看不到人类的本性，抑或，还有生命的本质。

夕阳、明月、昏鸦、老树……这些外在的事物，我无法领悟出它们是自己心灵折射出的影子。如此，我的精神能够观照的，大概就只有麻雀这样的鸟了。我很欣赏作家刘心武这样的句子：不要指望麻雀会飞得很高。高处的天空，那是鹰的领地。麻雀如果摆正了自己的位置，它照样会过得很幸福。对了，这儿有一个非常重要的词语：位置。麻雀飞不到高处，它生命的坐标在地面上，在树枝上，在屋檐下。它知道，物质比精神更重要。也许，它是个实用主义者。

把麻雀理解为实用主义者并非贬义。麻雀懂得生活的重要，如果没有生活，活着就失去了意义，所以，它在觅食，它在建造更安全的房子，它在谈情说爱，它在生儿育女……

可是，我还看到了麻雀们生活之外的情形。譬如说，它在一个树枝上伫立，它在乡亲们的院落里盘旋，它在阳光下叼啄着自己的羽毛，它在我写作的窗外啼叫……这些细节，在我的人生旅途中，麻雀们无数次地向我演示着。具备了较多的人生经历和情感磨砺后，我终于知道了，那就是渺小的麻雀们在物质生活之外的禅意追求。

在树枝上静静地伫立，它是在思想。

在乡亲们的院落里盘旋，它是在感恩。

在阳光下叼啄自己的羽毛，它是在审美。

在我写作的窗外啼叫，是让我不要写得太累了。

我知道，像我这样如此关爱麻雀的人不在少数。就像七爷，为了一群儿童的恶作剧，他竟高声斥骂，胡须乱抖。七爷当然是活过许多年轮了，自然是经历过无数的情感了。面对一只死去的麻雀，他想到的是生命的珍贵，想到的是人性的善恶。七爷虽然没有但丁那样辽阔的胸怀，那样浩瀚的精神世界，但我觉得，他比但丁更具有人性的真实。

还有屠格涅夫笔下奋不顾身保护自己幼儿的那只麻雀，人类中有谁敢蔑视它的精神世界？

其实，我对麻雀们的精神世界仍然是一知半解。一种最普通的鸟，无论是生活,还是精神,它远比人类想象的要丰富得多。夕阳、明月、昏鸦、老树……这些自然的景物,在麻雀们的视野里又会是怎样的感受?它们的精神,会不会穿透这些景物,上升到一个别致的境界?这些,我不知道,真的不知道。

白云

眺望白云

人类总是想用天上的白云来装饰心灵。我常常看见一些人站在大地上神情专注地眺望白云,他们的目光随着白云游动。他们的眼睛和白云中间一定有一根无法用肉眼观察到的丝线牵连着。这时我想到了风筝,那么白云就是心灵中一只放飞的风筝。

我们的世界充满万物,而白云是人类用肉眼所能观察到的组合最复杂、变化最无常的物体。

我常常久久地眺望白云,白云在我的凝视中施展着魔法。它是城市和乡村,大海和森林,高山和河流,沙漠和草原。有时它会成为一片树叶或者一叶帆船,一缕锦带或者一朵菊花,一面琵琶或者一条蝌蚪,一团蘑菇或者一只蝙蝠。你可以想象它是一个伟人的头像,一个少女的睡姿,一个弯弓射雕的少年,一个驰骋沙场的壮士。如果想象再丰富些,你可以在其中品读荷马史诗和古希腊、古罗马的神话,解读卢梭的《社会契约论》、波普尔的《科学发现的逻辑》、皮亚杰的《结构主义》……你还可以领略古代的经典战役,如亚历山大东征、斯巴达克起义、十字军远征以及中国的蚩尤大战、赤壁之战……

大自然中再也没有比白云更能给人丰富的想象了。它在纵横自如、散漫无序的变化中演绎着人类的思维模式和经典故事。

某日黄昏,我伫立在田野,望着东南方天空的一片白云。我的目光刚触及它时,它是一只卧虎;随后那前蹄就飞起来,后蹄弯起来,又成了一只奔跑的白虎;后来它变成了一只白鹿,头顶上长出两只角;再后来它又变成了一只玉兔……变化的过程不到抽一支烟的时间。

我不止一次这样用心观察白云,那个时刻我的心很寂静,像虔诚的佛教徒。佛在心中说:孩子,你不累么?

白云是我的课堂。世间的烦恼膨胀了我的心灵时,我便走向课堂聆听佛的讲课。不变的课程就是变化无常的白云。在它变来变去的过程中,我便读懂了人生,也学到了抛弃烦恼的方式。

方式其实很简单:$1-1=0$。

这是一个算式,简单得连幼儿园的孩子都不用思索。那么在人生的课堂里,减号前后的"1"含义又是什么呢?

给每个人都留下一个谜底吧。

另一个黄昏。不同的是那个黄昏天上完全是白云,洁白的云让人目光眩晕。一位老妇人带着两个七八岁的孩子,坐在田间小道旁眺望天上的白云。那两个孩子一搭眼便知是双胞胎,一样的衣服,一样的脸廓,连正在瞧着云变化的眼神都是一样的。

"看见爸爸妈妈了吧?他们在白云上边飞呢。每个人都有一块白云,看看,你俩的白云在哪儿?"

两个孩子似乎听懂了婆婆的话,都扯着脖子寻找。

婆婆肯定是从丰富的阅历中走过来的人。花白的头发,堆满皱褶的脸,无法掩盖她注视白云时那双少女般纯情的眸子,她的每一根白发也许都有一个故事,每一道皱褶都是岁月雕刻的幸福或者痛苦,但那眸子里所表达出的内容分明是对人生、对生活的期冀。

眺望白云的意义是在眺望生命的另一半。比如少女热恋的白马王子,情郎思念的美丽天使。比如某一个人对事业、对理想的追求,甚至还有对母亲的怀念。所有这些,都构成人的生命中不可缺少的组成部分,丰富着人生的内涵。

眺望白云,是在阅读理想、生命,还有情操。这是禅的大境界。

俯视白云

俯视白云就是检阅一种人生。

同时也是在审读自己的灵魂。

古时只有齐天大圣孙悟空和王母娘娘一类的人能够俯视白云。飘逸、超脱、自由,戏弄白云于股掌之间。

现代科技让人类拥有了飞机、宇宙飞船,俯视白云再也不是神话、童话。可是当我们置身于白云之上,却发觉天上并没有天宫。现代科技让神话和童话全成了泡影。当从古至今的人类所企望的天宫杳无踪影时,我们才觉得人类其实是最伟大的,生活中的锅碗瓢盆、油盐酱醋、妻子儿女以及朋友、情人、仇人才是最真实的。

我们从大地出发,最后又回到了大地。我们绕了一个认识论的圆圈。

人类为什么要发展科技,难道就是让他们的梦幻不再继续吗?

我不喜欢无云的天空。生存在大地如此,乘飞机超越万里高空也是如此。即使高空上面没有幻想中的天宫,我仍然对那些洁净的白云充满感激。眺望是一种理想,俯视也是一种理想。只是,当我俯视它时,我就具备了超越人生的情怀。我就会在心里对自己说:再高些!白云之上的晴空还会有更洁白的云吗?

我想看见。

设想一下吧,那婆婆和她的两个孙子在地面上眺望白云的那一刻,飞机正在白云边翱翔。飞机上有那对双胞胎的父母。他们去旅游,出差,或者出国?其实我不需要答案。我唯一牵挂的就是他们对窗外的白云是否怀有感慨,他们是否看见了大地上眺望白云的婆孙三人。

我这不是杞人忧天么?

但我仍放心不下。

孔子曰："君子喻于义，小人喻于利。"范仲淹也说："先天下之忧而忧，后天下之乐而乐。"连《圣经》都在念诵着"廉洁、知识、恒忍、恩慈、圣灵的感化、无伪的爱心"。这些句子像烛光似的照亮了人类的灵魂，我复述这些句子只是让自己的灵魂更干净一些，如被俯视状态下的白云。

能够俯视白云的人到目前为止只是人类中的一少部分人，包括我和那对双胞胎的父母。我们这些人是不是就比那些永远只能眺望白云的人多了些理想、情操以及责任心、使命感呢？这个问题看起来有点滑稽，但本质上是善良的。王母娘娘做到了吗？孙悟空做到了吗？王母娘娘给予人类的是无穷无尽的欺骗。孙悟空呢？他虽然是战胜邪恶的化身，但他的诡变只能让人类仰天而叹。

人类还得脚踏实地走路。这才是真理，永恒不变的真理。

不过，我们在走路时不要忘却头顶上的白云。而且，我们必须以俯视的眼光和胸怀超越它。在低处俯视高处，这是心念的作用，是一种禅的目光和胸怀。

灵魂中的白云

我用我的灵魂透视着白云。

灵魂中的白云被赋予了生命的意义。

灵魂中的白云常在梦中出现，那是灵魂生存和出没的地方。梦中的白云具体而抽象，但它却让我回到远古时代人类的初期，清晰的思维和混沌的追求。他们明白吃是为了生存，却不知道生存是为了什么。

我常常揪住灵魂中的白云不放，问它为什么缠绕我？它却反问我为何不去唱歌、聊天、打牌、逛街、看电视，或者享受爱情的快乐，而偏偏孤独一人面对着一座山、一条河、一座庙宇、一片竹林或者一个结着蜘蛛网的墙角，为什么追逐着它的影子不放？

它神秘地俯在我的耳边说：我是你的生命之源。

白云是我灵魂的载体。将灵魂置于白云中,就不至于被某一根绳子拴住,就不会为名声啊、金钱啊、美女啊、官职啊、房子啊、汽车啊等这些世人向往的东西所困所累,你就会觉得人活着只不过是一种形式,一具肉体,一个符号而已,而如何活着才是本质的东西。随风而去,伴云而飘,追求一种至高的禅境,为了一种精神的飘逸和流浪而活着才有意义。比如我的写作,要说是被某种物质利诱,那还不如去卖红薯、蹬三轮车,虽说发不了财,但钞票是现成的。那些被手掌焐热的钱是属于自己的。我可以用它们换来油盐酱醋,一包烟,一瓶酒。积少成多,也许会购到一部汽车,一幢别墅。而写作呢?不但毫无分文报酬,还得赔上笔墨稿纸信封邮票和时间,还有泪珠和汗水。但我快乐,我喜欢从事一种没有止境的工作,喜欢在思维的空间里随风而去,伴云而飘。

　　这种快乐属于我,谁也掠夺不去。

　　我为之自豪。

　　白云进入人的灵魂是一种理想的存在方式,也是寄托一种崇高情怀的通道。那些变化无穷的白云时刻激扬、滋润着理想和情怀,让它不至于干涸和凋零。这样,灵魂中的这块地域就不含有丝毫的杂质,洁净得似被佛用清洗剂擦洗过。而心灵中时刻都会有入禅的感觉,如诗如画般的境界里悠扬起一种琴声。

　　"我听见从天上来的声音,像众水的声音和打雷的声音,并且我所听见的好像弹出的琴声。"

　　这是《圣经》中所说的。语法似有些不通,可意思很明确,是把天上的水声和雷声都喻为琴声。这是陶冶人灵魂的琴声,从白云中穿出来,感染和点化人的灵魂。那么白云之上有什么呢?《圣经》这样回答:"有一片白云,云上坐着一位好像人子,头上戴着金冠冕,手里拿着快镰刀。"

　　我的理解是,那"金冠冕"是假设的阳光透过白云的幻象,而那"快镰刀"是真实的,是用来解剖自己灵魂、收获自己理想的。

　　我扯得其实并不远。我们从娘肚子爬出来时,白云就在天上注视着。白云说:呀,这个孩子有前途。这句话对每个人都是公平的。问题是好多人长着长着就忘记了天上还有白云存在,他们只顾及了地球上的一切,只丰富着自己的欲望。为了比地球上其他人站得更高一点,为了多挤占一点空间,他们绞尽脑汁,心力枯竭,岂不知在白云的目光中,他们不过是地球上的几只蚂蚁罢了。

而另外一些人呢?他们从诞生的那一刻起就为白云而歌唱,让白云注视着自己成长。他们在人生旅途中随处俯拾着白云的影子。渐渐地,他们把白云装入了灵魂,让白云变成自己的翅膀,飞啊,飘啊……

那种伴云而飘的感觉真的很美妙。

月空中的白云

能够注视月空中白云的人绝对是幸福的。月空中的白云更多表现的是温柔。你可以尽情找寻你的母亲、你的恋人,或触动你心灵的女孩,你甚至指着某一片云说:那就是我的。晶莹的白云代表着你透明的情感和圣洁的魂灵,随便摘下一片都能载着你飞向人生或艺术的殿堂。

白云,月夜。这样的情景常让人们充满希望,激励情怀。柳永虽一生失意潦倒,但也写下"千里烟波,暮霭沉沉楚天阔"这般气势恢宏的词句。抗金大将岳飞更是用"八千里路云和月"陈其壮怀激烈。我有时沉湎于古人的诗词中难以自拔,在夜空的云层中缅怀古人并激励自己。古人的情怀千年之前就在大地上镶了一面镜子,与云月相映。

忽然想到一幅油画。画家是谁并不重要,重要的是这幅画所传达出的人生意义。辽阔洁白的一片月空,白云似锦带缠绕着月亮。月亮走,白云也走。那动感的画面让月亮和白云都没有静止的感觉。大地是黑色的,黑色的大地上站着一个小女孩,仰着脸凝视白云。小女孩的眼睛很圆很亮,让天上的月亮都黯然失色。

我不知道小女孩凝视着白云在想什么,但她的内心绝对有一种渴望或者理想。这样的画面除了美的感觉,还有一种禅意。这意义不是灰色的,冷调的,而是积极的,乐观的。当我久久沉浸在那幅画中时,我忽然就变成了那个小女孩。我想飞,飞进白云中,让月光也晶莹一次自己的灵魂。

在布满白云的月夜,我学会了散步。散步是一门学问。一个人散步到田野的深处,谛听着地面或地下虫子的叫声,再仰头举目,那一片片、一团团、一缕缕的白云都成了我的伴儿。我陶醉在一首诗、一幅画、一个故事、一种情怀中,就听见白云在讲述着什么,有时还纵情歌唱或大声欢呼。是悠扬的琴声,是少年的笛鸣,是少女的歌喉,在心潮澎湃时还有雄浑的交响曲。偶有失意惆怅,白云就幻化成救世主耶稣,布道者卫斯理,赐福者观音……他们引领我穿过苦难之门,越过迷惘之廊,到达天国的某个角落。

在天国,我拥有一个角落就足够了。

天国在月空中白云的上空吗?当然不是。

月空中的白云本身其实就是天国。我们的目光所能触及的宇宙,白云是最具变化的物体。它生存的方式和目的就是用千姿百态的图形点化人类的思维和情感。如果再有月亮为它壮胆,为它送行,幸福的、自由的、欢乐的、无虑的天国非它莫属。

我又散步到月夜中。这是一个透明着灵魂的月夜,想了想,正是农历的十五。今晚月空的白云是再皎洁不过的了。片片白云缀成的图案是我有生以来见到的最美丽最迷人的。

我想让那位老婆婆以及她的那对双胞胎孙子,那对双胞胎的父母,还有庐山锦绣沟出现的那对青年男女和被他们搀扶着、背负着的老爷爷以及世上所有的人都站在地球上欣赏今夜的白云。

我更希望在大地上生活着的、曾与我擦肩而过的那位叫白云的姑娘此刻也仰望天上的白云。她是我灵魂中白云的化身。在人生的旅程中,她能逾越平庸那座高山吗?她能打开灵魂的大门让白云自由出入吗?

我还有什么可表述的呢?当《圣经》般的琴声飘然而至时,人类生命的意义应该更加辉煌,更为壮丽。

影子

外婆和纺车

外婆没有名字。如果非要有名字,那就称她纺车。

外婆只和我的童年有缘。"吱呀——吱呀——"我的童年浸漫在外婆纺线的声音中。那或许属于精神贫瘠的象征,可是于我,却是用梦幻织成的回忆。我、外婆、纺车都在北方的一面土炕上消耗着一些时间。我睡前或醒来,映入眼帘的是土墙上的影子——外婆的身影和纺车的旋转。油碗里的捻线一寸寸短了,外婆就再续一根。织完黑夜,织完她生命的丝线。

纺车如今很难见到了,偶尔在参观民俗博物馆时才会惊喜地发现。我对它并不陌生,我家的土墙上几十年前就有过它的塑像。可是我对外婆的确陌生了,这让我内疚,也给了我抚摸良心和灵魂的机会。

外婆的背影在土墙上是佝偻的。父母的形象在我的童年是一些问号和省略号,甚至,连影子都没有留下。外婆守护着一个童年。我的童年称不上出色,可是绝对真诚。外婆从不给我讲故事,也不许我哭笑。我一哭她就停下纺车用手捂我的嘴,我一笑她就皱起眉头瞪我,还有厉声的呵斥。在哭笑不得的岁月中,我的童年徐徐进入尾声。

这时,外婆也用纺车织完了她的生命。某个晚上,当土墙上消失了外婆的影子时,我惊惶万状,竟把炕栏上的油灯碗掀翻在地上。

外婆的影子呢?

那时我对死亡的概念和意义一无所知。

从此,土墙上就只剩下我孤单的影子。

外婆普通得叫纺车,但在我的心灵中却是一尊神。土墙上外婆的影子曾慰藉了我寂寞的童年,那影子是我生命之初的思想源泉和精神支柱。

现在,当我晚上写不出文字时,我就关了明亮的灯,点燃一支蜡烛(我有收藏蜡烛的嗜好),在乳胶漆遮盖的墙壁上寻觅着外婆和她纺车的影子。

秉烛夜游

孔子的《论语》是秉烛夜游的过程。两千年前的月光极其难见,黑漆的苍穹勾引着孔子的魂灵和思维。孔子白天睡觉,夜晚,或在窗前独坐,顾影自怜;或举着蜡烛推开篱笆,在长满野草和童话的乡野漫游。那时是不应该有蜡烛的。可是我喜欢蜡烛,就让孔子受点委屈,也举着蜡烛吧。

他和他的影子在烛光下散步。

他和他的影子促膝谈心。

并不浪漫,也并不轻松。

因为他肩负着塑造民族精神的重任。

虫儿在地上或地下啼叫(被诗人称为小夜曲),为了不让孔子寂寞,有时它们也合奏。那音乐声就时不时地滞留了孔子的脚步。他想捡拾起那些音乐的旋律,便把蜡烛插进泥土,盘膝坐下,让他的影子在大地上晃荡——因为有风。

什么季节的风,且不论了。

但夏秋交替的季节最为惬意。

孔子小心翼翼地触摸着地面上拉长、倾斜或扭曲的影子。那一瞬间他忘记它们是自己的影子了。他在思索。他的思考张弛着一种外力,挤压得昆虫们的声音逐渐嘶哑。

其实,孔子当时想的并不遥远。他想的是他的母亲、妻子、儿子,隔壁夫妇的吵架,对门儿子的不孝,谁家一头猪或鸡的丢失……

这些就是所谓的人生么?孔子没有觉得可笑。他扶正了自己的影子说:这是一个民族的精神写照。那么,我该干些什么呢?

孔子拔下一根草,在自己的影子上涂抹。于是,《论语》就书写在被烛光照耀的影子上。

孔子在那部书上睡着了。蜡烛摇晃着也熄灭了。昆虫们也放心地入睡了。它们的睡眠在孔子思想的阴影中无比安详。

昨晚,我在田野捡拾孔子的旧影时,却意外地发现了月光——月亮姗姗来迟,两千年前它干什么去了?月光下有我消瘦的影子。

月影消瘦,是不是一种禅意?

杯弓蛇影

大自然和现实生活给人类留下诸多美的影子。古人总结的"三影"当属影中之绝。"月中花影,水中月影,帘中美人影,所谓三影也。"(清·陈星瑞《集古偶录》)而由这些美影所引发的文字和故事不计其数。

但有些影子呢?譬如杯弓蛇影。

这个成语很有意思。一张墙上挂的弓竟然化作酒杯中的蛇。那蛇在酒精体中向乐广的客人狰狞地笑,红色的舌信近距离地透视……我以为,乐广的客人的心理绝对出现了某种障碍。他一定是在某种场景中受到了蛇的伤害或惊吓。幸亏乐广及时让客人识破真相,否则后果难料。

俗语也有说法:"一朝被蛇咬,十年怕井绳。"

草木皆兵的故事尽人皆知。苻坚若不是处于极度惊慌、神经过敏的心理状态下,岂能将八公山上的草木视为晋兵的影子?

也许,在决定攻打东晋时,苻坚的心里就布下了层层阴影。

在人类如影相随的岁月中,影子的审美意识早已潜移默化,但同时它也暗藏扼杀人性的消极性。我在做知青时就亲身经历过它的危害。和我同宿一室的另一个男知青和女朋友(另一个村的女知青)晚上去田间约会,他的女朋友近视,又适逢没有月影。巨大的幸福背后有时潜藏着不可预见的陷阱。这虽然不多见,但在那位女知青身上应验了(我见过她,温柔、寂静,连呼吸都散发着一种忧郁的美)。在那个无月的秋夜,她竟失足跌入机井……那男知青由于过度悲伤(因为约会的时间、地点是他提出的)导致精神分裂。倘若没有月光的夜晚,他就趴在机井旁,脑袋伸进井口,探视女朋友的影子。有月光时,他就拉上我去村外,指着一百多米远的机井旁的一棵柳树:你看,她在那儿。看呀,你看呀——

那是棵极有女人味的柳树。

那男知青终于难耐寂寞,跳下那口机井打捞女友的影子去了。读了杯弓蛇影的故事后,我便悔恨自己。我那时为什么不具备乐广的心机和智慧呢?否则那男知青就不会……

说这些废话有什么用呢?

歌德和女人

歌德是天才。是天才就不用熬夜,也不用"顾影凄自怜"(晋·陆机语)。他的夜晚不是被女人的躯体占有,就是被女人的影子笼罩。有些人因此断言:没有女人就没有伟大的歌德,是女人成就了歌德。歌德是女人的影子。

我对这些断言说:不。

现在流行一种说法:一个伟人背后一定有一位杰出的女性。这是形而上的谬论,还是夸大其词的主观臆断呢?他们可以举出一些人作为例证:尤丽和裴多菲、贝亚德和但丁、凯思和普希金、卡蜜儿和罗丹、肖邦和乔治·桑、陆游和唐婉、徐志摩和陆小曼……

我绝不否认女人对于男人的重要性。否则,上帝就不会在伊甸园创造出亚当,又创造出夏娃。一个伟人的出现也许与女性的灵气辅助和无私奉献有关。但如果因此就诞生一个公式、一个定律、一种规则,那实在是一种误导。

真理都是相对的。

我不想举出例证,但还是忍不住写出一些伟人的名字,让某些人用他们的定式去寻找一些女性对号入座。爱因斯坦、爱迪生、牛顿、柏拉图、莎士比亚、托尔斯泰、孔丘、司马迁、李白……再列举下去是不是有些无聊了?

就说歌德,热爱女性是他的精神和生理需要。他作品的题材绝大多数与他热爱的女性有关。这不假,但他只是从女性身上获得了更多的灵感而已。如果要挖空心思说是那些女人把歌德铸成丰碑,也只是美好的想象而已。

在美丽的夜空下和温馨的丝床上,歌德是否倾听到了后世的某些人对他的鉴定?他的在天之灵啊。呜呼!

是夏露笛、伍碧丝、魏玛娜这些女人塑造了歌德,还是歌德创造出了流芳百世的她们?这也许是相辅相成的结果。夏露笛在歌德的作品中出尽风头,如果得不到歌德,其生命必将平庸。而伍碧丝这个打工妹,如果不是与歌德生活了二十八年,岂会被后人交口赞誉?还有魏玛娜,如果没有歌德,她怎么会被誉为那个时代奥地利最伟大的女诗人?

她们的精神永远追随着歌德的光环巡游。

她们是歌德生命光环下的影子。

有雁飞过

我常在苍穹上搜索大雁的影子。当我们发现大自然中蕴含的美学意义竟然是人类心灵的影子时,你就会像一面镜子,像托尔斯泰那样,照见了一个世界,也照见了艺术的本质。

据说,对自然之美极为敏感的但丁常登上高处,近距离地仰视大雁或欣赏大雁留在蓝天白云上的影子。他发现大雁的组织纪律性比任何一种鸟都要严明。他在想象那排列成"人"字形的大雁是飞行在悲壮的还乡路上,还是庄严地去参加一个隆重的节日或葬礼?悲壮和庄严,这正是但丁心灵的影子。他的心灵如雁一样,永远在路上行走,沿着柏拉图——基督教——文艺复兴这样一个路线,去寻找他的精神家园,并为人类留下了他的不朽之作《神曲》。

苍穹中有雁飞过,与欢乐的白云同返故里。在这里我倒希望大雁是被迫离家流浪,漂泊异乡,饱尝浪子的艰辛和离家的苦涩。只有这样,大雁的横空才更具有悲剧的美。而但丁将灵魂的影子附着于一群大雁身上时,他的精神境界才能达到一个至高的所在,他才能俯视理想的王国。

苍穹是心灵的影子,大雁深悟其妙。比大雁更有思想的人类,也常常在无际的苍穹和遥远的地平线上探视属于自己的精神家园。人类是在摸索自己心灵的影子,把精神家园的影子投射到身体之外。在宁静、旷达的风景中,一些人看到了人类的本性,抑或,还有生命的本质。夕阳、明月、灯光、帘幕、薄纱、轻雾……这些外在的事物,是人类心灵的影子折射出的景色。

"空潭泻春,古镜照神。"(司空图《诗品》)一"泻"一"照",无数优秀的诗人为浪漫的影子写下绝世之作,他们心灵的艺术之影驾鹤西去。尼采用七弦琴弹唱道:灵魂不过是附在身体上的一个词。谁见过灵魂?它不过是人体中一个虚空的影子。但正是因为这些抽象的影子,人类的精神世界才更为丰盈多彩。

人类是宇宙的影子。大雁展翅天宇,"挟带着哀怨痛苦的原始生命力一跃而起,仿佛是要力挽万物,不使沉溺于过分甜美的情调之中"。大雁的生命注定是悲壮而严肃的。在远处的地平线上,大雁要把美丽的影子驻扎在那里。这影子成为人类孜孜以求的目标。

而大雁呢,完成了一桩神圣的使命后,义无反顾地踏上密布着乌云雷电的归途。

有雁飞过,这只是一幅景象么？但丁在高处看不到这幅景象时,就在心灵中描画大雁的影子。这种描画是他超越时空、突破心灵的艺术杰作,是人类精神殿堂的绝唱。我呢,追踪大雁的飞行或影子,其实是东施效颦般地模仿但丁,印证自己心灵的影子,遥望属于自己的精神家园。

生命中的蛙声

"智慧带我们进入童年。"帕斯卡尔如是说。

最早的蛙声是从童年的记忆废墟中飘散过来的。天气是否炎热已经不重要了,关键在于它是我生命中的第一声蛙鸣。在懵懂的童年思维中,蛙声是一种美妙的旋律。我赤着脚丫,在小镇西边的一个水潭边闲坐。远处稻田的中央,浮着好看的花,有绿色的叶子陪衬着,几只蜻蜓敞开翅膀在花叶上叼食阳光的影子。忽然就起了蛙声,起初是一声,其后是相连的数声,再后来形成偌大的一片。花和叶都有节奏地颤动,遮掩了有间隙的水面。蛙声让风也匆匆赶来,池塘的阳光就拼命地摇荡。

春天的时候,我见到的是蝌蚪。黑黑的身子,在水里傻乎乎地摇摆。那时,我无法把它和青蛙联系起来,以至于后来有人告诉我青蛙是蝌蚪变的,我还半信半疑。

在我的记忆里,祖母总是穿着一身黑衣,又裹着脚,在院子里晃悠,看蚂蚁,找蚯蚓。童年的我常常把祖母和蝌蚪联系在一起,产生一些怪念头。譬如,我坐在池塘边,脑子却在想:水里的蝌蚪整天想着什么?岸边伏着的身体是我自己的么?有那么一会儿,我想拥有蛙的肢体,潜入池塘加入那蛙的合奏之中。

正午时分,我坐在水潭边的一棵树下,树荫罩着我。一只青蛙跳上了岸。那家伙碧绿的身体上布满了墨绿色的斑点,白白的大肚子像是充了气,一鼓一鼓的,圆鼓鼓的眼闪着晶莹的光。奇怪,它不怕我?我瞪大眼睛,和那只青蛙进行着精神的对峙。我俯下身子想捉住它,回去用水养起来。突然，它做了一个跳跃的姿势，水面上就起了一阵涟漪。那一瞬间，我觉得自己的心就如那一圈圈的涟漪，荡漾开来。

这种对景物的感觉是从童年的思维中绵延流淌的，这种感知凝聚成一幅画面，让童年的我进入了一种无序的生命状态。柏格森认为，宇宙的本质不是物质，而是一种"生命之流"，即一种盲目的、非理性的、永动不息而又不知疲倦的生命冲动，它永不间歇地冲动变化着，故又称"绵延"。那一刻我匍匐在池塘边，让一颗童心进入绵延的生命之流。

那幅画面后来就在我生命的长河中挥之不去。人一生积存着诸多烦恼、孤独和沙漠般的空旷，影响着生命的进程，动摇着某种执着的追求，以及信念。这时我就躺在某个角落，尽力排除外部环境的干扰，任思维自然流淌。我此刻的状态完全进入了精神的载体，迈着如舞蹈家一般轻盈的步子，穿过庸俗的人海，走向纯精神的目的地。不经意间，童年那幅画面就从心海飘过，蜻蜓、蛙声、清风、阳光，还有间隙的水面，这些禅意般的物象在慰藉着结满伤疤的心灵，呼唤继续前行的意识。闭上眼，让肢体舒展开，摆成青蛙仰面的姿态，脑海里此起彼伏的蛙声就激荡着，那声音似乎在鼓励我"走啊——走啊——"

那声音渐渐就成为我生命的支点。

再次对蛙声有着亲切的感受是在二十岁那年的夏天，那是我生命过程中一个迷惘且无聊的季节。

二十岁是一个敏感的话题。理想和现实冲突着，我无法从生命的迷茫中突围。高中毕业了，那时推荐上大学轮不上我，就只有下地干活。我瘦小的身子不堪忍受那近乎原始的田间劳动方式，躯体在田野时时留下逃亡般扭曲的影子。我陷在自然环境的泥淖里听不到救援的声音。而且，我痴心的女友随意地向我关闭了情感的闸门，似挥去一抹轻烟般若无其事。

我忽然想起童年时稻田里池塘的蛙声。于是，在一个炎热的傍晚，我向小镇的西边行走。

童年的那片稻田和池塘莫名其妙地消失了，代之的是一片用方块构成的玉米田。循着一条小溪,我走近曲峪河。蜿蜒的河水牵着我的双足向下游走去——我完全是无意识地跟随着水流行走,不知道它要引我走向哪儿。那路程很漫长,是我二十年中走过的最长的一段。我绕过一个村庄,两片竹林,三座小桥,中间没有人打扰我,很悠闲。走着走着,我就面临环绕着树木、草丛、沙堆的一面水潭。

这是曲峪河的一个拐弯处,河水在这里淤积静止。我把疲惫的身心安置在草丛和沙滩相连的水潭边,我确信水潭里潜伏着无数只青蛙,它们应该是有心灵感应的。果然,在风的召唤下,水潭里的蛙声响起来,热烈、雄壮——它们是从童年的稻田里迁徙来的么?傍晚,夕阳的红晕在潭面幻化成初恋女友第一次被我拉着手时的面影——像现在的女孩儿喝过葡萄酒的样子。在蛙声的鼓励和启示下,树上的蝉呐喊起来,许多小鱼儿跃出水面,击破了潭的宁静。那片片鱼肚白似的生命的音符,滑翔过我青春的天宇。

我又一次聆听了激越的蛙声。那蛙声相比童年记忆中的蛙声成熟了许多,添加了丰富的生命含义。壮怀激烈的蛙声让我感受到生命的本质。蝉的呐喊,鱼的跳跃,虽然只是生命自我的表现形式,但它们让我懂得,生命不是沉沦。那个傍晚,我获得了生命的解读方式。我想起几年前死去的祖母。她无法听到蛙的叫声,因此只能陷入一些怪诞的意识中。祖母裹着小脚,最多的时候走到小镇的边缘地带。但她死时仿佛受到蛙的感应,匍匐在炕上,胳膊和腿都弯曲着。

我站起来,脱光衣服,纵身跃入水潭。身体和水面相接的一刹那,我听到一声巨响,与此同时,蛙鸣和蝉叫一起沉寂,水中的鱼儿惊慌失措。

我听到了青春的鼓点。迷惘,惆怅,无聊,这些词语在我的心灵激荡回环。

再后来,我走进城市,迷失了蛙声。但这种迷失只是客观的,而在属于主观的精神状态里,我常常感受到蛙声。远离了蛙声,我才渐渐悟出:蛙声关乎农事,关乎收成,关乎民情。立夏听蛙,以卜丰歉。蛙声成为农人的精神向往。有时信手翻书,无意间就看到与蛙有关的文字,"稻花香里说丰年,听取蛙声一片",这是辛弃疾《西江月》里的句子。感觉里,就像回到了童年的乡下。在稻麦扬花、玉米拔节、洋芋开花的季节,一场透雨下过,庄稼地里的蛙声一声接一声,应和着农人丰收在望的喜悦。夜晚,曲峪河里的蛙声响起,与庄稼地里的蛙声遥相呼应。

我所居住的楼下是繁华的街道。平时我极少主动和朋友联系,寂寞了就伏在阳台俯视车流,想象那一辆辆车就是一只只蛙。形状有些近似,区别在于颜色。绿色的车极其鲜见。那时城市还没有鸣笛的禁令,街上仿佛响起一片蛙声。可是,蛙的叫声是从口角两边鼓起来的声囊发出的,是大自然的杰作。而汽车的叫声算什么呢?

"一只只青蛙在城市里跳跃。"这是我在百无聊赖的夜晚写下的一篇文章的开头。写下这句,思维忽然就僵滞了。我知道,自己陷入了写作的盲区,只好让手里的笔沉默下来。

凭着虚拟的蛙声,我在城市运行着生命的流程。我向往乡村,可是又无法抛弃城市,只有在矛盾中困惑。心灵的不安静,让我写不出优美的文字。是的,我想有所作为,想当作家。但是我的熬夜换来的却是一堆堆退稿信。我在失望中怀念祖母,想象着她的一些细节,那种安静的姿态。晚年的她,除了必需的衣食住行,就是心念的生生灭灭。可那也是支撑她生存的精神力量呀!她生命的每一秒都经历了无数精神上、理念中的生死,只剩下一个肉体在支撑心理路程的延续——可是,谁说那不是一种活法呢?于是,我扔下笔,模仿着祖母的痴呆。那时,我竟然以祖母为借口,以消耗生命为荣耀,迷失了路标,享受着生命丧钟的美妙。

我终于厌倦了城市,厌倦了无所事事的日子。那种日子过得久了,让我疲惫不堪。再说,虚拟的蛙以及蛙声根本不具备生命的本质,以汽车的喇叭声替代蛙声,毕竟是一厢情愿的无奈。

几年后,我所在的小城颁布了禁笛令,囚禁在高楼上的我连虚拟的蛙声也听不到了,便萌发了寻觅蛙声的念头。念头转化为梦是极其容易的。梦中,蛙鼓着眼从我的面前爬过,它昂首挺胸,眼神里膨胀着对我的蔑视,忽然,它停下来,回过头,温和的目光带着某种期盼。

弗洛伊德开启了研究梦的先河,但他的研究远远没有解开梦的本质。他说过许多自相矛盾的话。他认为心灵感应现象与梦绝无密切关系,但接着他又说:"探讨梦与心灵感应之间关系的唯一理由是,睡眠状态好像特别适合于接受心灵感应的讯息。在该状态下,人们会做所谓的心灵感应梦。"那个梦醒之后的清晨,我以为,梦里的那只蛙,在为我做着某种心灵的暗示。

梦中醒来,我第一个反应就是出城去听蛙声。为心灵寻觅一个合适的栖息地,是我迫切的精神需求。我骑着车漫无目标地寻找,潜意识中搜寻的当然是河流、水塘,甚至人工的鱼池。蛙是离不开水的。水是蛙最基本的生存基础。

下午,我在城东南十公里外的沣惠河边找到了目标。那是很大一片淘沙过后遗留的坑。坑不止一个,有数十个,面积在一亩到二亩之间。荒草、芦苇和沙堆将这些坑隔离开,排列着无数的垂钓者。两手空空的我,躺在沙堆的高处虔诚地等待蛙声。

傍晚,垂钓者相继撤离,寂静开始笼罩这处荒地。直到浑圆的月亮从东山走出,蛙们仍在沉默。蛙呀,你们是在考验我的意志吗?我吃喝着随身带来的面包和饮料,与蛙们的意志对峙着。我确信芦苇、荒草与水的接连处藏着许多绿色的蛙。无数的岁月已经磨砺了一种意志与毅力,我有足够的耐心迎接蛙声在生命中的再现。

漫长的等待似乎有点无聊。我掏出手机查看着朋友们发来的信息,也向他们送去祝福。不知发了多少条,其实只有一句话:"让蛙声走进你的人生。"

我明白很多朋友面对这条信息都会生出一些遐想。他们知道,我是一个不切实际的人。

21时46分,在迷离的月光中,我期待的蛙的合唱终于出现了,宛若为我精心准备的演唱会,此起彼伏,浑然天成。静心细听,有一只蛙甚至在距我一米远的草丛中鸣唱。它的叫声执着,悠长,是我灵魂中苦苦坚守着的一种禅的旋律。我怀疑这只蛙是法布尔《神秘的池塘》中的蝌蚪变成的,尾随着我的童年,一直到现在。

我崇拜法布尔,他是那样痴情地倾听着昆虫们的轻声细语。他倾其一生,为昆虫谱写了十卷长书,为人类展示了生动旖旎的昆虫生活。捧一册《昆虫物语》在手,我不由沉思:一百多年前,法布尔通过他的观察和思考告诉我们:虽然昆虫很小,但它们每一种都有自己的喜怒哀乐,自己的生活方式。它们和人类一样,经历了艰难的进化过程。因此,它们的生命一样美丽和重要,一样值得尊敬。今天,当人类正在前所未有地掠夺着这个星球的资源,破坏着生态的平衡时,读一读法布尔吧,你也许会情不自禁地呼喊道:人类,为动物和昆虫留下一点生存的空间,让它们继续自己的劳动、婚恋、生育,享受自己的快乐吧。

以人性关照虫性,这是一种大境界,大胸怀。

我固执地相信,法布尔是能够听懂昆虫的语言的。在一个寂静的时刻,他和昆虫们促膝谈心,交流着对世界的感知。我也固执地相信,被人性关照着的昆虫,会用自己生命的独特形式,关照人的心灵。

沣惠河边的蛙声仅仅合奏了几分钟,便戛然而止,仅剩下我身边那只蛙的独唱。它一声一声缓慢的节奏,浸透着悲壮,仿佛为我的生命送行。

那一刻,我的泪溢出眼眶。

等到那只蛙疲倦地静息时,月亮已升至中空。水面晶莹地映出我的心灵,像一只绿蛙的色彩和形状。

第二辑

乡村叙事

天书

秦岭不比南方的山,小巧玲珑,曲里拐弯的。秦岭北麓的山势直来直去,接近平原的地方很少有缓坡,缺少过渡,宛若一首戛然而止的乐曲。它像关中平原的汉子,骨骼鲜明,性格直爽,一眼看得见肠子。

山是骨骼,水是魂灵。碾儿庄村子两边靠近山体的地方有两条河。河不大,但总是不断水,一年四季绕着村子流呀流的。还有一点更奇特,就是在20世纪60年代末的时候,村子来了几个写生的美院学生,忽然发现环抱着村子的山头都是佛的模样,于是搞了一堆写生作品,发表在报纸上。这样一来,碾儿庄就出了名,常常会有摄影的、画画的、写文章的人来这儿。近几年,不足百户人家的村子竟有了三十多个农家乐。

我喜欢山水,常常沿着崎岖的小路上到山顶。那次我在山顶看到了一只鹰,在几朵白云的俯视下,它张开翅膀,眼睛里放射着犀利的光,蹲在一块巨石上一动不动,那巨石宛若佛的头顶。这幅景象在我看来没有丝毫的亵渎,鹰没有恶意,反倒是守护神的角色。这就像天书里的一幅插图。翻着一部天书,我无意中看到了一幅插图,震撼了我的眼球。

鹰是富有神性的动物。它不叫鸟,叫鸟亏了它。

碾儿庄东面的山沟叫蝴蝶沟。沟西那座山的形状像匹骆驼,碾儿庄人叫它骆驼山。坡很大,生长着各样的花草和树木。太阳冒出山头时,树叶、草叶,就连石头上都挂着晶莹的阳光,没有一星半点的灰尘。我有时就拉长脖颈,垂下头,鼻子凑近草叶树叶嗅嗅它散发出来的清香。更奇妙的是这山坡上的蝴蝶,一律的黑色,不带一点鲜艳,那种锅底一般的黑,让人心醉。它们有大有小，最大的大若蝙蝠，最小的小若苍蝇。春夏的日子里，蝴蝶特别多，一起在坡上跳舞。村里的女孩儿、男孩儿都到坡上来捉蝴蝶。女孩儿捉小的，男孩儿捉大的。2008年夏天，汶川地震刚过去，西安的几个画家带着几个蓝眼睛、高鼻子的外国人来到碾儿庄，进了蝴蝶沟。那几个外国人看见满山坡翩翩起舞的蝴蝶，忙打开相机，手忙脚乱地为它们拍照，一个个手舞足蹈的。有一个外国人不慎滚倒在坡上，竟然还笑声不止。他们说从来没见过这样的蝴蝶品种，要捉上几只回去做标本，让昆虫专家研究，于是孩子似的张开胳膊去捉，滑稽的样子惹得碾儿庄人捂着肚子笑。下山时，他们连声称赞这儿的负氧离子比他们那儿的多得多，住在这儿一定会延年益寿，长命百岁。还说如此好的地方，一定要带他们的家人和朋友来享受。他们还建议在这儿建一个疗养院，说你们中国人推崇神仙，这便是仙界啊。

那年秋天，碾儿庄来了一个漂亮的女知青。她家在县城，听说父亲是文化馆的馆长。这女孩喜欢画画，出工时总是背着一个画夹，歇工时把画夹放在膝盖上，画山、画树、画炊烟、画鸟儿。我高中毕业了，也在队里挣工分。那女孩刚好分在我们队，我就有机会站在她的背后看她作画。这季节，树上到处都是蝉叫。蝴蝶河的拐弯处有一片静止的水面，倒映着岸边树的影子。树上的蝉在叫，水里的鱼儿和蝌蚪，碧绿的青蛙，还有水面上的蜻蜓时不时地就让水面晃动起来。中午歇晌的时候，女孩就面对着那晃动的树影画蝉。

我从小就喜欢蝉的叫声。童年，热天里我不断重复的工作就是在树身上摘取知了壳，那晶莹的壳，仿佛对应着一个儿童的心灵。由此，我有足够的理由观察那女孩画蝉。

不几天，我就知道了她的名字：天芳。以我现在的审美观，那名字不见得就有多么雅，可是那会儿在我的心灵里却是那么神圣。我常常看到天芳近距离地观察蝉。一只蝉伏在白杨树的躯干上，它没有叫，两只晶亮的羽翅贴在身上。天芳对我说，蝉就是靠着这双羽翅飞翔的。她放下画夹，张开双臂上下摆动着，也想如蝉那样飞向天空。

在河的拐弯处，天芳看到了一只死去的蝉。它的尸体上爬满了蚂蚁，只是那羽翅依然晶亮。她蹲下身，小心翼翼地赶走了蚂蚁，把死蝉埋葬在一棵树下,看着将被泥土掩埋的那双羽翅,她的脸上忽然现出某种悲伤。我想安慰她,却不知道该用何种方式。那时候,我在情感方面的表达,简直就是白痴。

那个傍晚,晚霞披落在天芳的身上。她掩去悲伤,打开画夹,画着高树上无法看清却走进她心灵的蝉。画面的远处是慈眉善目的山头以及碾儿庄飘忽的形象,一条河从山沟流出,近前是一排挺拔的杨树,一只蝉伏在最高的一棵树身上。我惊讶的是蝉的躯体很大,甚至超过了杨树的叶子,羽翅很亮,上面黑色的竖纹那样逼真。我对美术是门外汉,一直难以理解天芳怎么画了那么大一只蝉。那天她很执着,月亮出来了,她还不肯回去,在一只伏树的蝉的一双羽翅上勾勒出了两轮月牙儿,树及蝉以外的空气都在颤动着,颤动的空气中游荡着淡黄色月牙的影子。那影子模糊不清,树干和蝉却非常逼真。直到后来,我接触了美学才感觉到,在月光下蝉的羽翅具有超越时空的象征意义。再往深处想,蝉的鸣叫是天籁之音,自然界没有哪种鸟儿或者虫子能发出那种汉语里的"知了——知了——"它知道了什么呢?这是个谜,没有谜底。

天芳给那幅画起名为:月蝉。

那个夜晚,我陪着天芳在蝴蝶河边待了三个多小时,我们静静地坐着,偶尔能听见彼此的呼吸。然而,任何故事都没有发生。我想找出一个拥抱她的理由,譬如问她冷吗?可那是夏天,我笨拙得汗珠浸湿了衣衫,她怎么可能冷?月光把她的身影倒映在清亮的河水里,我趁她没有注意,伸出手对着河水做了个拥抱的动作。

又过了一年恢复高考,我和天芳都考上了大学,我考的是陕西师大,她考的是西安美院。本来这是极好的机会,但我却由于自卑主动放弃了。我觉得自己远远配不上她——家庭背景、相貌气质,一切的一切。日子就这样再往后推进了二十多年,天芳成了省城里著名的画家,当上了省美协副主席。我们常常在这样那样的会议上见面,彼此都不曾提起当年的往事。有些事是无须说清的,就像我对她的爱。到了这样的一把年纪,我的情感已经冰冻,心灵也已结疤,再看着她时目光就很坦然,更无须躲躲闪闪了。她更是聪明人,异样地一笑,瞬间又恢复了常态。有次我问她:你的代表作是什么啊?她说《月蝉》呀。她沉默了好久,又接着说:蝴蝶河,蚰蜒河,那个一百零九岁的老太太,那一座座山的佛像,还有黑蝴蝶,还有蝉,你不觉得碾儿庄是一部天书吗?

碾儿庄没出过名人,但也少有弱智者。不过,村里却有两个秃子,一个是二队的德友,一个是四队的大合子。

我家开始住在村里废弃了的碾坊里,第二年我家盖了两间土坯房,隔壁就是德友家。如果要在村里找出一个精力特别旺盛的人来,那非德友莫属。睡觉对他来说,无非就是打个盹而已。他有四个丫头,就缺儿子。老婆生不出儿子,他看老婆就横竖不顺眼。远亲不如近邻,我常常去他家串门,德友就说:"你给我当儿子得了。"

碾儿庄人把秃子叫电灯泡。村子人这么称呼德友,他从来不恼,不像北头的大合子那样张口骂人,圆嘟嘟的脸上总是挤满笑容。

那年月还不兴打麻将,德友吃了晚饭,就溜进饲养室"搭方"。碾儿庄人的"搭方",类似于围棋的下法。在地上划七条横线,七条竖线,交叉形成三十六个方格。一方用土块,另一方用树叶,轮流码在线和线的交叉点。昏黄的灯光,也许更适合乡下人智力的较量。德友从不在乎输赢,赢了笑,输了也笑,为的是熬时间,一搭就是通夜。他这样的精神,谁能陪下来?他就揣盒八分钱的"羊群"烟散发,有不掏钱的烟抽着,晚上自然有人作陪。白天干活,德友的眼窝总是赤红,干活时呵欠不断。二队队长连省说:"你黑了少耍不行?"德友笑着说:"不耍弄啥?"连省说:"搂老婆睡觉。"德友笑声更大了,笑完了说:"睡死人哩。"不过,德友干活从不耍奸,比如锄苞谷,他锄得比别人深,也比别人快。一年到头,德友从不缺勤,工分总是全队最高的。

德友"搭方"离不了辣子。是那种干辣椒,笑眯眯地含在嘴里翻来覆去地嚼,并不急于下肚。一盘方搭完,那根辣椒还在嘴里。干活休息时,他从兜里掏出一个冷馍,一根生葱,一包辣子面,吃得满头大汗,津津有味。关中人说辣子是道菜,对德友来说,辣子是他的命,喝水时都要倒些辣子面。那时菜油稀少,没有油泼辣子,他身上总要装包辣子面,闲下时就掏出来用舌头舔。因此,他有了一个绰号:辣子王。

秋天,德友家里里外外的土墙上挂满了一串一串的辣子角,吃完饭一抹嘴,他就乐呵呵地背着手看墙上的辣椒串,像是将军检阅他的士兵。队里分的辣子远远不够他一年四季吃,他就用苞谷换别人家的辣子,往往半条街人家的辣子都挂在他家的墙上了。

德友给二十岁的大女儿招了个女婿,是商洛山区的小伙。那小伙并不老实,德友常常在家高喉咙大嗓子地训斥他。没出半年,那小伙带着德友的大女儿回了商洛。德友纳闷碾儿庄的脉气这么好,偏要去什么商洛。他的媳妇跟他闹,他笑着说:"跑了就跑了,少了两张嘴,我还巴不得呢。"

德友媳妇皮肤白,却长了个笋瓜脸。两口子一白一黑,一胖一瘦,一圆一扁。吃饭时,两口子坐在门墩上"抬杠"。记忆里,他俩最精彩的对话是:"你个笋瓜!""你个皮球!"

过了两年,德友又给二女儿招了个女婿。二女儿综合了父母的优点,长得白净水灵,是村子的头朵金花。二女婿是渭北的,瘦不拉几,个儿又矮。二女儿很不满意这门亲事,常常半夜趁丈夫睡着了,出去和村里的一个小伙约会。这事儿后来让德友知道了,他冷冷地笑着,用绳子把二女儿吊在屋梁上,折磨了一天一夜,德友的媳妇呼天抢地,德友守在屋里嚼着辣子角,就是不把二女儿放下来。二女婿一看事情不妙连夜跑回渭北。傍晚,德友把女儿从房梁上放下来,女儿只剩一口气了。休养了十几天,女儿缓过精神,一天夜里跟村里那个小伙私奔了,听说跑到广州去了。

广州那么远,德友没精神去找。他嫌丢人,好长时间没再去饲养室"搭方"。一天傍晚,他忍不住嚼着一个干辣子角,揣着一盒"羊群"烟走进饲养室。饲养员是队长连省他哥连民,连民问起他的二女儿,他哈哈一笑,吐出辣子角说:"死了。都他妈死了吧。"

如果说碾儿庄是部天书,那么德友就是其中的一个罗汉:布袋罗汉,背着一口袋笑口常开。

那个活到一百零九岁的人我叫奶奶。不光我这样叫,村子的人无论老少,都这样称呼她。她是从小就在碾儿庄做童养媳的,姓刘,不知道名字,村子的户籍册上一直写着曹刘氏。

我高中毕业那年,高考还没有恢复,就回到村子里劳动。我瘦弱,干不了重活,队里只给我九分工,和我一样大的男孩子都是十分工。这样,我心里就十分委屈,对未来感到了恐惧,仿佛脚下是一个黑洞,会使我沉下去,无休止地沉下去。下工了要么窝在家里,要么一个人孤独地闲转,熟悉的景物忽然陌生了,向我露出狰狞的笑。一个春暖花开的日子,我转到了村子西头的河边。那条河村里人叫蚰蜒河,窄窄的,又拐来拐去。河边就是那个一百零九岁老人的家。

我走到河边,看见了老人。她坐在家门口,头顶上有从土墙内伸出的桃花。老人两手放在膝盖上,慈眉善目,似佛像。我在她面前停住了脚步,蹲下身子听她说话。我高声问老人多大年龄了?她嘿嘿一笑说:不大不大,我还是个娃呢。她的目光没有在我的脸上停留,而是散乱地游移着,嘴里嘟嘟囔囔的,仿佛在拼接着自己记忆里的片段。那片段是支离破碎的,让我感觉到一种清淡的霉味。

……铺板下的鸡啄食,噎得嗝嗝的。铺门上的旗儿下,挂着升呀斗呀的。满十升为一斗。土匪半夜抢人,老鼠叫,狗叫,鸡叫。我没穿裤子,油灯碗的捻子是麻线做的,老瓮里还有半升小米,我还没怀娃呢……谁家的女人在屋子杀猪一样地叫唤——生娃呢。月亮也就一人高,我去后院撒尿,踩着一条长虫。我的妈呀,魂都没了。东头还有个女人也在叫唤。她是让男人打呢。那女人有毛病,男人几天不打,她的皮就发痒。月亮不见影了,河里涨水了。我娃他爸抱着我就往城门洞里跑。西门里头有个老爷庙,门口的一对石狮子眼窝瓷大瓷大,吃人呢……

老人东拉西扯没有逻辑关系。我听着头皮发麻,就起身沿着河流朝山沟里走,在一个碾盘大的石头上坐了好久,分辨着佛的眼睛、眉毛、鼻子、嘴巴,还有耳朵。我坐累了再走回来时,看见老人还是那样的姿势坐着。她睁开眼,见我过来,喃喃自语着:桃花,那时哪有这么好看的桃花啊……

她并没有注视那头顶的桃花。读了许多书,经了许多事,我才明白:老人是在用心灵感应着景物——这让我顿悟心灵的妙用。很多时候,美妙的景色其实不在眼帘之中,而是悟在心灵深处。我们常说的看景不如听景,缘由正基于此。心灵中的景色往往添加了人的审美知觉和感受,容纳了人的情感色彩、生活体验以及想象。红色的花朵向人类炫耀着青春,老人也许正在回忆着自己桃花般的容颜——她的青春。三十多年前,我还没有这些深刻的感受,只是蹑手蹑脚地从她面前走过。我怕惊扰了老人的美梦。不过那时我就意识到,老人不愿道出自己的年龄,是为了留恋那让她销魂、令她幸福的青春时光。一个老人,忽然间让我感到了一种真实,一种欣慰。

秦岭北麓的村子大多都有寺庙或者道庵,这与当地的文化传承有关。碾儿庄就有一座娘娘庙,在村南靠近山坡的地方。庙不大,也无人住,平时冷清着,只有谁家老人为儿媳祈子才来烧香磕头。一座庙,那就是村里人的精神寄托。它再破烂,也无人敢去亵渎它。

麻老五的家正好面对着娘娘庙,隔了一条路,距离也就十多米。我们全家刚到村子时,我并没有在意这座冷清的庙。直到半年后的一个夜里,我忽然听见村南响起笛声。一阵高、一阵低,一阵昂扬、一阵低缓的笛声,清晰地从我的耳畔掠过,让我感觉到那笛声中一定隐藏着一段人生。我踏着皎洁的月光,走完村子的南北街道,绕过村子的磨坊,就看见了正在月光下吹笛的麻老五。我怎么也没有想到会是他。白日里我见到的他那么爽朗,怎么会有忧伤?

后来我才知道,麻老五曾有过一段浪漫的爱情。他年轻时在荒漠的戈壁滩上当过兵,迷恋上了当地的一位回族姑娘。几乎没有人会相信风沙弥漫的戈壁滩上会有一位貌若天仙的姑娘。晚上只要不值勤,麻老五就坐在距离姑娘家不远的胡杨树下,用笛声倾诉着对姑娘的思恋。姑娘在笛声的诱惑下走出屋子与士兵幽会,违反了军纪的麻老五要被遣送回原籍。就在部队做出遣送决定的前一天,麻老五在执行一项爆破任务时被炸伤了脸,伤愈后落下满脸的斑点。

那个回族姑娘后来跟着麻老五来到碾儿庄,给他生了两个儿子。在她疼痛的分娩过程中,麻老五坐在她身边吹着悠扬的笛曲。他用笛曲减轻了妻子的痛苦并迎接着儿子的诞生。在生下第二个儿子的半年后,麻老五的妻子神秘地失踪了。那是一个雷电交加的傍晚,麻老五的妻子站在娘娘庙前等候丈夫的归来。黎明前,她将丈夫送到庙后竹林旁的小道上,丈夫要去北边很远的地方买粮食。半夜时分,麻老五一身泥泞背着粮食回到碾儿庄,却再也见不到他的妻子了……

妻子的失踪是一个巨大的谜团,让麻老五痛不欲生。那天傍晚的雷电以及大风是碾儿庄几辈人从未见过的,村里村外有好多树木被风刮断或者连根拔起,很多人家的猪、羊、鸡消失得无影无踪。后来,碾儿庄的人才知道,那风叫龙卷风。

我一直以为,风是碾儿庄这部天书的使者。它一页页地翻弄着书页,既在上面书写着文字,又把写好的文字翻开让世人阅读。它应该是温顺的,富有人性的,可是那个傍晚它却背叛了自己的性格和使命,显出了凶残、灭绝人性的一面。这是不是天意呢?我挠着头想了许久也没有想出答案。天书就是天书,不要企图读懂它。

在碾儿庄的那些年,我是经了不少事。譬如山坡上的泥土,就比其他地方的土黄,有时在阳光下看,还真是金黄的一片。我就明白了,碾儿庄的地里比其他地方打的粮食多,一定是与这儿的土壤有关。至于风水一说,我至今心存疑虑。再譬如那些鸟儿,从不在树上筑巢,它们的窝都在石缝里或者草丛里。我观察过,石缝里藏的是大鸟,草丛里藏的是小鸟。碾儿庄的孩子有时恶作剧,在石缝里、草丛里掏鸟蛋,甚至在坡上点燃一堆火,烧了那些雏鸟当肉吃。这要让大人发现,就是不得了的事情,非得好好教训一顿。碾儿庄的人爱蝴蝶,爱蜜蜂,爱蚂蚱,爱鸟儿,甚至连不知名的毛毛虫和飞虫都喜爱。他们说:都是一条命,不要害了它作孽。

离开碾儿庄是有些年头了。后来落实政策,我家又要回到那个叫庞光镇的地方,一千九百元卖掉了碾儿庄的两间土房。为这事父亲后来常常懊悔,说是应该在碾儿庄留下根。这些年我写了不少文章,出了十几部书,成了所谓的作家,父亲有一次对我说:你还是沾了碾儿庄的脉气。想想,父亲说的虽有些迷信的意味,但也不无道理。我虽是离开了碾儿庄,但身体带走了那儿的一缕风,它时时将我浮躁的心灵熨平。我知道,这缕风一定会陪我到生命的尽头。单凭这一点,我感激着碾儿庄。我和它曾经的相处,是一种缘分。我觉得,它掩藏着许多玄妙,譬如它为何叫碾儿庄,它的泥土为何是金黄色的,蝴蝶为何全是黑色的,村子的人为何寿命长,三面的山头为何像佛的模样,麻老五的妻子为何莫名其妙地失踪,那地方为何会有龙卷风,自然界的昆虫和动物那么多,天芳为何就只喜欢蝉……一个小山村,珍藏着解不开的生命密码。自然界和人世间的一些事儿,人们也许永远弄不懂。如此,把碾儿庄当作一部天书来阅读,也未尝不可。

一部天书,它的名字叫碾儿庄。它是一部天书,所以它神秘。比起那些碾儿庄的人,我难以以生命之躯,充当这部书的主人。我只是这部天书里的一个匆匆过客,渺小得连一个标点都没有留下。可是,我知足了。

秋天备忘录

秋天对大多数人来说，不过是一个季节的名词。可是，我不一样——尤其在我的少年时期。

在我十二岁那年的秋天，先是四伯死了，接着我养的蚂蚱死了。死亡，在庞光镇的人看来不过是非常普通的事情。人生下来就要死呢，连皇上也避不过。这是村子人的说法。可是在我那样的年龄，对死亡毕竟是胆战心惊的。因此对丁四伯的死，我不像大人们那样坦然。因为四伯不是死在炕上，而是死在井里。

说说四伯活着时的一些事情。

四伯有一儿一女，女儿香香出嫁了，儿子栓栓聋哑痴呆。栓栓两岁时，曾有人劝四伯"折"了儿子，可他不忍心，抱着儿子跑遍了附近的医院，光西安就去了好多次。到儿子六岁时，四伯才死了心，但这时他越发舍不得儿子了。一从地里回来，他先端一盆水给儿子洗脸擦身，端着饭碗给儿子一口一口地喂。为了照顾儿子，他说服了四娘不再生育。为了不让村里人笑话，他从不让儿子出门，也从不让村子的人去他家里。为了避开村里人的目光，他跟别人换了庄基，把房子盖到村外。四伯这样做，村子很多人不理解。为了一个傻儿子，如此折磨自己，不值。但四伯淡淡地说：你们不懂。渐渐地，儿子发出了"呀呀"的呼叫。四伯四娘明白：一声"呀"是唤母亲，两声是叫父亲。这简单的呼叫成为夫妻俩生活的全部希望。只要儿子活着，他们就不会舍弃；不伺候儿子，他们就感到日子空虚。

我的记忆里保留着四伯扬场的姿势。碾完麦子，需要将麦粒和杂物分离出来。四伯的姿势是这样的：握着锨把，做一个弓箭步，锨板插入麦堆，挑起麦粒，顺风把锨举过头顶，锨把划过一条弧线，麦粒洒洒扬扬飘向远处……夜风清爽，月光明亮，我和四伯躺在麦堆上望着星星说话。记得四伯问我想讨一个什么样的姑娘做媳妇……沉默中他还问我："天上落一颗星星，地上会不会就死一个人？"

玉米刚刚挂缨，雨有点疯狂，阳光二十多天都不见踪影，屋顶漏雨，院墙倒塌，屋里地面的积水能照出人影。田里积着一面面水洼，玉米秆垂头丧气地倒下，玉米棒子浸泡在水里……

"狗日的雨！"四伯仰头骂天，那样子很凶。

天那么浩大，他那么渺小，骂也是白骂，雨照下不误。村子人都窝在屋里，即使村子发生些什么事情也没人知道。在这样的背景下，四伯的儿子栓栓死了。四伯叫来四娘的娘家人帮忙，连夜挖了墓坑将儿子埋了。这一切，村子人都蒙在鼓里。等人们知道了，有些人想来劝劝四伯四娘，然而，他们家的门窗紧紧关闭着。

天一晴，村里人开始忙着收秋。一天傍晚，有人看见四伯摇晃到村外，坐在镇西公墓边的机井旁，双手覆盖着头顶。栓栓就埋在那儿。那会儿，村子人意识不到问题的严重性。第二天中午我放学回来，看见机井旁站着许多警察，机井边摆放着四伯的尸体，周围是一张张变形的脸……后来，派出所所长——那个胡子拉碴的老雷说四伯是自杀。

仿佛一个苍白、浮肿的问号——这是四伯留给这个世界最后的符号。我始终没有勇气走近机井最后看一眼四伯，不敢面对他冰冷的面影。我坐在距离机井不远的小路上呜呜地哭……晚上，我幽灵似的徘徊在空旷的秋场，望着星空，我在想，四伯昨晚坐在机井边时，天上是不是有一颗星星陨落了呢？

院子里白杨树的叶子纷纷飘落，一个个老鸦窝清晰可见。窗外，一只蚂蚱装在笼子里。这是我养的蚂蚱。从夏天到秋天，它一直享受着吃北瓜花的待遇。在我为它采集的所有食物中，它对北瓜花情有独钟。吃了一小片，它感激似的振翅鸣叫。在秋风凄雨中，它翅膀的摩擦声渐渐有气无力，细长的腿肢日渐收拢。在四伯死后的第三天,它也死在了竹笼里。四伯的死让我心惊肉跳,哪还有心情为它采集北瓜花!它侧身躺着,腿肢不甘地向前伸着,向我发出抗议。几天后,天放晴了,但我仍然无法从阴影中走出,潮湿的心能拧出水来。梦里,一些阴影总像毒蛇般纠缠着我。我在后院挖了个坑,把笼子里枯干的蚂蚱用土掩埋了。

又是秋天。和我有关的人或死亡或失踪,都在秋天发生。依稀记得最后一次见到外婆的情景。风开始冷了,丝瓜架上的叶子开始泛黄,映衬着外婆瘦小枯黄的脸。回去吧,冷。母亲说。外婆不言语,只是诡秘地笑。在母亲十三岁时,外公出走了,外婆经历了整整三十年的守寡日子。母亲放心不下外婆,常常带着我去探望外婆。外婆住的院子很深,院子里搭着长长的丝瓜架。秋风起了,外婆站在架下,抚摸着架上的丝瓜,说些没头没脑的话。外公是在没完没了的秋雨中出走的,因此天只要一下雨,外婆就唠叨这么两句:"没戴草帽,也没穿鞋……"她是在念叨外公出走时的情景。

外婆是死在秋天的丝瓜架下的,她怀抱着一个枯萎的丝瓜,静静地躺在地上。看见外婆那个样子,我惊叫了一声。母亲号啕大哭起来,我才明白,外婆死了。外婆死亡的方式铭刻在我的脑海里,让我对秋天增添了更多的恐惧。

在我上学的路上,要路过一个池塘,池塘边是一片苹果园。苹果飘香了,在中午或傍晚,看守果园的人回去吃饭了,我就潜进果园偷偷摘几个果子。外婆死的那天,我路过果园时,看守果园的人正在茅庵睡午觉,突然就起风了。那风呼呼地吹进果园,刹那间树枝舞蹈起来,接着便是暴雨,果子从树枝上乒乓地落下,有一颗砸疼了我的头,我落荒而逃。我是举起双臂迎着风跑出果园的,那动作现在想起来很滑稽——举着双臂,像电影里敌人投降的姿势。以后,我再也没有心情踏进那片果园。在相当长的日子里,我甚至不愿品尝苹果的滋味。

母亲带着我去为外婆守灵,我怎么也哭不出来,母亲拧我的屁股,非让我学她的样子痛哭流涕。

关于祖父,我印象最深的是他的咳嗽声。一入秋,他的咳嗽声伴着蚂蚱的挿翅声,在剧烈的颤动之后戛然而止,之后便是祖父的喘息声。夜里,父亲让我守着祖父,在他咳嗽过后削一片梨塞进他的嘴里,然后递给他一个茶缸,让他把浓黑色的痰吐到里边。祖父一辈子爱抽烟,那黑色的痰便是烟叶的精灵。在咳嗽声平息下来时,祖父说:"好了,现在我接着讲赵匡胤……"在祖父讲过的故事中,赵匡胤是最活跃的一个皇上。他自豪的是和赵匡胤拥有同一个姓。在讲述的过程中,祖父的腮帮子挂着微笑。

皇上降生时有预兆,升天时有天象,不是刮风闪电,就是地震冰雹——祖父这样对我描述着皇上的死,不过他不说死,说"升天了"。祖父没有穿龙袍坐龙椅的命,却在咽气时享受了皇上般的天象。一入秋,祖父开始咯血。父亲要送他去县城的医院,祖父说:"还去啥医院?我这病神仙也治不好了……"一天夜里,屋外狂风暴雨,祖父剧烈的咳嗽过后,我捧着茶缸小心翼翼地去厕所,黑暗中那血里仿佛映射着我惊悸的魂魄……

玉米拔节的时候,一口井里出现了一具小孩的尸体。发现尸体的是镇上的吉余叔。他在井上装水泵,准备抽水浇灌玉米地。小孩的尸体已经泡胀,显然死了不是一天两天了。吉余叔很自然地联想到十天前村里高怀礼丢失儿子的事。儿子刚过了八岁生日,平日沉默寡言,所有的激情都在梦游中出现。那情景从三岁就开始了。正睡着他会冷不丁坐起身自语:"我是谁?我是你前世的父亲。"他不停地念叨着村子一个死了很久的人的名字,常常在梦中下炕开了屋门,走到那家人的门前徘徊……镇上人都说,是那个死了很久的人招这孩子的魂呢。

这孩子叫高欢喜,高怀礼两口子带孩子看过医生,请过巫婆,但孩子的梦游症依然。欢喜上幼儿园时,那个扎小辫的女老师反复讲述月亮婆婆的故事,老师讲得专心,欢喜也听得认真。他从此就喜欢观看水中的月亮。在自家院子的井边看,常常遭到母亲的呵斥,他就转到田野的机井边看。

欢喜丢失的那个晚上,是农历的八月十五。月光皎洁得迷人,圆圆的月亮上有一束黑影,欢喜知道那是一棵桂树,树下坐着一位慈祥、善良的老婆婆。在院子他仰着头看不觉得累,直到上下眼皮打架才哈欠连连地进屋睡觉,不知什么时候,他从炕上爬起转悠到镇子外的一条小道上,坐在机井旁看井里的月亮……

那个夜晚,我在田间小道上游荡,走到那口有柳树的机井旁停住了脚步。月亮在云层中穿行,井台上坐着一位妇人,燃着香点着蜡烛,口中念念有词:"喜儿的三魂七魄回家来咯,快回家来咯……月亮上的老婆婆哦,让喜儿回家来咯……"村子人都晓得这是在叫魂,或者叫收魂。那妇人是欢喜的娘,那纤徐、低弱的声音充满悲怆和绝望,而那种语调让我身体颤抖。

不知过了多久,高欢喜的娘离开了,井台上只留下蜡烛和香。我耳边依稀回荡着一个母亲呼唤儿子魂灵归来的声音。那声音对我有着巨大的诱惑。我在思索他们母子二人的归宿和处境。对高欢喜来说,他进入了一个至高的境界,和月亮婆婆一道享受那没有纷扰和烦恼的幸福生活;而这对于他的母亲却是一种切肤之痛,那种痛苦将伴随她的一生。

秋天带给乡下人的是欢乐,我却在他们的欢乐中体会着死亡的意义。那些成熟的农作物以及树上的柿子和苹果(我的少年时代,只见过树上结这两种果子)在秋天不都面临着死亡么?成熟意味着死亡。就像屠夫宰猪一样,吃的人喜欢,而猪却悲哀。那时,我处在一个与常人颠倒的角度。

心理的作用影响到生理。一些事物在我的视野里也就怪诞起来。我站在田野里,观察着秋天的阳光,它仿佛在遭受着蹂躏。秋风把它一块块地撕碎,锄头和镰刀无情地割裂着它,耕牛、犁铧粗暴地践踏着它,让它遍体鳞伤,在呻吟中死亡。我诅咒秋风,还有锄头、镰刀、耕牛和犁铧……我怀疑是它们将死亡带给了秋天。我的心理扭曲着,用病态的心理和扭曲的视角解读秋天的事物。

收秋的季节来临了,我正在屋檐下喂蚂蚱,母亲在屋里喊我磨镰刀(收谷子需要镰刀),我没好气地说:"磨啥镰刀!"母亲走出门愣了一会儿,我听见她在我背后急促的喘气声。"咋个(怎么)天一冷你就蔫不拉几的?"母亲说着就抽泣了。我呆呆地站了一会儿,从后檐墙上取下了镰刀。我在磨镰刀的时候,四周是那样的静,我使着劲,仿佛跟谁赌气似的,阳光在镰刀刃上跳跳闪闪……我忽然就忍不住了,脑子里蹦出些怪念头来:该死的死了,不该死的也死了,还磨什么镰刀!我跳起来,把磨亮了的镰刀朝空中一挥,企图向秋天讨个说法,或者想割断秋天的翅膀。

秋天是个魔鬼!我在心中吼道。那时,我的样子一定像个妖怪。

惊悸和仇恨,折磨着我尚不成熟的思维。迷惘、失落,混杂着青春期的无处宣泄,我无来由地发脾气,摔东西,在家里人愕然的目光里,我烦躁地用被子蒙上了头。

这是我曾经拥有过的秋天。或者,它是我曾经受伤的心灵。现在,秋天在我的眼里不再那么面目可憎了,但我仍然苦苦地思念着它。——这是走向成熟的一个蜕变过程。从某种意义上说,我所经历的秋天是透视人生的窗口。因此,记录它是必要的。

禅与物 *chan yu wu*

乡村作坊

磨　坊

　　看见磨坊,温柔便注入内心。村口,土屋一两间,背风处是门洞,却没有门扇,土屋正中安置磨扇,门前有几棵老树遮风挡雨,这便是磨坊。磨坊前有口老井,井台上站着一架辘轳。摇着辘轳的木把儿,辘轳绳一圈圈地卷着,一桶水就出了井口,用以淘洗准备上磨的粮食。这是磨坊的基本环境。与一般的乡村土屋不同,磨坊的窗很小,有的索性无窗,以防风吹散了磨出的面粉。这样,即使是白天,也需有人为的光亮。早先是油灯,从土屋的横梁上拉下一根麻绳,吊着油碗油灯,悬挂在磨扇上方。一根捻子的光亮忽闪忽闪,磨扇忽悠忽悠地转圈。偶然一瞥,这影子就印在了土墙上,化为一个巨大的虚无,仿佛梦游的情景。后来油灯退伍,麻绳换成电线,油灯换成了电灯,磨扇的转圈便真实可见。拉磨的大多时候是驴,它被"暗眼"捂住双眼,以防看见粮食嘴馋。"暗眼"是关中方言,叫眼罩子更容易理解。它的构造原理类同于眼镜,用途却相反,装镜片的地方被一层黑色的厚布代替了。自然光的暗淡或明亮,对驴无用,只要在磨坊里转圈,它就只能置身于黑暗之中。趁着人不注意,麻雀会从门洞里潜入,争抢着落在地上的粮食碎屑。

　　对于磨坊,年龄比我小一轮的人要摇头。因此,简要的介绍是必需的。如果耐心点,是能看出一些门道的。

　　两个大小相同的磨扇上下相扣,下扇固定,上扇旋转。这样的情景很容易让人想入非非,不过这是磨粮食的过程。处在上方的磨扇稍薄,有对称两眼,为灌流粮食用。上扇中心一碗口粗的孔,填木,做"丁"字杆悬空,关中人称作"揽刅";下部做轴眼,和上扇的短轴接洽吻合。上下扇洽口里均锻凿有齿,以利粉碎粮食。两扇磨盘相扣放置在泥台或木制支架的大木盘上,上扇安置磨杠,供挂套绳,倒上粮食套上牲畜拉磨子转圈。粮食从上扇的磨眼均匀流下,在磨盘的转动中被粉碎,再从两扇磨盘的缝隙间缓缓落下,落在下边的磨台上。磨台的旁边另有面柜,形似板柜,四条腿,一张盖,内有四方框架,可放面罗,摇动摇把,面罗震动,麸皮留下,面粉落于柜中。留下的麸皮再倒上磨盘,如此反复,直到把粮食磨完。面罗用木板制框架,底用马尾织如丝网,有粗细两种,罗出的面粉粗细自然不同。

这是旱磨。水量较大的村子,也使用水磨,不过很少。旱磨用畜力,水磨靠水力。无论水磨旱磨,都需定期整修。磨齿损了,磨缝就会松开,这就需要凿深,乡下人叫"起膛"。这是手艺活,操此业者号称锻匠。他们身背钻铳铁锤,走街串巷,吆喝呐喊:起膛咧!

磨坊,是粮食通向肠胃的中转站。粮食的颗粒经由这里化为细末,才能做成人可以咀嚼的食品。吃,是天下第一的大事,连孔老夫子都在念叨:民以食为天。因此,关中人视磨子为神。春节时在磨盘上贴上大红的"福"字,在磨眼里燃上炷香,在磨台上点亮蜡烛。这是乡下人的感恩方式,含着内心的虔诚。他们想着,磨子辛苦了一年,也该喘口气了,于是卸下磨杠,把磨的上扇抬高用砖块垫起。土碾称青龙,石磨称白虎,它们皆有灵性,善解人意。

在关中,大大小小的村子都会有忙碌着的石磨。它可能是最早在这个村子生活的人用石头制成的,应当是文化遗产。数千年来,从没有人想过要改变它,结束它的使命。然而,就在20世纪的中后期,它却面无表情地和关中人告别,成为历史的遗物。它不会表白什么,甚至连声叹息也没有留下。可是它曾经的主人,却总是提起它,目光里布满茫然。他们的生命,曾经寄托在石磨的吱呀声里。磨坊的暗影,镌刻在他们渐渐依稀的记忆里。

坚硬的磨和温柔的心,这是乡村和谐的组合,成为我内心永恒的风景。

粉　　坊

终南山的曲峪拥有上好的自然植被,却很少有人家。秋雨时节,清澈的河水铺满河床。曲峪河北岸的村子是穆家堡,走过一棵弯着腰的皂角树,就看见了粉坊。三间土坯房,黄泥墙皮已与土坯剥离,变形的墙基把木框窗压得松松垮垮,显出摇摇欲坠的样子。粉坊在村子的正南,正对着牛头山,是副吉相。粉坊一旁,围着竹木混杂的篱笆,其中种着白菜、萝卜、莴苣、韭菜、大葱,夏天的时候,还有黄瓜、西红柿,立着一排排豆架。到了秋天,篱笆里就传出蛐蛐儿的叫声,欢快,透着韵律,像是幸福的召唤。这就是粉坊给我的最初印象。

鸡鸣三遍,粉坊的主人就挑着水桶去曲峪河担水。白天,总是有不懂事的孩子在河水里玩。黎明前的河水自然无丝毫的杂质。这条河的水质好,做出的粉条柔软细长,这家的粉条也就卖得快,生意相当不错。这是家庭作坊,窄狭的空间挤满了物件:木桶、水缸、灶台、案板、漏勺、木棍、支架、大铁锅,自然也少不了蓄水池和做粉的原料。粉匠的身子被静态的物围裹着,唯有他是个自由的物体。与粉坊有缘的理由很简单:粉匠的孩子和我是伙伴。我常常钻进他家,看他爹做粉条。那时,我刚刚学会观察事物,一点也不厌烦那做粉的过程。和好的淀粉,稀稠适当,拿起一点,就吊成一条线,装进漏勺里。粉匠挺直腰板,站在灶台上漏粉,抡起巴掌有节奏地拍打,像击打战鼓一般,催动千军万马。那淀粉糊糊,瞬间变成一条条不间断的银线,吸引着我的眼球,落进沸腾的锅里,经滚水煮烫,立刻成了一条条白生生的粉丝漂浮上来。粉匠引出粉丝,溜进灶台边的冷水锅里透凉捞出,放进清水池浸泡,而后挂到一尺长的木棍上,搭在场院里的支架上晾晒。

之所以对粉坊有兴致,还因为它门前的那棵皂角树。它孤零零地站在河岸上,这就招来了南来北往的风。风好水好,它结的果就多,以至于不堪重负,弯下腰去。皂角的果实成熟了,大人小孩站在树下,瞄准扁豆一般的皂角果用竹竿打,用石头扔。手一扬,哗啦啦,就落下来几串。它的果实捣碎了泡水,可以洗衣服。洗前除去皂仁,用石头或木棍捣碎,夹进衣服里,在搓衣板上搓呀搓,用木棍捶呀捶。夏秋的夜,如果有月光,女人们就端着一盆脏衣下河去洗。一盆衣服,一两串皂角就洗净了。洗完衣服,女人猫腰把头发漂进水里,用皂角水来洗。一棵树,营造出了粉坊门前的人情世故。当然,还有一个更重要的缘由,我喜食粉条。一条条光溜溜地下肚,舌头、食道都有熨帖的感觉,那是少年时的快感,顺着时光的隧道,一直延伸至今。

  阳光下,支架上悬挂的粉丝像一道道雪白的瀑布,逗得馋嘴的孩子围着转。岁月不饶人,老粉匠逐渐离去,而村子里的年轻人又不肯学这手艺,纷纷奔向城里打工挣钱,乡村粉坊便逐渐清冷。健在的老粉匠不希望老祖宗留下来的手艺毁在他们这辈人手上,依旧坚守着祖辈的遗物,守望着这份古旧。

  粉条是粗粮细做的产品,也是关中人生活中喜欢食用的副食品。加工粉条的原料有多种,有土豆、红薯、豌豆、玉米、高粱、绿豆等。加工粉条一般都在深秋或冬季进行,这时节收获了做粉的新鲜原料,做出的粉条顺溜,有韧劲。粉条分为板粉、二四粉、线粉三种。板粉用作烩菜、吃火锅,关中南部的户县做出的猪肉臊子炖粉条,是吃米饭的菜;二四粉用于烩菜、炒菜、凉拌菜;线粉用于凉拌菜,也可烩菜,线粉线条均匀,透明,呈青白色,耐煮,吃起来光滑柔韧。

  去年秋天,我去了穆家堡,那家粉坊已不在了,皂角树、篱笆也不见了,我所惦念的蛐蛐声也没有了,代之的是一幢漂亮的小楼,四周打着水泥地板。楼房很漂亮,可是我很落寞。世界仿佛一下子沉寂了,唯留下我的孤独。主人正在水泥地面上洗车,他更是陌生,长相有点恶,一点没有昔日这家主人的气质。他横过身,用陌生的眼光打量着我这个不速之客。

  昔日的伙伴搬家了么?粉坊又去了哪儿?物是人非的情景,虽令人落寞,但毕竟还有"物"在。而眼前,"人"非"物"也非,就让我不知道说什么好了。

豆 腐 坊

还有一个无法被汉语词典抹去的词语：豆腐坊。豆腐，是一种不在泥土里生长的菜品，在汉语的词汇里，它和西施组合，给人以遐想。西施，春秋末年越国的美女，后用作美女的代称。鲁迅《故乡》里的杨二嫂出现后，豆腐西施便成了出身贫寒的漂亮女子形象。后来翻阅史料，才知道豆腐西施并非鲁迅始创，在清代的小说、笔记中便有例证："不料那东村里也有一个标致细娘，叫作豆腐西施。虽不能与臭花娘并驾齐驱，却也算得数一数二的美人了。老子豆腐羹饭鬼，薄薄有几金家业，只生得他一个独囡。"（张南庄《何典》卷八）

白皙，软绵，细嫩，容颜之美，拥有一种上佳的视觉效果。比起鸡鸭鱼肉山珍海味，豆腐和白菜属于"寒品"，古语中的"食豆腐白菜"用来比喻某些居官清贫、待遇低下的官员的寒酸生活。虽然，从社会学的角度来看，豆腐具有清寒或不富贵的文化含义，但它确实是各类人等喜爱的食品。

俗语云：世上有三苦，撑船、打铁、磨豆腐。磨豆腐的苦不在于费力气，而在于要起得早，半夜三更就要从炕上爬起来泡黄豆。将黄豆去壳筛净，水洗后放进水缸内浸泡，冬天浸泡四五个小时，夏天两三个小时。所以这活就逼着你非得早起，如果偷懒，头天晚上睡觉前就泡上，就会失去浆头，做不出好豆腐了。夏天还好说，寒冬里凌晨从暖烘烘的被窝里爬出来，那绝对不是滋味。

过去，我们队上就有一个豆腐坊，在打麦场的场房里。我虽没有磨过豆腐，但也常常进去溜达。一进去，就闻得一股生石膏的味道。做豆腐离不开生石膏，将生石膏放进火中焙烧，然后用锤子轻轻敲碎，这是做豆腐的一个关键工序。有时没把握好，石膏烧得太生，豆浆就有一股鸡屎味。生石膏的味儿有点呛鼻，一进豆腐坊我就会打喷嚏。

做豆腐的关键环节是"点"。无论之前的程序多么冗长，"点"得不好，自然前功尽弃。豆浆煮到一定温度,把烧好的石膏碾成粉末,用清水调成石膏浆,冲入刚从锅内舀出的豆浆里,用勺子轻轻搅匀,这叫点豆腐。数分钟后,无须考验耐心,豆浆就会凝结成一个非常文雅的名词——豆腐花。用勺子将凝结的豆腐花轻轻舀进已铺好包布的木托盆里,盛满后用包布将豆腐花包起,盖上板压 10—20 分钟,水豆腐就做成了。如果是做豆腐干,要将豆腐花舀进木托盆里,用布包好,盖上木板,堆上石头,压尽水分即成。

  做豆腐是需要考验耐心的。关中人常说:心急吃不了热豆腐。不但要早起,还要晚归,两头不见阳光。豆腐做好了,挑着担子走村串巷沿街叫卖,卖完了才能回来。关键是做豆腐的过程太烦琐,要上心,一不小心就弄"失塌咧"。所以,队上的豆腐坊虽然工分高,但还是没人愿意去。仅仅过了两年,我们队的豆腐坊就"塌伙"了。

  磨豆腐这门手艺,世代传承最好。乡下的豆腐坊,能坚持长久的基本上都是家庭作坊,小打小闹者居多,也有全天候作业的,同时生产豆花、豆腐脑、豆腐皮、豆腐乳等其他产品。生产过程中产生的豆渣,是猪喜爱的饲料。

挂 面 坊

  关中人吃的面条,是女人在案板上用擀杖擀出来的,这就很费时间。后来有了挂面,就省事多了。逢年过节,挂面就成了礼品。探视病人,看望老人,挂面也是首选的礼品。病人的胃弱,需要精细、易消化的食物。女人家探视月婆子,礼品包里一定少不了挂面,而且还要在包装纸上贴一个红纸条,以示喜礼。在乡村,挂面是有地位、有身份的。

  听着秋天里的蝉叫,就想起挂面坊。这不是幻觉。四十年前的那个秋天,我开始在庞光镇中学上初中,每天上学、放学的路上,要经过一个叫王寨的村子,村口有片杨树林,过了树林,就是一家挂面坊。听见蝉的叫声,我就知道挂面坊到了。有时我到树林寻找知了壳,拿去药铺换钱。树林很窄,一个转悠就到了挂面的架子旁。趁着主人没出门,在蝉声的聒噪下,我会弯下腰，捡拾架子下落着的零散挂面，拾一大把，飞快地潜入树林。那是一种类似于偷窃的过程，带着耻辱的记忆。

相对于磨坊、豆腐坊，那家挂面坊就明亮得多，屋檐高，窗户大，充足的光线以便作坊的主人操作时明察秋毫。挂面坊是要向阳的，因为挤压出的细长面条要经过风吹日晒，才能干透包装。后来，我还见过几家挂面坊，都是在村口，门前的高台上搭着架，面条一丝不苟地垂在上面。天空飘着很高的白云，在它的俯视下，挂面的架子何等渺小，做挂面的人也许连一只蚂蚁都不是，可在我的眼目里，挂面坊就是整个世界。

做挂面远没有磨豆腐那样烦冗复杂。先把麦子加工成白细的面粉，把面粉倒入大瓷盆内陆续加水，再加细盐。歇后语里的"挂面不调盐，有盐（言）在先"，说的就是这个过程。加了盐的面，筋道耐煮。加盐后，用手搓揉成均匀的面团，取适量放入底面有众多小孔、内壁光滑的厚铁漏桶里，上部是一木柱，柱上是支架杠杆，人下压杠杆，面团就从漏桶的小孔里被挤了出来。这是挂面的雏形，含着大量的水分。它被搁置于存有面粉的大笸箩内，一桶面团挤压完了，从桶底断开，遍撒面粉避免粘连，用竹竿挑到户外的晾晒架挂起来，接受阳光和风的检阅。干透之后，从架上轻轻取下，一把把平放在木板上，切成长短均匀的段，再用旧报纸或旧书的纸页，一捆捆包卷起来。如此，就是成品的挂面。

这是我眼目里的一个旧景，飞扬着阳光的辽阔，以及风的浪漫。在小城住了许多年，每日为生活、工作和文字所累，竟遗忘了挂面坊。这只是我的遗忘，它仍然真实地存在着，而且就在小城不远处的西韩村。由于曾经有过的耻辱感，我依然不能居高临下地俯视它。只是，它里面传出切割面条的机器声，让我感到不舒服。机器切割的挂面，远没有手工操作那样亲切。这样的感觉很荒诞，但却真实地存在于我的大脑。我明白，这不仅仅是怀旧的意识。食物，经由人的手指，有着身体的滋味，汗水的气息。粮食，只有穿越了身体，变身成食物，我才觉得具有安全感。

挂面，具有礼品的身份，就不能天天食用。关中的汉子还是喜欢吃自己女人在案板上擀出来的面条，有自己婆娘的气味，厚实、筋道，有嚼头，进了胃里实在。所以在我们这儿,挂面坊并不是村村都有,方圆四五里有一家是个挺合适的比例。

挂面坊的主人最讨厌阴雨连绵的日子。夏天一打雷,他们的心脏就跟着颤抖。夏天多是阵雨,秋天才更烦人。经过风吹日晒出来的挂面自然成形,色泽光亮。如果阴干,则色泽暗淡,有时还发霉。碰到阴雨天,做挂面的一边骂着娘,一边收了门前面架上的挂面条,索性在作坊的土炕上呼呼大睡。睡得乏味了,养足精神了,要是太阳还没出来,就在屋里摆上麻将,支应上香烟招徕乡友,以打发潮湿的时光。

醋　　坊

我小时吃的醋,是在供销社里买的,先是秦渡镇,后是庞光镇。那醋也许是加了水,不几天就"白花"。这个词是方言,指表面起了一层白色的漂浮物而变味。以后住在县城里,我买醋就再也不进商店。至于醋是怎么做出来的,一点也没想过。后来在县城的中学教书,一个学生给我送来一壶醋,说是自家酿的。他家在化西村,庞光镇的南边。过了段时间,我应邀去他家,见到了醋坊的样子。一栋四合院,屋檐下挂着一排红灯笼,门楣上写着"崔氏醋坊"。一进门,到处是醋缸,贴着红纸,口上封着红布条,用黄布带扎着。屋子正中的八仙桌上,供着一尊神像,我不知道这是哪路神仙,也不好意思打问。

据说,醋是古代酿酒大师杜康的儿子黑塔发明的。黑塔跟他的父亲学会酿酒技术后,觉得酒糟扔掉可惜,由此不经意酿成了醋。这个"不经意",就改变了饭菜的味道。对于这个说法,我从来就不相信。杜康尚且是传说中的人物,他的儿子岂是真实的?依我的观点,醋是在自然环境中生成的,当然是乡下人发明的。

醋的加入和渲染,让粮食和蔬菜成为北方人的美味佳肴,关中人无醋不成饭。醋的脾性为酸,属中性的调味品,适合北方人的口味。人生的况味无非四个字:酸甜苦辣。酸字冠首,可见其重要。而且,根据古籍记载,醋还具有多种功能。《本草新编》里说它"入胃、脾、大肠,尤走肝脏";《本草拾遗》描绘它"破血运,除症决坚积,消食,杀恶毒,破结气,心中酸水痰饮";《随息居饮食谱》更是赞扬它具有"开胃,养肝,强筋,暖骨,醒酒,消食,下气辟邪,解鱼蟹鳞介诸毒"之功能。妻子晕车,她不知从哪儿听来了偏方,上车前不吃晕车药,而是喝小半碗醋,还挺管用。醋还治疗失眠昏厥,去头屑,除狐臭,能擦亮皮鞋,能去除玻璃上的油漆。房子有异味,用醋蒸熏房间,能起到杀菌的作用。真想不到廉价的醋竟有如此多的妙用。

就口味来说,南方人喜欢甜,北方人喜欢酸,所以,南方人绵柔,北方人火爆。一滴醋,造就了人的脾性。关中人对醋的感应是非常敏锐的,甚至不用尝,端起饭碗,用鼻子一闻就可以知道醋味的轻重。人都晓得山西的老陈醋,其实关中醋更容易为人接受,不但酸,而且香,催发人的食欲。每次去北京,临行前在京的亲戚朋友总会让我捎上几壶富村醋。

醋有两种做法:酿和人工勾兑。关中人很少采用后者,认为那是投机取巧,不地道。酿是传统做法,叫酿醋。一个"酿"字,用的是时间。酿醋的原料是苞谷、高粱、麸皮、稻壳,酿醋的方法是生料固态发酵,需经十几道工序。其过程为:破碎原料,用水浸润,蒸料冷却,原料接种,液化糖化,醋酸发酵,熏淋过滤,其中某些环节要重复进行。真正的好醋,要像酿酒一样,发酵的时间越久,醋越醇香。

关中的醋坊,皆为民间作坊。富村,在户县大王镇,坐落在108国道西(西安)宝(宝鸡)线上。二百多户人家,有醋坊数十家,产品的类型有清香米醋、香醋、熏醋、陈醋、南瓜苦荞醋等,风味独特,香味深长,畅销国内,前来买醋的车辆常常就堵塞了交通。十里之远,便闻醋香。

磨坊早已消失,醋坊依然执着于乡下。它知道自己在关中人生活中无可替代的地位,粮食可以使用机器磨碎,但是再先进的机器也无法复制出关中醋的味道来。乡村的某些物什,科技无法改变。所以,它依旧坚守在关中的泥土上,充当着乡村的风景,诠释着幸福的含义。它像定格的画面,历史的手掌无法翻过这一页。

我现在住的地方离化西村远了,就常常提着塑料壶去富村买醋。一进某家作坊,香味扑鼻而来,顿觉神清气爽,肠胃蠕动,有一种被熏陶的意味,于是闻闻醋味,摸摸醋缸,看看包装,和主人聊着醋外的话题。不可以打听主人做醋的过程,那是人家的秘密,与我无关。

富村亦有民间诗人,赋得一首小曲,咏户县大王醋:古村依在终南下,清流碧、绕三匝,朝霞夕照真如画。树梢几点鸦,门前一片花,笑飞秋千架。天地间酿就精华,不小心酸掉门牙。怕闻香,香赛酒,酒还夸。一两口能平血压,三五滴敢治疮疤,老妻少美容颜,调五味只凭它。火车拉、汽车拉,沿街叫卖进千家。味好价实休怕假,来来来,真格是狗追鸭子叫呱呱。

油　　坊

秋风掠过,我缩了一下脖子,便看见了油坊,这是在祖庵古镇的丁字街口,一棵高过屋顶的古槐,遮掩着油坊的铺面。老槐细碎的叶子在树根处堆积了一层深沉的黄色,那是我年轻时钟情的色彩。我不忍心踩踏那些铺展在地上的槐树的落叶,从吱吱呀呀的声音里,我总能感受到叶子的心碎。

起初,我并没有留意这座油坊。它被夹在两个宽大的铺面中间,丝毫也不起眼。门面只有一间,低矮破旧,门漆的颜色已显得不伦不类。如果不是那棵古槐,我会忽略了它的存在。走近了,才看清楚它的字号:邱记油行。油行,这是雅号,其实就是油坊。生活的内容就是油盐酱醋,油在第一位。然而在20世纪80年代以前,吃油毕竟是稀罕的事情,所以只有大一点的镇子才有油坊,村子里是少见的。祖庵镇是王重阳修炼成道之地,有上万人口,有家油坊也不稀奇。

接下来我看到了古老油坊的全貌。磨棉籽的石磨、蒸坯的锅台、炒籽的锅台、黑亮的油柜、滑车、油箍、砂锅、木锨以及炒籽的燃料棉籽壳。这是油坊的背景,仿佛是在哪部黑白电影里见到的。我合拢双唇,用鼻子深深地呼吸,那清香就沁入了我的五脏六腑。

油坊是历史传承下来的古老作坊。我记忆里的油坊,是在20世纪70年代中期。那会儿,按照计划经济的安排,关中是重要的产棉区,棉籽就成了主要的榨油原料。棉籽油的生产是采用机械挤压棉籽仁而使油液逐渐析出的机械挤压式原理,工序是:炒籽——磨籽——裹麻森——压榨。油匠是个瘦矮的老头,戴着一顶黑乎乎的帽子,胸前挂着遮盖住双膝的蓝围裙,吊带绕在脖子上。他把长方形木锨板的端头用麻绳绑在炒锅正上方房屋的横梁上,木锨被适当吊起。点燃火后,将棉籽投入炒锅,用木锨上下不停地搅动。这是炒籽。

　　磨籽用的是石磨,比磨面的磨盘大一到两倍,磨齿花大而深,磨眼粗。磨籽取仁的过程记不清了,只留下左手前后摇动,右手撩拨翻搅,棉籽仁由筛孔纷纷落下的细节。一切都在有条不紊地进行,无比逼真地在我眼前呈现。忽然,无休止摇动、翻搅的双手停了下来,油匠的目光斜过来,向我一瞥,像是携带着疑问。我在想,他是在怀疑我偷窥了他的手艺吗?我很委屈,那时我的心思在文字和书本上,对乡下人的手艺根本就不在乎。可是,那个油匠哪里晓得我的心思。在他的心目中,手艺便是吃饭的本钱,挣钱的来路。被别人窥视,他当然不悦。我虽是委屈得眼泪都快滚出来了,但还是自知理亏,于是仓皇溜走。

　　那质疑的目光摧残了我的记忆,依稀留下土牛、夹角木、握子、顺梁绳这些古旧的词语和油的清香。毕竟在那个时候,油香对我是极具诱惑的,不像现在,一闻到过重的油味,便会皱眉。每次体检过后,医生总是叮嘱我,你的甘油三酯过高,要忌油腻的食物。

　　省力、高效的榨油机械的出现,让沧桑的油坊几近绝迹。前不久去礼泉县的袁家村,在"关中古镇"的仿古街意外重逢了古色古香的老油坊:德瑞恒油坊。它大敞着门,放我进去。昔日的秘密,现在敞开供人观赏。在时间面前,世间没有什么秘密可言。我看见了榨油的器具,竟如老朋友般很有亲切的感觉。久违了,棉籽油的清香。我搅动舌头舔着嘴唇,回味着尘封在记忆里的老油坊的味道。

烧　　坊

烧坊是酒作坊的俗称。相比于乡下的其他作坊,酒作坊空间颇大。空间大,便掩藏不住秘密,做酒的过程也就无须遮遮掩掩。殊不知,做酒的流程大同小异,秘诀在于做酒的方子。那方子无须写在纸上,而是烙在主人的头脑里,任谁也无法窃取。

酿酒的作坊,恐怕是最古老的民间作坊。《说文解字》上说,从禹那时开始就有了酒的酿造。这么说,中华文明从酒开始并不为过,至少与中华文明的发展同步。据《杜康造酒》所述,酒,特别是烧酒(蒸馏酒),最早起源于夏代,由夏代君王少康(又名杜康)所发明。而杜康造秫酒,开启了人类应用曲蘖的新纪元。杜康也就理直气壮地成了中华民族的酒祖、酒圣、酒仙。

关中人把白酒称烧酒。一个"烧"字,涵盖了做酒的主要流程。做曲、糊化、蒸馏都离不开温度。据考证,有文字记载的关中民间酿酒作坊兴盛于清朝。清代大儒王丰川在《丰川续集·荒政考》中记载,康熙时"户邑地境于西安为最小,而烧坊一百二十余座,大者岁烧谷七八百石,小亦不下四五百石,则是户邑之粟一岁为烧坊耗者将及六七万石",可见关中人对烧酒的偏爱。"户邑"即今天关中南部的户县,享誉关中的户县龙窝酒坊发端于清光绪年间,是关中地区传统酿造工艺的典型代表,至今不衰。

酿酒在民间作坊中有最为复杂的工艺过程。电影《红高粱》中的镜头只是它的微小部分,而且关中人的酿酒更为精细。这是因为,关中人往往喜欢把简单的事情弄得复杂,如同他们的性格。酿酒的主原料是苞谷、小麦、高粱、大米,也有以红苕、柿子、甘蔗、洋姜作为原料的。其操作流程依次是:制曲,筛选原料,浸泡,沥干,蒸熟,摊凉,拌曲,培菌,糖化,活化,入缸发酵,蒸馏,贮藏。

关中白酒,有"东龙西凤"之说。"龙"指龙窝,"凤"指西凤。108国道西(西安)宝(宝鸡)线以北三十公里处,便是龙窝酒作坊所在地。《龙窝酒志》

记载,昔日龙窝,东西临河,曲流九湾,积水成潭,常有低云起雾巨龙腾空之壮观。人云:龙卧福地,饮水还童,龙窝因此得名。此地临近渭河,烟波浩渺,水源丰富,有"龙眼""龙窝"之说。龙之气象在于水,这酒便有了十二分的甘甜醇厚,余韵悠长。作坊门开东方,古朴陈旧。门是黑漆,墙是青石,顶是青瓦,地是卵石,气是清香。置身其中,只觉仙气裹身,心里便有了十分醉意。酿酒的主作坊长十间,宽三丈,门前一棵倒垂柳,进门,叶子便拂过脸庞。数十个师傅在其间忙碌,不时有"踏曲"的号子声起,气势雄浑,古老沧桑。

酒如一个老人,越老越有味道。喝酒,便要喝储藏了十年八年的。酒的作坊无论大小,都会有一个储藏室,青瓷的陶缸、陶坛挺着个大肚子,口端被棉布密封,上面再加一层黄泥土,存放几十年也不会变质。储藏间的门总是上着锁,锁上落着灰尘,像是珍藏着古老的岁月。贮存的过程使之发生氧化还原反应,又使某些微量元素在酒中自然结合和摈弃,使酒中酸、酯、醇溶解混合,达到清亮纯正、淡香清雅、丰满醇厚、绵甜柔和、余味爽净的品质。

也有家庭小作坊深藏于村巷深处,檐头橙黄色的三角旗迎风摇摆。摇摆出来的,既有鸟雀的叫声,还有陈年的酒香。小酒坊,价格自然便宜。循着酒味,家里"过事"的乡下人拐过条条街巷买酒来了。

丝　　坊

一个褪色的画面,长久挥之不去,这便是丝坊。家院里,一架木制的丝机,一个盛着蚕茧的箩筐,一个白发女人,雪白的蚕茧在丝架上被拉成丝线。多么温馨的画面,可是我再也见不到了。依稀记得,那白发女人的手腕上戴着一副发黄的镯子,她坐在木制的长条凳上,弓起的背,牵长了我的目光。

这是童年里在秦渡镇西街看到的一幕情景,窄长的街上,我在不知缘由地奔跑,风掠起了我的头发,忽然我的脚步就停了下来,朝两扇开着的门里望去。先是看见了那个驼着的脊背,然后看见了她脑后挽起的白色发髻,我怯怯地跨过门槛进去。那年我七岁,这是一个对任何事情都产生好奇心的年龄。我不晓得那个我应当称作婆婆的老女人在做什么。绕到正面,隔着丝机,我看见了她的脸,瘦长,下巴上有颗黑痣,额头的皱纹如丝线般细长。至于其他的特征,我再也回忆不起来,唯留下这样的细节。忽然来了一阵风,丝线在微微摇晃。老女人张开嘴喘口气,这个间隙她抬起头看见了我,脸上露出微笑。她站起身,在箩筐里拿出一个白色的蚕茧朝我摆摆手,我过去站在她身边伸出手,那颗蚕茧就落在我的掌心了。

温馨的记忆就这样永恒于我的内心。七岁,是记忆的第一页。那个时代的孩子大脑迟钝,不像现在的孩子,三四岁怕是已经留下记忆的片段了。如果我们家不搬离这个镇子,我也许会和那个老女人产生更深的情感,也许我会十分自然地呼唤她一声:婆婆。

可是,在这之后的没几天,我家就搬离了秦渡镇,到了另外一个镇子——庞光镇。我想念着那个婆婆,想念着那架丝机。婆婆给我的那颗蚕茧,雪白,像圆鼓鼓的花生的一半,在手心握着,庄重,厚实,紧紧攥着的手心都冒出汗来。十年后,我学会了骑自行车,就重返秦渡镇,两扇木门依旧,只是里边不见了那个婆婆,以及那架丝机,唯留下空荡荡的风。我不死心,后来又几次骑车到镇子上那条街的那两扇木门前站立。我始终没有跨过那道门槛,只是想着婆婆是躺在炕上了呢,还是老死了呢?我很悲伤。悲伤在我的生活里是常有的事情,但是这个悲伤给我的影响太长久了。

后来,我就留心着乡下的丝坊。到了20世纪80年代中期,乡下的泥土里忽然长出了大片大片的桑树,一派蚕园茂盛的景象。在杨家堡的西头,我又看到了丝坊。一座很大的院子里,上空搭着石棉瓦,地上摆放着数十架丝机。大门一旁,挂着一个长条的木牌,上面写着:杨家堡蚕丝加工厂。年轻的女人坐在丝机前,将蚕茧挂成线。这是一派热闹的景象,让我想到一个老掉牙的词语:热火朝天。

加工厂,这是一个现代的词,在我的意识里,它仍属于丝坊的性质。丝坊,多么人性化,多么古旧温馨的称谓啊。翻开《户县志》阅读,知道了生产蚕桑是户县迄今仍保留着的传统的家庭副业。那时候,乡下人以种粮为主,桑树只能长在房前屋后、沟坎渠边，零零星星几棵。蚕，那些不停地蠕动着的小生灵，挨着挤着，形成一个幸福的大家园。桑叶铺盖了它们的身子，它们张开嘴巴，将桑叶撕开一个个小孔。于是，细微的"沙沙"声响起，连成一片，宛若细雨落在密集的树叶上。后来看到"雨打芭蕉"这个词语，想着用它来形容蚕吃桑叶再合适不过了。深夜，写作累了时，我伸伸懒腰走到院子，孤立于月夜里，我在渴盼着能够慰藉心灵的好听的声音，那一定可以诱发我的灵感，并缓解疲累的肢体。想了半天，蚕吃桑叶的幻觉就出现了。那样的声音，在我的生活里再也聆听不到了。这样的时刻，我非常落寞、孤独。现代的声音，尽管五花八门，新鲜感层出不穷，然而那种质朴的、古典的、可以感动心灵的声音却很少很少了。

蚕吃了桑叶便慢慢长大，成为一个个大青虫，接下来成为蛹。织丝要在成虫之前进行，否则就会变成扑棱蛾子，化为飞蝶。所谓的丝坊，就是加工蚕丝的作坊。

旧时，富人家身上穿的绫罗绸缎，就是由丝线织成，漂染上色后一针一针缝出来的。"临行密密缝，意恐迟迟归。谁言寸草心，报得三春晖。"孟郊的《游子吟》，曾经令我们深为感动。

糖　　坊

在我看来，糖坊是一个奢侈语。草民百姓，吃饱肚子足矣，何以吃糖？等到再深入了解，才发现自己的认识是一个误区。关中人极重视灶王爷，灶王爷能保黎民百姓吃饱肚子。腊月二十三、二十四是关中人隆重的祭灶日。如果遗忘，则可能第二年地里颗粒无收，肚子无食可进——这是神的惩罚。传说灶王爷在这两天要上天向玉帝禀报人间温饱。人们自然希望灶王爷"上天言好事，下界保平安"。再穷的人家，也不会忘了祭灶，而祭灶的祭品便是饴糖。如此，糖坊的存在首先保证了关中人的精神需求。

糖坊所制之糖，并非现今之蔗糖，而是用粮食做的饴糖。《诗经·大雅·绵》中就有这样的句子:"周原朊朊,堇荼如饴。"意思是说周地原野土地肥美,生长的堇、荼这些野菜如饴糖一样香甜。成语"甘之如饴"就是这么来的。东汉郑玄注释《诗经》和《周礼》,涉及"箫"字时道:"编小竹管,如今卖饧者所吹也。"郑玄所说的饧即饴糖,可见,至少在汉代,卖饴糖已成为一种民间行业,此后"吹箫卖饧"逐渐成了古代卖饴人的形象。

糖坊并不多见,一般在关中的古镇才有。距西安二十多公里以西有个大王镇,这是一个田园式的古镇,鸡犬桑麻,篱笆女人和狗。就在这样的环境里,我发现了一座糖坊。那还是 20 世纪末,我遵从县委的安排,在这个镇子进行农民教育活动。在镇子上走着,用官话说是体察民情,而我完全是在感受一座古镇的风土人情。忽然,"赵氏糖坊"几个魏体字就出现在一个低矮的门楣上。门大开着,无须敲门。进去,迎接我的是一棵黄杨树,它的叶子匍匐在窄小的老式木窗上,枝上挂着一个鸟笼,里边蹦跳着我一直叫不出名字的鸟,用一双圆眼盯着我看。屋子里有一老人正在低头忙活,对我的贸然举止置若罔闻。做糖这样的手艺,在若干年前绝对是秘密,不仅可以养家糊口,还可攒下相当的积蓄。可是现在,谁都可以对它视之不见。更美味的糖果拥挤着超市、副食店的柜台,且价格便宜,完全用不着依赖手工做糖度日。

老人的年龄起码在七十以上了,清瘦的骨架清晰可见。他正在用碾子把大麦芽碾成浆,好一会,他才用苍老的声音问我:"买糖啊?"我是个老实人,说不买不买,随便看看。他不吱声了,也没有赶我走的意思,依旧忙他手中的活。他把碾好的浆和泡软的小米混合在一起,搅拌均匀搭在甑箅上,放在滚水锅里蒸馏。这当儿,他歇了手抬头看我,问道:你是镇上的干部?我夹着一个公文包——乡镇干部大多是这样子。我回答说是县上来的,没见过糖坊,就想看看咋样做糖。他"哦"了一声,慢慢悠悠地说:先前镇上有数十家糖坊,现在祭灶都买现成的祭品,所以糖坊都关门了。我问一年有多少收入?他淡淡地说:收入?还不如摆个烟酒摊摊。我的两个娃儿嫌这不挣钱,都出去打工了。

我不再言语。我想,眼前的老人之所以依旧开着糖坊,想必是为了满足一些上了岁数的人的怀古情结吧。制糖的民间手艺,眼看就要绝迹了。这是不是应当列入"非遗"保护的范畴呢？我给县"非遗办"打了个电话，负责的人是我的学生。他爽快地答应了，说是过几天就来看看，他负责拍照、整理文档。

老人的脸上绽出笑容，说这糖并非只是祭灶才用。煎肉饼，调凉菜，做糖果，还用于药方，去火消痰，调中补虚。

环顾糖坊，一个大锅头、一个大瓢锅、一个大甑箅、一个大老瓮，还有风箱、筛子、水桶、笊篱，燃料是煤炭、木柴、毛柴。

步出糖坊，黄杨树枝上鸟笼里的鸟起了声，用鸟语向我再见。

中　药　坊

庞光镇，窄长的一条街，弥散着中药的气息。这里距秦岭的终南山很近，是关中南部重要的中药材市场。每逢市集，从终南山采来的药材铺满街道。镇中心路南的一个高台阶上，是百草堂药坊。台阶有五层，青石板，上面布满深浅不一的坑洼，面积不大，是人的脚掌、鞋跟留下的印迹。能给青石板留下明显的痕迹，足以证明其年代的久远。三间铺面，全是黑漆的木板，檐下吊着一排长圆形的灯笼，暗红色，光也不甚亮，萤火般的，仿佛一排星星。

之所以对它留有记忆，是因为我小时常常光顾它。在十岁前后的那些岁月里，我热衷于在树上摘取知了壳，在田间的沟坎上挖取一种俗名叫"羊奶奶"的草根，在大街上捡拾杏核。杏核砸了皮，就是杏仁。杏仁是一种药，苦温宣肺，润肠通便，适宜于驱散风邪、肠燥等症。有时，我也会到终南山里去，背一个布包，采集桔梗、黄芩、连翘、丹皮、葛根、杜仲、天麻、五味子、板蓝根。很多药我根本叫不出它的学名，只知道俗名，譬如"一枝蒿"，细长的茎干，线性有锯齿的叶子，花的形状很漂亮，像一把伞。我仅知道它能治蛇毒。还有一种祛风散寒、治疗腹泻的"过路黄"，茎干更细，暗红色的，匍匐于地面上，不仔细找很难发现。

采来药材,我便送进药坊,那个戴黑布圆帽的老头儿用杆秤称了重量,会给我一些钱币。那老头儿我后来叫他张爷,清瘦的脸,一把翘得老高的山羊胡子。他是掌柜,带着七八个徒弟,戴着跟他一样的帽子。称好的药材,就进了后院的药库。门面房里是加工好的药材,放进一排排的药柜里。那柜很好看,很整齐,一个个小橱的外面写着药的名字。有人来抓药,就用一个小秤按方配制。

药坊,真正的内容在后院。后院深长,药库正对着门面房,有三十多米远。两边的厢房里是碾压药材的扁圆形铁制槽子,人坐在木凳上,来回不停地用脚蹬一个铁滚子,药材就被碾成了碎末。也有立式圆形的药槽,一把捣药的细长锤,都是铁制的,用以捣碎那些草药根或者杏仁之类的药果。厢房之外,便是一大块空地,铺了碎石子,上面放着草席、毛毡或者油布,用以晾晒药材。

门面房里,平时是张爷和他两个年龄稍长的徒弟。大多时候是张爷掌秤收药,有时也会让两个徒弟收,他自己则背着手转到后院,看其他的徒弟碾药、晒药,有时会低声叮咛几句。他的嗓音不高,像是地下虫子的呻吟声,可徒弟们都能听得到。他叮咛着,徒弟们点着头,也不说话。整个药坊几乎没有人声,唯有檐头屋下的鸟啼。也许受着环境的感染,鸟的叫声虽脆,但音调不高。鸟儿有时会飞到院子的拐枣树上,先是扑棱几下翅膀,然后就一动不动地伏在树枝上,凝视着张爷和他的徒弟们。拐枣的树冠形似鸡的爪子,向天空伸去,聚揽着天上的紫气和阳光。再说了,它的果子也是一种中药,止渴除烦,去膈上热,润五脏,利大小便,功同蜂蜜。乡下人还知道,要是喝醉了酒,吃上几串拐枣果能醒酒。

百草堂药坊,这是我一生里唯一见到过的药坊。乡村里不会有,就是县城,也只是有药铺子,没有制药的作坊。他们进中药,也是赶去庞光镇的百草堂药坊。那里的药全,什么都不缺。秦岭,作为中国南北的分水岭,特异的气候适宜各种中药材的生长。

百草堂,这个名字真形象。其实,"百"只是个代称,百草堂里的中药品种,岂止百种?我很遗憾,在庞光镇的那七个年头,虽无数次跨进它的大门,可从来就没有动过心思数数它到底存有多少种中药。1969年我们全家做了下放居民,搬离了这个镇子,我就很少踏进那个药坊了。听说,1973年的冬天,张爷过世了。我这才知道,他不是本地人。有人说他是四川的,又有人说是安徽的,也没见过他的婆娘,他只身一人在镇子待了半辈子,死后被他的徒弟埋在了终南山的一面坡上。之后不久,药坊就消失了,换成了一家做黄酒的作坊。门面没变,只是屋檐下那排长圆形的灯笼,摇身一变成了大肚子灯笼,黑夜里发出灿亮的光。

弹 花 坊

　　喜欢听弹弓的响声,"嘣——嘣——嘣——嘣,嘣呀——"这有节奏的声响,宛若古筝激越的演奏。我的耳孔,终日里被汽车的噪音、现代科技所发出的声音充斥着,忽闻弹花声,仿佛聆听着大地的歌唱。　张弹弓,宛若生命的道具,演绎着弹花匠的一生。在旁观者眼里看似富有美感的细节,于弹花匠而言却是生命的摧残。试想想,我的聆听只是偶尔,故觉美妙。而他,日复一日被那单调的噪音折磨着,未及年老,便耳聋眼花。还有,一张大弓系于弹花匠腰背间的弧形"窝弓"上,他一手执弓,一手用两头粗中间细的棉花槌弹弦。弓随人意摆动,靠弦的颤动将皮棉徐徐叨出,如影随形,使棉絮纤维变得松软有序,摊于棉床之上。整天弓腰如此站着,中年的他怕是就要驼背了。常常,被我们视为美的东西,其背后却是隐藏着伤痛,只是我们无法感知。

　　弹花坊在南正村的村北,东边是一个一亩见方的涝池。大多时光里,涝池里没有水,只是一层淤泥。要是在雨季,水就积了半塘。涝池的中腰坎上有一棵古槐,围着它长着一圈芦苇,即使没水的季节,古槐仍在那儿挺着。村子有人特意在涝池里蓄水种上莲藕,夏日里水面上就伸出一片片好看的荷花。涝池的岸上,围着些柿子树。这是我所见过的乡村作坊最值得观赏的背景。

　　背景是美的,可我眼中的弹花坊实在是糟透了。两间低矮的土屋,铁丝围成的窗上缠绕着花絮,从窄小的门里走出弹花匠,头上、脸上、身上满是花絮,宛若一个白面人。他手里拿着一把笤帚,扫着浑身的花絮。这便是弹花人的形象。弹花的匠人,俗称"弹棉郎",传承方式也大多为祖传。我们全家是来这个村子下放落户的,渐渐地我就和他熟悉了,他让我用毛巾捂住嘴巴和鼻子,进去看他弹花,而他自己却裸露着嘴鼻,他说捂着憋气,难受。霜降之后,柿子就红了,他弓着腰上树摘下红软的柿果和我分享。这个人,我后来就叫他全永伯。弹花坊里还有他的老婆,我叫大妈。

弹花坊,一弯弹弓、一张弹窗、一个弹花槌、一条牵纱篾。弹弓是木制的,以牛筋为弦。弹弓的构造很简单,弹花时全仗人手用弹花槌击打弓弦,将棉纤维弹松。元代王桢《农书·农器·纩絮门》里有记载,当时弹棉用木棉弹弓,用竹制成,四尺左右长,两头拿绳弦绷紧,用悬弓来弹皮棉。

弹棉,实际上指的是弹棉胎,也有弹棉褥(垫被的)。农家从棉秆上摘回的带籽棉花称为籽棉,用手摇拧花机挤出花籽后称为皮棉或生棉花。棉花去籽以后,弹花匠的任务就是用弓弦把皮棉弹成云团状虚绒,轻盈柔软,称为熟棉花。

关中人家嫁女,被子是必不可少的嫁妆,而且必须是新棉絮。做不起新被子的穷人家,也要拆了旧棉被,将棉絮送到弹花坊去重新加工。旧棉重弹,须先除掉表面的旧纱,然后卷成捆,用双手捧住,在布满钉头的铲头上撕松,再用弓弹。

弹花坊,也许因为根深蒂固的民风民俗,依然遗存在关中的村镇。我的女儿出嫁,妻子为她准备嫁妆,我便帮着她把新棉花送到小城北郊的弹花坊去弹,也就温故了它的一些细节。弹花匠用木槌频频击弦,随着一声声弦响,一片片花飞,把一堆棉花压成一条整整齐齐的被褥。观其过程,仿佛就是一种魔术般的享受。

"檀木榔头,杉木梢;金鸡叫,雪花飘。"这样的童谣便是对弹花坊的描述,颇有诗情画意的感觉。我所看见的只是短暂的过程,回家一想,弹花人弹弹嘣嘣,夜以继日,从弹、拼到拉线、磨平,看着简单,做起来却是双手不闲。弹棉花不仅是个精细活,更是力气活,敲弓时要使尽气力。关中有这样的歇后语:"弹棉花的娶了个婆娘——不是一弓来的。"这,说的便是弹花匠的辛苦。

全永伯五十岁那年死于肺结核,这是我能料想到的结局。

染　　坊

吃饭穿衣,人之根本。旧时,吃的作坊居多,与穿有关的稀少,而染坊是其中之一。乡下人纺了线,织成布,就要送到染坊来染色。

染坊,是给布、帛、衣、物染色的作坊,是一种十分古老的行业,起源很早,唐已盛行,且成立了执掌染事的官署。旧时称为"查青邱",江湖上谓之"悲丝朝阳"或"浸润朝阳"。

我所见到的染坊在秦渡镇。这是关中南部一个非常重要的集镇,沣水从镇旁绕过,称丰京圣地,隔天逢集,集上有土产山货、粮食布匹、铁铝制品,形成了非常专业的市场。据说,历史上秦渡镇曾先后有过五六家染坊,起先是外地人开的,雇当地人当学徒,学徒出师了就自己干。染坊在沣河岸摆开,一个"摆"字,显露出染坊所要占用的空间。

秦渡镇最后一家染坊绝迹于20世纪70年代初,名"高记染行",为前店后坊,宽大纵深,门口刻写着对联:"人进来我知道你的长短,拿出去你知道我的深浅",横额曰"公平买卖"。染坊的用具有大缸、大锅、清洗池、木搅棒、晾晒架等,还有使布平整的碾子。它的后院一直延伸到沣河,有陡峭的石阶引路。在作坊里染好布后,斜着身子走下石阶,用竹筐挑至河滩上搭架晾晒。河滩空旷风野,染布在风中摇摇摆摆,似一面面彩色的幕帐。

那时我还小,高记染行就在父亲上班的照相馆南隔壁,我常常进去玩。一进染坊,就钻进院子里银杏树的树洞里。树洞略高于地面,大人不告诉我这棵树有多久,但我想总比爷爷的年龄长。作坊里有铁制的平锅、陶缸、木椹,青石砌成的水池,里边漂洗着白布。染坊里有浓厚的气味,那是蓝靛飘香。染好晒干的布,挂在店前晾架上待取,有的叠好放在多层的大木橱内。

染坊柜台以硬木制成,为长形全封闭式,非常坚实。铺内有掌柜和小工支应,开具"飞子"和记账均写笔画短缺的"半拉子字",布条签扣上也有店内暗记,外行人很难看懂,这就避免了冒领、骗取等现象的发生。

秦岭山大,资源丰富,染色的植物就源于它的深处,有蓝靛、茜草等。蓝靛俗称大叶青,学名马蓝。蓝,草本植物,其叶如蓼,也称蓼蓝。我国古已有之,《诗经·小雅》中说"终朝采蓝,不盈一襜",即此蓝也。靛,一名靛蓝,又叫靛青,俗称土靛。荀子《劝学篇》说:"青,取之于蓝,而青于蓝。"以蓝叶之汁加石灰,经沉淀而成靛。

茜草,又名红根草或入骨丹,关中人用它来染"红蛋",故又称"染蛋藤"。孩子满月了,鸡蛋染红是报喜的标志。关中民谣曰:"红鸡蛋,满脸串,今年吃你的喜馍馍,明年吃你的红鸡蛋。"

蓝靛、茜草两种染草,山姑似的质朴纯净,丛生于山野里。蓝草有五种,即茶蓝、蓼蓝、马蓝、吴蓝、苋蓝。染出的色,分蓝坊(专染天青、淡青、月白等色)、红坊(专染大红、露桃红等色)、漂坊(专漂黄糙为白)、染色坊(专染黄、绿、黑、紫、古铜、水墨、血牙、驼绒、虾青、佛面金等色)等。染坊的这些知识,我并不上心。父亲十岁时随祖父从河南逃荒到西安,曾在一家染坊做过几年相公(学徒),现在老了,没事时就会对我叨叨这些。

父亲还说,20世纪20年代后,洋靛进入市场,土靛滞销,种蓝者渐少。抗日战争开始,洋靛不来,种植者便多了起来。1949年是种植的最后一年,此后大蓝小蓝都绝迹了,染坊开始使用硫化青、硫化蓝,弥漫一股刺鼻的化学气味。

到了20世纪70年代末,关中的染坊就不见了踪影。

砖 瓦 坊

关中的民间作坊中,砖瓦坊是最具规模的。如果说其他作坊是一曲秦腔折子戏,那砖瓦坊就是一出完整的本戏。

我们这儿的人，把砖瓦坊称砖瓦窑或窑厂。过去，砖瓦的整个制作过程，没有一台运转的机器，全是手工操作，正儿八经属于作坊性质。现代科技已经消弭了或者正在消弭着民间的手工作坊，然而，在我的视野里，砖瓦坊仍以其顽强、旺盛的生命力，在八百里秦川生存并不断繁衍着。而且它的兴盛，正是其他民间作坊的衰败之时。关中的乡下人把住宅从土墙老屋换成一砖到顶的砖瓦房时，正是20世纪八九十年代。关中人注重盖房，看谁家富不富，就只看住宅，至于是否吃糠咽菜，那倒不管。房子是可见之物，饮食是墙内之事。土墙老屋用的是土坯，砖瓦房的建筑材料自然主要是砖，于是砖瓦坊遍地开花。

我高中毕业回生产队劳动时，我们村在村西沿公路处也建了一个砖瓦坊，不过只制砖，不做瓦，叫窑厂，光秃秃的，没有一棵树遮阴。我被村上安排做了几年窑厂的会计，实际干着数砖坯、发砖的轻省活，也就目睹了制砖的全过程。

制作砖瓦的主要原料为黏土和燃料，以山草和柴枝为主，辅料是稻谷壳烧的灰，俗叫"白须火灰"。其制作过程是：挖取黄色或黑色黏土堆放于空地上，辟一个三米见方一米多深的"瓦涂堀"，将黏土倒进堀里加上适量的水，用人工（脚）或牛力（蹄）在上面反复踩踏，至黏土混成一体，柔软且干湿适中备用。踩踏，这不是太苦太累的活，我有时也会脱掉长裤，体验一番清凉，还有扑哧扑哧的水融于黏土的喜悦之声。

制坯的模具有砖、瓦、楞、瓦口、砖条等，用木板制成，按不同型号取适量黏土置于模具里，砖坯工用脚、手将土由里往外压实，多余的黏土用铁线做的"兜弓"割去，将砖坯从模具中猛地倒出，排列于砖瓦埕上让其风吹日晒至干，按品种叠成桩状备烧。最后是入窑，把砖坯背进窑里，密封顶口，加入燃料，用泥封底口，留一火口与观察口，即可点火添煤燃烧。

烧窑，是砖坯获得新生的历练过程。在西方教会的传统中，炼狱是指人死后的精炼过程，是人经过死亡而达到圆满的境界，是抵达天堂过程中被净炼的体验。但丁《神曲》中描述的炼狱有九层，我数了数，窑里待烧的砖坯恰好也是九层，这也许是个巧合。索性，以后我便把烧窑的土堆称作炼狱。窑厂干活的人不知道我在说什么,用怪异的目光看着我。

砖坯在"炼狱"里需连续烧三天以上,有时候更长,成色到了,才能封口灭火。灭火数天后注水渗窑,使砖色变蓝。颜色不正,俗称"生坯子"。渗窑七天后,即可启封出砖。

新砖出窑,是整个制砖过程中最苦最累的活。窑里的温度高,搬运又费力气,进入窑里往外背砖,全是下苦人的活。看着汗流浃背的汉子往外背砖,我的心头火烧火燎一般的焦灼。

逐渐,砖瓦窑新添了机器。费力气的活用机器替代了,我才有了宽慰的感觉。

关中是埋皇上的厚土,十三个王朝曾在这里建都。手挡不住风,这说的是关中辽阔的旷野。它丰厚的黏土资源取之不尽用之不竭,是砖瓦坊的理想之地。

乡村匠人

铁　匠

我庆幸在庞光镇的西头,在一棵洋槐树的身后,看见过铁匠铺。主人是父亲的河南老乡,姓甚名谁已经忘了,只记得父亲让我把他叫伯。寒冷的冬天,我会走进铺子取暖。铺子的中央是一个大火炉,所产生的热量比现在的空调、暖气还管用。

铁匠分两种:一种在铺子坐地生产,打造农用的镢、镰、锄、锨、铡刀和犁具、笼头的配件以及石匠所用的刀、斧、锤;一种是流动于乡村自找活干,打造修建所用的钉子、泡钉、门闩以及生活所用的锥、剪、铲。也有木匠请铁匠进门,打造他们所用的锯条、刨刃、斧子、凿子、钻头、刻刀。种粮食,过日子,都离不开铁匠。铁锤砸在铁板上,叮叮当当的响声,穿越过岁月,为人的生命伴唱。

黎明,铁匠即要起床支炉生火,拉响"扑通、扑通"的风箱。火焰起来了,铁锤便抡起来,熊熊炉火,铁花飞溅。饿了渴了,就在炉子上烧水煮饭。一日三餐,总是在忙碌的空隙里进行。

铁器家具,没有严格的长短尺码,全在人操纵,往往短了尺寸,就利用铁的延展性再砸一锤。日头从东头走到西头,铁匠们顾不上出来瞧一眼。铺屋里终日烟熏火燎,铁匠伯总是"满面灰尘烟火色"。庞光镇的人说谁长得黑,便会这样说:"你呀,黑得和铁匠一样。"

据称,铁匠的祖师是太上老君李耳,应当是太上老君首开建炉冶炼之故吧。还听说扬州的铁匠于每年的农历二月十五,就到道教宫观中聚会,祭祀祖师。不过,我在庞光镇生活了那么多年,从没有见过铁匠伯有过祭祀的举动。也许,这个日子我在渴盼着吃包子、穿新衣,筹划着除夕的晚上到谁家门前捡拾地上散落的爆竹。

石　匠

人类最初的生存手段是石器。打制石器的出现,改变了人类的生存质量和品质。自第一把手斧诞生之日起,就在人类与动物之间划了一道分界线。制作石器解放了人的上肢,将爬行的功能永远甩给了动物们,最终导致直立行走的出现。打制石器的过程,大脑在阳光和风的催动下展开思索与琢磨,这是孕育思想的震荡。渐渐地,人脑由简单走向丰富。

后来,开山劈石、制造石器、利用石料提升人类生活质量的人便被称为石匠。当我们跨过平坦的石桥,当我们走在大理石铺就的地面上,当我们享用着石器做成的生活用具乃至工艺品,当我们不再因洪水的泛滥而无家可归(是的,是石坝固定住了洪水),谁能否定石匠的汗水和智慧?石匠,以一种倔强与决裂的信念和勇气改变着人类的生活,而留给自己的却是伤痕累累的手掌和在岁月里日渐弯曲的肢体。

最初,石匠的工具仅是斧和刀,后来有了锤和錾,再后来有了钢钎和楔子。开山劈石,取用石料,寻找石缝开挖楔槽,用大锤夯砸,使石料按所需尺寸断裂取用。可想而知,石匠恐怕是所有乡村匠人中最苦最累的。风吹日晒,攀爬走壁,这就是他们全部的人生背景。你不可能把石匠关在温暖舒适的斗室里,他们生命的意义在室外,在高山上,在河流旁。当他们的喘息声融入石头的内心,当他们的汗水洒落在一件件石器上,他们便创造了风景,他们便缔造了人类的幸福。

石匠由最初的打磨石器到后来的建造住宅屋宇、桥梁涵洞、石佛庙宇、刻字刊碑以及广场雕塑，一座座大山，一块块石头，在风中发出幸福的呻吟，奏出快乐的音符，为石匠歌唱。

皮　匠

最初听到皮匠这个词，源于一句俗语："三个臭皮匠顶个诸葛亮"，那时以为"臭皮匠"是一个贬义词，便对皮匠印象不佳。后来知道了这是出自《三国演义》的故事，诸葛亮答应周瑜造十万支箭用于破曹，出了"草船借箭"之计，令三个副将在二十艘小船两边插上草靶子，以布幔掩盖。三人遵令完成后，又心生一计，在船头立起稻草人，套上皮衣皮帽，形若真人，曹军果然中计。真可谓，智者千虑必有一失，一人难敌三人之智。如此看来，"皮匠"实际是"裨将"（古代为"副将"）的谐音。

在原始社会的狩猎时期，先民用兽皮做衣，这是皮匠的萌芽期。我们今天所认识的皮匠，就是做皮毛生意的那类人，做皮衣、皮棉、皮货、皮革。皮匠使用的工具有：裁刀、剪刀、刮刀、锥子、缝针、大缸。第一道工艺是熟皮。杀了羊，剥了皮，经风吹日晒，成为硬邦邦、干透了的白皮饼，一敲当当响，这是生皮子。生皮子硬脆，要加工成柔软的熟皮子。从凉房拎出羊皮，当当当地敲，皮板朝上，用刷子蘸了硝水刷在上面。刷了硝水的羊皮，像被敲了七寸的蛇，没脾气了，软软地瘫在地上。一张一张毛朝外包好后，像一只只羊羔卧在火炕脚下，一排排乖乖儿地在风吼雪飞的冬月天，做着热乎乎的梦——羊皮梦见了水绿草青的夏天。再过几个小时，再刷一次硝水，便妥了，生皮子的性子就被拿下了，像打掉了人的凶气。臭羊皮经过皮匠的巧手，才能完成华丽的转身变成香衣。这个过程，叫"熟（在这儿用作动词）皮子"。

庞光镇就有一个皮匠，姓宁，人称宁皮匠，其心思和手艺全在马的身上，马鞭子、马拥子、夹板子、马鞍子、马肚带……他最拿手的是做马拥子。先用麻木卷上麦草，缝制成马拥子形状，再用剪裁好的皮子包起来。做马拥子要选上好的皮子，内侧要选膪皮——膪皮软柔，不伤牲口。

按照我的解读，皮匠之所以赛过诸葛亮，是指他们富有智慧。那个"臭"字在我看来，是说皮匠终日与牲畜和动物的皮打交道，那些皮总是携带着一种臭烘烘的味。这样解释，"臭皮匠"也就行得通了。

席　　匠

小时候的夏天，睡在院子里铺的草席上，数着天上的星星，听着祖母讲故事。有时也铺张草席躺在沣河岸上，看着河滩的草丛里萤火虫的光，这是非常惬意的情景。那时的夏天，河滩里的草疯长，有的几乎高过了我的头顶。那会儿，我家租住着秦爷的房子。天刚麻麻亮，随着门吱呀一声响，秦爷拉着架子车、拿把镰刀去河里割草，不多久就拉一车草回来，堆在院子编席。草像小学生列队般排成一排，他用细麻绳串着草，工具很简单，一疙瘩麻绳，一把剪子，一把穿线的绺锥。到晚饭时，一张草席就编成了。之后，挂在墙上晾晒。

秦爷后来不编草席了，改编芦席。草席不经用，一个夏天还没过去，就会散架。芦苇的茎秆相对结实，编成的席子耐用。芦席编起来就麻烦多了，使用的工具也多，压苇秆的碌碡、破料刀、刮穰刀、拔刀、勾锤、尺子。先将芦苇秆的外皮剥掉，破成两半，铺在场院用石碌碡压成片状，经过破篾、揆篾、碾篾三道工序才能制成原材料，然后进入编织过程。先做"席底"，以纵横各五纹，向四角编织，再按预定的形制、长宽尺寸收边。收边也作"裁边"，将四周剩下的边篾裁掉，按划好的线用手嵌入，以绺锥挡起篾缝，最后将茬压好，即为成品。芦席光滑，光着身子贴在上面冰凉舒坦。逝去的时光里，秦爷编席的情景就像过电影一般在脑海里闪现。

秦爷手巧，不但会编席，还编装存粮食的席囤，编装东西的席桶。一般的席匠都会修席，阳光很好的日子，秦爷有时会挑一束席篾，携一把绺锥走村串户，为乡下人补席。

再后来，就用竹篾编席了。它的好处更多，乘凉、铺炕、晒粮食、晒棉花、盖顶棚……不过，秦爷没有经历过。我们家离开秦渡镇那个夏日的清晨，他在河里割芦苇，不小心让一条眼镜蛇咬了。他马虎大意，只是用酒精抹了抹，没有及时去医院，结果，他竟没有熬过那个深夜。

木　匠

木匠分大小，大木匠盖房，小木匠做家具。乡下人盖房，先要"立木"，大木匠制作好梁、檩、柱、椽以及门窗等构件，然后套卯安装。给儿子娶媳妇要做家具，小木匠来了，割制箱箱柜柜、桌子板凳。

大木匠耍的是墨斗曲尺凿子，还有刨子，支撑房子的木料要直，树皮要刨光，卯眼要能对得上，这全是技术活。费力气的是小木匠，小木匠耍的是锯子斧子木锉，还有手摇钻。做家具先要把木料锯成木板。我见过锯木的情景，两个汉子面对面站在高凳子上来回拉一把大锯，哼哧哼哧，一身的臭汗和锯末。踞好了板，再分割成不同的形状组合。民谚如此描绘小木匠："长了截，短了接，松了加个破头楔。"一套家具做下来，小木匠就像蛇蜕了一层皮。

对了，旧时还有车木匠，专门打制铁轮大车，庞光镇的顺德爷便是。我依稀记得他向我描述过的情景：车头、辐条、辋子、车辕、将军柱等都得用铁箍打，不但要"卯硬三分"，而且非榆木槐木为原材料不可。"家有榆、槐，不可烧柴。"大车、土车、鸭娃车、地轱轮车顺德爷都做过，他自己就开着一个木匠铺。"老了，木匠铺被风吹走了。"他叹息着。

还有一种旋木匠，做出的器物有棒槌、擀杖、鼓槌、木碗、桌椅腿、响梆锤、钢鞭、锅盖把、甩子把——其手艺更精细，其功夫全在于左手持刀的力度与技巧。所旋之小活，皆系具有圆柱而对称之图案。对于旋木匠，我只是听顺德爷提起过。在描述的过程中，之前还阴暗着的窗户闪进一缕阳光，他来回屈伸着左手的指头，脸上浮出几分敬仰的神情。

鞋　匠

人一生要穿多少双鞋子，大概谁也不会认真计算。一双好鞋全凭它的底子，经得起坎坷之途的鞋底才是好鞋底。鞋匠的功夫，其实全在鞋底上。至于鞋面，那是给旁人看的。

起初见到的鞋匠是担一担子，挑着工具箱走街串巷。他们从不吆喝，拿一个拨浪鼓，"蹦蹬蹦蹬"一摇，人们就知道补鞋的来了。过去穿的是布鞋，补鞋面时把一块棉布或皮渣剪成椭圆或圆形，缝制在破损处。若是靠鞋底部位的鞋帮破损了，把补鞋的皮子一半儿绱在鞋底上，一半儿缝在鞋帮上。若鞋底破损了，就需要钉鞋，用废旧自行车外胎（架子车外胎需要从中间双层启开），剪成鞋底状（鞋底尖或者跟），用专用的鞋钉钉好。

后来，城里人穿上了皮鞋，鞋匠就再也不用挑担串巷了，而是在街头马路边或者哪个不起眼的角落摆一个摊位，腿上搭一块粗毛布。我常常看见鞋匠做活，低着头，目光从来不会注意街上路人的脸蛋和腰肢。他一边做活，一边用眼睛的余光扫着落在地面的鞋——这是他的职业习惯。早些年，我的鞋跟破了，会坐到鞋匠脚前的小凳上，脱下一只鞋平放在修鞋的鞋楦子（俗称鸭子嘴）上，那只光着的脚踩在另一只鞋面上。这时我的身子不能旁移，只能将目光搁在鞋匠的手上，或者看着他的那些修鞋工具和材料。有剪子、钳子、起子、锥子、揎刀、榔头、麻绳、皮绳、丝线、弯针、石蜡、皮跟、皮掌、胶水，以及大大小小的皮子块、旧轮胎，最重要的一把修鞋必备工具叫铁拐子，形状像鸭子嘴，用的时候夹在腿间，将鞋底儿朝天套在上边。有时，鞋匠也兼做一些换拉链、补皮带、缝布包皮包的活儿。

鞋匠大多是外地人，南方的居多，我也从不打听到底是哪儿人。他们说着生硬的普通话，回答着我的问价，偶尔也和我聊聊天气之类的话题，更多的是一语不发，只是安静地低头做活。天一落雨，他们便慌忙地收拾摊子。他们就在近处租着房，男人修鞋，女人捡破烂或在哪条窄巷摆个小摊，卖水果,卖烟酒。这几年,我发现街头的鞋匠很少了。现在日子好了,鞋烂了,顺手就扔进了垃圾箱。鞋匠这个称谓,怕是要消失了。

炉　匠

庞光镇的主街极窄,按照我那时的脚步,也就十步的样子。街上开着店铺,檐头挂着黄色的幡旗做招牌,沿屋檐斜坡搭起廊棚,站在街上看天,天就成了一条缝。主街的房门是板式的,晚上担负着门的职能,白天被主人卸下来作为台面摆商品。门板的颜色一律黑色,唯有炉匠铺子的门是红色的。是那种暗红,好多年没有刷过漆了。

炉匠是以其作业的坩埚炉命名的,炉具比起铁匠铺要小得多,但可以熔化铜、铝、锡等金属,铸制生活用品,修理日用小器物,如修补漏锅、换锅底盆底、焊铜壶、修锁子、配钥匙、钉眼镜、钉碟子碗,焊接断裂或有漏孔的金属器皿。这家铺子匠工的手艺好,可以锻铸婴儿系戴的长命锁、麒麟锁、项圈牌铃和妇女的手镯、戒指、耳环、耳坠,敢在眼镜上打孔,然后钉上用铜丝制的"扒子"。老年人也喜欢这儿,这儿能为他们焊出闪光发亮的铜烟锅。

"没有金刚钻,就不敢揽瓷器活。"这样的谚语是说给炉匠听的。铺子里的工具多,小火炉、风箱、砧子、锤子、钳子、镊子、冲子、焊枪、坩埚,还有各种模具,但唯有钻子能成为这个行业的形象。庞光镇这家铺子的门面上,就画着一个钻子,一根木棍和两条皮筋组成一个三角,炉匠戴着黑框眼镜,抿紧嘴唇,双手在那儿操作。钻子的上部,是圆形、黄色、薄薄的木头顶子,下部是钻头。这样的钻子,现在恐怕只有在博物馆里才能见到。

我常常看见铺子里的匠人外出找活。他挑着担子,一头是炉子和风箱,一头是工具。这家要修锁子,那家要换锅底盆底,还有的要焊烧酒壶。这焊壶就麻烦多了,先把锡加热熔化,倒在特制的"锡范"上,冷却后便成锡片,再预制成件,然后对接,加焊而成。这一工艺与现在的用铝做原料铸制饭勺、饭锅类似。过去,乡下人把锡称作白铁,把制作锡器皿的人称为"白铁匠"。

炉匠进了村子,吆喝一声"打锡壶!"或者"焊洋铁壶咧——"人们就知道白铁匠来了,便三三两两围拢上来,形成乡村独特的风景。

竹　匠

户县城西有涝河,有渼陂湖,丰富的水源孕育了片片竹园,青碧翠绿,幽静无染,媲美桃源仙境,连诗圣杜甫都赶来赏竹泛舟。赏竹,这是诗人的雅兴,当地人用竹做器具:竹床、竹篮、竹凳、筛子、担笼、凉席、背篓……竹子承载着乡下人的生活,融入了竹匠的汗水和智慧。

竹匠大致分两类:一是窝匠,"窝"在这儿是动词,弄弯、使曲折的意思,将浑竹(整个竹子)经过泡、熏、窝、钉等工序,做成竹床、书架、架阁等;二是篾匠,工具是一把竹刀和小锯,工艺重在划篾,功夫全在刀上。篾可以划得细如丝,起得薄如纸,编成的物件,席可以折叠,篮可以盛物,筛可以过滤。竹制的器具,不必如木制的器具非得上油漆,原质原味,摸着柔滑,用着舒适,还可以养眼养心。

户县的老西街延伸到西桥,是旧时的竹制品市场。20世纪80年代末,扩建了西街,市场迁至西桥外。那时我刚参加工作,在县一中教语文。走过东关十字,过中楼,走完西街,就到了西桥。常来这儿,是因为喜欢竹制品。其商品有沿街摆放的,也有开店经营的,还有几家既生产又销售的,现在叫厂商一体。进去,在后院看见了竹匠的身影。没有人说话,都在低头干活。泡竹、划篾、锯条、上钉、编织……意外的是其中竟有一位我初中的同学。他叫着我的名字,我才认出了他。他把我拉到他的宿舍,给我泡茶。我说不耽误你做活?他说这是计件活,不碍事。我们聊了聊各自这些年的情况,我才知道他做竹匠已经十多年了,开始是箍盆箍瓮,后来做凉席编竹笼,一个人四处寻活,常常几天两手空空,自从四年前进了这个竹器厂,天天有活干。我问一月能收入多少,他嘿嘿一笑说,哪里比得上你们公务员,干满一月也就四五千吧。续茶水时,我忽然发现了他手上的几处旧伤痕,问是怎么回事。他说是不小心让篾刀划的,没事,做竹活哪能不带点伤。他轻描淡写地说着,外面有人呼喊他的名字,我觉得自己也该走了,遂向他告别。他说,需要啥东西尽管来,我让老板给你打折。我看中了一套散发着竹香的书架,可那时自己没房子,过了四年才买了回去,尽管打了折,价格还是翻了一番。

罗　匠

二姑住的村子成了开发区,开发商为他们另外择地盖了小别墅。前些日子,我帮二姑搬家,看到了一只筛面罗子,二姑舍不得扔,坚持要搬到新屋去。表弟拗不过她,就嘟囔着说:一分钱都不值的东西,要那干啥?我看见二姑的脸色阴沉下去,像是雷阵雨前的预兆。我忙劝住了表弟,把罗放在了车上。

表弟小我十岁,当然不理解二姑对于筛面罗子的情感。它眼孔细密,用它过滤碾磨出的面粉,有虫子也能筛得出来。还有大点的筛子,没有它,刚从麦场上碾出来的麦子就无法去掉杂质。不但罗筛,连大大小小的筐,二姑也要搬上车,都是些老旧的物件,还有夏天不用的被褥、冬天不用的躺椅。乡下人的东西虽不值钱,但生活离不了它们,它们就是农家生活的储藏室,把这些东西扔了,就等于把二姑生命的记忆抛弃了。这样的情感,我懂。

阴沉沉的时光里,我看见过罗匠。冬天,万物都萎缩着面孔,罗匠来到了庞光镇,在镇东头的高山庙门前扎下了营。他坐在小凳上,摆出一大堆做罗子的工具:圈板、竹匹子、尼龙纱、锯子、刨子、钻子、缯刀、钳子、剪子、锥子、线绳圈……他的年龄五十开外,布衣布鞋,戴着一副石头镜。那时,乡下戴这种镜子的人很少见,我就细细观察了他。脑后,帽子遮不住的地方显露出白发;前面,眉毛也是白的,脸色铁青,这是风霜刻下的印记。

他在阳光下专心做罗,没有注意到我。他把圆木锯成长板条,刨光板面,圈压定形,然后给圈板上做孔,给罗底上网……一切都在有条不紊中进行,仿佛他就是整个世界。不一会,他的身旁就围了一圈人,看他做成一个,争相掏钱来买。价格很便宜,记得一个好像是一元五角。

罗匠的整个工序是缯,所以也叫缯罗匠。我喜欢缯这个词,带着古典的气息,就好像藏在哪本线装书里。那个冬天的上午,我看了一会就离开了,那时我的心思在玩上,根本不会深入地了解他。傍晚,我再路过高山庙时,那个罗匠已经离开了,唯留下空荡荡的风,卷起地上的残叶。

骟　匠

骟匠,关中人也称"劁猪匠"。他的工作就是按家畜的生理解剖原理,把雄性的睾丸阉割掉,把雌性的输卵管劁割绕扎,使其不能发情交配与生殖。

猪长着一副丑相。乡下人称谁丑,就说瞧你那猪八戒的样子。它身体肥壮,四肢短小,长着两个大鼻孔,一对眯缝的眼睛,大嘴阔耳,卧在脏兮兮的地上哼哼。但乡下没有人嫌它丑,家家后院用泥土为它做圈。一头猪,甚至就是一家的生活指望。养肥了,拉去屠宰场,能换回一沓钞票。

乡下人养猪,自然不是为了繁殖(专门的养猪场除外),如此,骟匠就走红了。这门手艺不雅,就少有人学,十里八里的有一个就不错了。我家在南正村的时候,也养过几年猪,因此就认识了那个叫江青海的骟匠。隔段日子,他就骑着擦得锃亮的自行车来到我们村里,自行车的铃声丁零零地响,伴之而起的是"劁猪咧——"的吆喝声。他的自行车头上绑着一条红布,这叫"望子",是这个行业的标志。车头上挂着一个帆布包,里边装着手术刀、缝合针线和咧嘴弯棒等工具。猪娃几个月的时候,就要做绝育手术,他拿出手术刀,拉起猪的后腿,不知怎么一下,反正是我还没有看清,一个动作就完成了。猪娃拼命吼叫几声,表示了疼痛之后就跑回猪圈了。

江青海后来成了父亲的朋友,我叫他江叔。每到南正村来,他都要来我家喝喝水,歇歇脚。父亲要是在家,两人就海阔天空地瞎扯。父亲问他你这手艺是不是祖传?他咧嘴一笑,说哪个做父亲的希望儿子干这绝后的事情。脏不说,名声难听,尿泡打脸呢。有次父亲不在家,他就和我说话,问我的学习成绩,问我将来想要个什么样儿的媳妇。问的没话了,他就喝水抽烟,露出一嘴的大黑牙。忽然,他压低嗓子问我:"你想不想学劁猪?"见我红着脸摇头,他的脸上便闪过一丝忧郁。

门外是白花花的一大片阳光,正对着我的目光。江叔对我诡秘地一笑,一个箭步跨上自行车走了。我没有出门送他,幼稚的心灵里溢满一种受辱的感觉。

多少年过去,那种感觉消逝了,代之的是一种深深的怀念。听说,江叔二十多年前死于心脏病。

泥 瓦 匠

一把瓦刀,一张泥壁,就是泥瓦匠人生的道具。瓦刀可以想象出它的样了,和切面的刀差不多,只是把儿是铁的,刀片更厚实。泥壁这个词词典里没有,薄薄的一块长方形铁板,背面安着圆长的木把儿。关中人盖房子,先要用黄土打"胡基",用胡基做墙的主体。垒墙的胡基大多是完整的一块,也需要半截的,这时瓦刀就派上了用场。一刀下去,划过一道美丽的弧线,就是齐茬茬半截。现在,胡基换成了砖,劈砖照样用的是瓦刀。墙的主体起来了,就要用小工和好的黄泥把胡基遮住,这就需要泥壁把墙面抹平,把黄泥抹光。该收工了,在沙土里把泥壁上的黄泥蹭干净,它的平面一片光亮,连阳光都赖在了上面。前些年,乡村盖房子,胡基换成了砖,黄泥变成了水泥。内容变了,性质依旧,抹水泥用的还是泥壁。如此,泥瓦匠照旧凭手艺吃饭。

泥瓦匠靠的不仅是力气,也有技术,还要有好眼力。我在乡下的时候经常看泥瓦匠盖房,他们垒墙根本不用放线,照样把墙垒得齐整。过去,泥瓦匠挣的是大工分,现在拿的是高工资。泥瓦匠家里的生活,就比别人的强。没人眼红,没人攀比,有本事你也拿把瓦刀试试。

土屋也罢,楼房也好,都是泥瓦匠人的杰作。阳光和风,在瓦刀的切割下变成了一缕缕流线,穿越着漫长的岁月。胡基或者砖块,在泥壁的滑抹中被渐渐覆盖,成为黑暗里的幽灵。不过,油灯的光影,灯盏的亮光,驱散了漆黑,照亮了主人,也照亮了生活。只是,再也不见了泥瓦匠的身影。他们不会闲着,乡下人不在乎吃穿,就喜欢折腾宅子,泥瓦匠的一双手怎么可能消停下来。

剃 头 匠

要过年了,乡下的男人想到的第一件事就是剃头,平时头发长了才剃,可是年跟前,无论长短都要找剃头匠,打扮得精精神神地过年。按乡下人的想法,头发在春天里长出来,就像树出芽,草长叶,这不光是新生,还是吉利。大大小小的村子里,都会有剃头匠。平时也下地干活,午饭或晚饭后,才有人找上门来,院子里摆上高脚凳,剃头匠给你胸前围上布,打来一盆热水浸湿头发,他就站在你身后,一刀一刀地剃起来。

还有一种比较职业的,挑着担子走街吆喝。担子一头是洗头的铜盆,下面有个圆桶,内装炭火小炉;另一头是坐凳,凳侧有抽屉,放着推子、剪子、刀子等剃头用具。铜盆那端还竖着一个小旗杆,杆上有钩,悬挂毛巾、钢刀布。民间有"剃头挑子——一头热"的歇后语,就是这么来的。敢挑担子串乡的剃头匠,一般会有按摩、推拿、揉捏的手艺。头发剃光了,十指在你头上拿捏一番,叫点通穴位。

大一点的镇子,就有剃头铺子,也没有招牌,大门敞开,路人一眼就能看进去。庞光镇的剃头铺子是杨师开的,他让人在一块四四方方的蓝布上画了一把剃头刀,挂在门口让风吹雨淋,招摇得很。他边剃头边哼着秦腔,翻来覆去就这两句:"我把你的头弄得滋润了,叫你老婆给我擀一碗干面咋个响?"秦腔戏里并没有这样的唱词,是他自编的。他的左手指轻按住你的太阳穴,刀刀刷刷刷轻轻从头皮上划过,像镰刀收割成熟的麦子,一片片倒下。被剃者头上一阵麻酥酥的感觉,心头像清风吹拂的水面泛起的一波波涟漪。头发剃光了,杨师便拿起一根银针,给你点穴、针灸,弄得你浑身滋润。这是他的一绝,别的剃头匠没有这本事。镇上的男人,没有不上杨师铺子的。他们说:没有这般手艺,敢在庞光镇开剃头铺子?

明清时,剃头匠被称作"待召",从字面意思理解,应为随时待命而被召唤之意。那时的剃头匠,连皇帝的脑袋都可以去摸。

如今虽有了美容美发店,但在乡下,剃头的汉子仍然不少。光葫芦,不上火,洗头省水。

纸　花　匠

纸,轻飘飘的,一股风就能吹走。可它也是物品,除去书写的功能,还能糊墙、包装、做灵堂、扎花圈。这后两种,是纸花匠的事情。花圈铺子,方圆四五里总会有一家,雅号纸花店。

做花圈时,先用竹片或树枝做数个大小不等的坏状骨架,再用细绳或细铁丝绑扎,就连成一个球面。下来是扎花,用剪刀把纸剪成大小不同的花朵,用细绳捆扎成花束,环绕绑在骨架上。花圈顶部正上方用绿纸写一个大大的"奠"字。如此,一个花圈就做成了。门口立一个花圈,无疑就是纸花店了。

做花圈是纸花匠最基本的手艺,其次是做灵堂,现在更讲究,糊丧轿,糊金童玉女,糊别墅、丧衣、皮鞋、电视机、电冰箱、洗衣机、小车、电脑,甚至还有手机、手表等随身用品。亡者到地下也要享受在世时的生活方式,幸福的指数也需要提升。纸花匠,是逝者的上帝,需要什么就做什么。

我小时,大人把纸花匠叫作糊匠,把做花圈叫糊花圈。那时花束不是用细绳绑在骨架上,而是用糨糊粘。几根树枝,几张纸,一团糨糊,就做成了花圈。我在庞光镇见过做花圈的,我的处女作小说《小镇轶事》,记述的就是一个纸花匠老人凄凉的一生。

过去的纸花匠,其手艺完全与丧事相关。现在,丰富多彩的乡风节俗,为纸花匠提供了更广阔的施展才能的沃土。元宵节耍社火,纸花匠就派上了用场，要糊社火架子，要糊山水动物，要装扮表演者。若是耍龙，就要用纸糊出龙张牙舞爪、伸展弯曲的样子。装社火、做舞龙，其难度远比做花圈复杂，剪、镂、镶、贴、裱糊，有的地方还要画上画，这样做出来的纸质形象才能栩栩如生。所以，现在的纸花匠还要学学写字作画的本事。

口 袋 匠

那个清晨，我看见了一幅画面：在我们队的麦场上，两个男人在扯线，一个女人在转动木制大纺轮车。这应该是一家人：父亲和他的儿子、儿媳。麦场刚用碌碡碾过，光滑平整，散发着清新的黄土气息。纺车在父子俩的对面，上面挂着麻线，二人同时各捻出两股毛（麻）线，面向纺车倒退逐渐拉开距离。这样的场景对我而言是新鲜的，正在揣摩时，队长保才叔来了，说是队里装粮食的口袋不够用了，请口袋匠来织口袋。

是夏忙时候了，麦田里的麦穗都垂下了脑袋，等待着收割，等待着进口袋。口袋，那是它们安全的归宿。乡下人一年收成的好坏，是以口袋作为计量单位的。哪一年打下的粮食装的口袋多，无疑就是个好年景。

刚碾的新场需要漫水，这样新组合的黄土就能亲密地粘连在一起。保才叔让我看场子，防止人踩踏，捎带着给口袋匠烧水送饭。这样，那天我就一直待在麦场边上椿树下的荫凉里看完了织口袋的过程。我在树叶覆盖的荫凉处，他们在白花花的阳光下，这让我心里不安，想过去给他们搭把手，父亲便说你歇着去，捣什么乱？他们歇息的时候，也就来到树底下喝我为他们准备的凉开水。那时乡下流行喝糖精水，我在水里加了许多。口袋匠的儿子笑着说都成苦味了。这样，我就和他闲扯起来。这才知道他们在县北的渭河岸，农历四月底就出门了，一辆架子车上装满织口袋的工具：纺轮车、排钩针、织刀、缝针，还有被子凉席。在哪儿做活歇到哪儿，一般都是生产队的场房，有时也歇在碾坊、磨坊。捻线、合拧、上钩针、织胚料、缝针线，编织的过程从清晨到傍晚，伴随着太阳的东升和西落。我问一天织几条，他说也就三条,一条六元钱,每天的收入就是十几元。碰到雨天,就只有蒙头睡觉了。

口袋匠很稀少,我们乡二十多个村子没有一家。他们不光做口袋,也做捎裢、褡裢。捎裢我没见过,褡裢倒是在旧电影里见过:一种布口袋,长方形,中间开口,旧时是商人或账房先生外出时搭在肩上或挂在腰上,里面放着纸、笔、墨盒、信封信笺、印章印泥、地契文书、证件账簿等处理文牍的用具。以后,乡下人赶集上会,走亲访友也用来做装物袋。

烦琐地记述这些,是因为口袋匠已经彻底退出了人们的视野。对于一种老手艺的消失,我总是怀着失恋的感觉。不可否认,新时代的物品,操作方法更先进,工艺水平更一流。譬如口袋、褡裢这样的物件,从20世纪80年代开始,便逐渐为塑料编织袋所取代,织口袋所需用的籽棉也再无人种了。可是,在乡村流传了数百年(甚至更长)的手工工艺毕竟是乡村匠人的智慧,收留它们,便是对大地、对泥土、对农耕生活的亲切铭记。

面 人 匠

面人匠站在庞光镇的戏楼前,我不知道他是从哪儿冒出来的。这是个旧戏楼,记忆里只演过一出戏:《火焰驹》,后来戏楼的一间塌了,露出瓦蓝的天,就无法再演戏。戏楼里结满了蜘蛛网,还有燕子、麻雀做的窝。整个小镇,就这地方还宽阔些,仿佛一根细肠,突然在这儿憋了气,就鼓胀了,形成一个膀胱状。膀胱,音同庞光。大约镇名的秘密,就潜伏在这儿。

那个面人匠戴着灰色的礼帽,穿着毛毛领的上衣,样子很特别。他的面前立着一个发红的面案,上面插着各种面捏的、上了彩的人物形象,有孙悟空抡棒、唐僧念经、猪八戒扛耙子、关公骑马、诸葛亮摇蒲扇,还有小鸟以及各种生肖动物。我们称他为"捏面人的",他一到镇子,就成了我们这些孩子的福音,撒着欢地围着他转,或者飞跑回家缠着大人要钱。

面人匠有两种行当。一种是吹糖人,把糖稀熬在木炭炉子的小锅里,用一个长竹管蘸一点糖稀吹成一个小泡,再吹成糖人和活灵活现的小动物,既能玩,又能吃。一种是捏面人,用豆面做原料,用手捏。捏面人与乡下人做花馍相似,在家和好上好的白面,用湿布包裹,放置在挑担的厨盒之中,担架小案还放置食油与各色颜料,现场捏取少许面团和着不同色泽,用剪子、小刀、木梳等工具捏、搓、捻、揉、压、剪、粘,塑出各种人物形象挂在竹竿上,晶莹剔透、花色奇丽,可当玩具,但不能吃。

庞光镇两天一集,只要不下雨,那个戴礼帽的面人匠逢集必来。他的面人便宜,五分钱就可以换得一个。大人不会经常给钱,站在他面前看着那些面人也很过瘾。有一天,旧戏楼里飞出一只麻雀,在空中绕了绕,然后做了一个俯冲的动作,落在了面人匠的礼帽上。这是很稀奇的事情。大概,那只麻雀对那礼帽怀有强烈的好奇心。面人匠正在拿捏的手忽然停下来,身子一动不动的,像是和那只麻雀做着心灵的沟通。

如此稀奇的景象,在我的生命长河里再也没有碰到过。离开了庞光镇,我就再也没有见过面人匠的影子。前些日子,在我家附近的长虹广场,我看见了记忆里的面人匠。他的头上也戴着礼帽,鲜艳的黄色,很招惹人的眼球。他的身边,聚拢着一大群孩子。一种玩具,仍被五十年后的孩子们喜爱着,可见它的魅力。

禅与物 *chan yu wu*

童年里的几棵树

核 桃 树

  大姨家的院子有一棵核桃树。每年,总是结出疙疙瘩瘩的青果。大姨一出门,我就仰起脖子,望呀望的。小时候,肚子老是空虚,每到暑假,我就去大姨家吃核桃。核桃,挂在伸手不能摘到的空中。大姨搬来木梯,上树给我摘。她用石头砸开裹在核桃身上的绿皮,再砸开硬壳,白白净净的核桃仁就裸露出来了。大姨把核桃仁在铁锅里炒了,淡淡的金黄散着一股核桃香,又酥又脆。

  大姨夫说那棵核桃树是他种的。他说随手往地上扔了一颗核桃,就长出这棵树了。大姨夫说着,用满是老茧的手掌抚摸着树的身子,好像那是他的孩子。七月底,核桃的果子还没熟,我就上树摘它的果子,大姨夫很痛心,念叨说:"还是嫩水儿,离开树不是早夭折了。"放暑假的时候,核桃成熟了,我就在大姨家住。我喜欢看大姨夫打核桃的情景,他用竹竿在枝杈间挥舞,瞬间,核桃稀里哗啦地掉在地上。

  核桃的果子,不是那种容易吃的东西。我把它摆在河边光滑的洗衣石上,用石头砸掉那层青色的外皮。不能用力砸,核桃皮的绿色汁液,溅到衣服上,很难洗掉。

  忘不了大姨家的那棵核桃树,还和一只蛐蛐有关。四年级那年暑假,我在河沟的草丛里逮了一只蛐蛐,长长的须,晶亮的翅,叫声脆响。大姨夫是不喜欢我玩蛐蛐的,说什么玩物丧志,可我就是喜欢蛐蛐。我把它装在一个罐头瓶里,藏在核桃树下的草丛里。大姨夫不在家时,我就扒开草丛,给它喂食喂水。四周寂静的时候,它为我啼叫。我仰躺着,望着一树的果子,享受聆听的欢乐。蛐蛐的叫声缓慢、短促,像是我后来听到的罗伯特·舒曼歌曲集《桃金娘》中的第三首《核桃树》。那首曲子的旋律大多是"短呼吸"式的小句子,美丽的音符颤动出树叶沙沙作响的禅意。随着蛐蛐的叫声渐渐低沉,我便进入了梦乡。

核桃又称胡桃,在国际市场上,它与扁桃、腰果、榛子并称为四大干果。它在深厚、湿润、疏松、肥沃的土壤里生长,性格里就多了些清冷的成分。核桃仁是很好的滋养品,据说一斤核桃相当于五斤鸡蛋,或九斤牛奶的营养含量。核桃仁还是一剂药,对肾亏、腰疼、肺虚、久嗽、气喘、大便秘结、病后虚弱和神经衰弱等症,有很好的疗效。我上大学的时候,大姨给我送来一包核桃,"核桃仁长得像人脑,可以补脑子。"大姨这样说。

上大学以后,在城里很难见到核桃树了。不过,它的果子却摆在水果店或者果品市场的摊位上,让我看到了核桃树的影子。

银 杏 树

八岁时,我们全家从秦渡镇搬到了庞光镇,它比秦渡镇更靠近终南山。

一座庙,掩藏在镇子的中央。庙虽小,院子却长着一棵银杏树。从村后的坡上往下看,它高过村子所有的树木,俯视着村子的秘密。少儿时代,我们就合围在它的身下做游戏。游戏的名堂太多了:鹁鸽、踢瓦、跳绳、滚铁环、打四角、弹杏核。要是晚上,就捉迷藏。月光将树枝和树叶的影子铺盖在地上,浓缩着禅意。

琐碎的记忆,常常牵动着我的思绪。那棵树,它的树干要七八个儿童才能合抱。树根下,不知怎么就形成一个大洞。天气热得人喘不上气的时候,我们就躲在那个洞里玩纸牌。好像是一种叫"做娘娘"的玩法,并不输赢什么。天落雨了，我们不喜欢待在家里，唯一的去处，就是银杏树下。它的枝叶，覆盖着大半个院子，遮挡着雨，足够几十个孩子疯一阵。

青春的骚动，是从孩提时代开始的，美丽、温暖、神秘、狂躁。浑身使不完的力气，就发泄在了银杏树的身上。离地面五六米的地方，银杏的主干分成两支，一支向上，一支向东。向东的那支上，悬着一个老鸦窝。勇敢一点的孩子，就脱了鞋子爬上树身，去掏老鸦的蛋。这是男孩子的行为，那些女孩儿站在树下，仰着脖子看啊看，谁爬得最高，她们就把掌声送给谁。女孩儿的掌声，是男孩子的精神奖励，足以鼓胀他们渐渐变粗的肢体。

无法想起银杏完整的生长过程。它在我们匆忙的身影下，昨天冒出一颗绿芽，今天长一片叶子，明天可能结出一枚青果。开春了，它的嫩芽在斑驳陆离的枝干上染一抹青绿。开始几乎看不出什么，只是感觉银杏的枝杈变得柔软了许多，舒展了许多，色泽润朗了起来。第二天再看，枝条上沁出一层绒毛一样的嫩绿，再后来那些细密的嫩芽一一顶出来，一天天舒展，直到稀疏的枝杈被密密的叶片一层层包裹起来。夏天到了，银杏树突然就开花结果了。不过，我们从不留意它的花是什么形状，只贪婪着那橙黄色的串串果实。秋天，那片片扇形叶片，一眨眼就变成一片金黄色。当我们穿上母亲缝的棉衣时，银杏树又变成一座金色的山丘，聚集着千万只翩飞的"黄蝴蝶"。深秋的阳光，照射在它的胴体上，那浅灰色的枝干和黄叶紧紧相拥，犹如金色的火箭，直插苍穹。

树下立着一块碑，上面有模糊的文字，记载着这棵树的年龄。在数百年漫长的岁月里，它经历过多少天灾人祸，没有人知道。它的身上刻满了楔形文字，没有人能够读懂。老人们说，它比这座庙的历史还长。究竟是先有庙呢，还是先有树呢？那样的问题，不是我们孩子所关心的。

好像是我上初中的那年夏天，一个晚上，一声巨响惊醒了镇上熟睡的人们，谁也不知道发生了什么事。天明以后，不知谁先发现庙里的银杏树被雷击了。它的主干上端被击断，树冠被掀掉了一大块，断枝散落满地。这一次事件记录在大树中间那一截被撕裂的残桩上。而这样的事情发生过多少次，没有人能够知道。经历了数百年风霜雷电，它依然活了下来，这是一个奇迹。

　　从岁月深处长出的大树有很多,而被雷电击中,依然生机勃勃活下来的却极少。前几年,我翻阅县志时,看到《古树名木》一章记载县境内有七棵银杏树,树龄都过了二百年,而其他六棵在大炼钢铁的运动中被毁掉了。"柴集如山,延烧三月乃尽",这是志书里的文字,可见执笔者对其行为的愤慨。那六棵银杏树不是长在路边,就是生在祠堂的门前,招人眼。而我们镇上的这棵银杏树,能够延续着它的生命,是因为它藏在镇子中央的庙中,而村民又视之为神树,亲切地称它为白果树。一到庙会、过年这样的日子,就给它搭红放炮,虔敬礼拜,连枯枝也不许折去的。它披载着历史的岁月,洞悉着人间的生离死别,忧苦欢乐。

　　少儿时代的记忆,漫长、单调,已经成为零散的碎片。离开了银杏树的呵护,我的生活充满焦灼、忧虑。很多次,我被梦带到银杏树下。我知道,我该回故乡了。每次回家,除了看看父母,我唯一留恋着的,就是那棵银杏了。站在这样一棵树面前,我保持一种仰望的姿势。每当轻风吹来,嘻嘻哈哈的叶子快乐地摇晃着。那种乐观、洒脱的态势,令我感动。它的那些深入泥土深处的根,那些经历过无数劫难的枝,抚摸着我的心灵,它启示我:做人,就要不显不露,从从容容。即使再有磨难,也要执着地活下去。

拐　枣　树

　　看到拐枣这两个字,就会滋生醇香甘甜的感觉。那个"拐"字,无疑是因为它的果柄弯曲而得名。拐枣,学名枳椇,徐锴《注说文》云:枳椇"称作枳枸,皆屈曲不伸之意。此树多枝而曲,其子亦弯曲,故以此名之。"可是,就因为这个听起来别别扭扭的"拐"字,我喜欢上了它。在乡下,它还有一个名字:鸡爪树。它的树冠,形似鸡的爪子,向天空伸去,聚揽着天上的紫气和阳光。

　　物以稀为贵,这种树在乡下并不多见。如果村子有那么一棵,即使上了岁数的人也说不出它的年龄。苏联一位学者认为，拐枣树在地球上已有五百万年至一千万年的历史，是地球上最古老的果树之一。

记忆的仓库里，拐枣树储藏在庞光镇高山庙的院子。那时，它是寂寞的。从春天发芽、开花，到深秋果实成熟，整个过程都在隐忍的期盼里。想要将那一串串香甜的果实吃到嘴里，需要漫长而耐心的等待。第一场霜降之后，那些饱满的果实才在风霜的洗礼中渐渐风干，生涩的果实浓缩了精华，最终成为一串串醇香甘甜的美味。佛家讲万物在心，追求修世；道家讲无牵无挂，追求避世。拐枣的成熟过程，全在尘世之外的宁静和安详。

庙墙，遮掩着拐枣树的身子，却无法抵御果子的诱惑。拐枣的果子，像弯弯曲曲的棒状物，有如禽类的脚爪，关节周折。我由此疑心拐枣原本谓之"拐爪"。没吃过它的人，看见它的样子，犹如面对一个脸上布满皱褶的老妇，大约要皱眉。可是，当你放在嘴里细嚼，才觉得它醇香，甜蜜，有点像葡萄干的味。秋天的夜晚，我们翻过庙墙，爬上树装满一口袋。生摘下来的拐枣，要拿到火上烤一烤，使其变得绵软且有粘手的糖分，吃着就香甜了。初冬时节，熟透了的拐枣自然落地。不过，在地上捡拾的过程，对孩子们来说，就少了愉悦。

拐枣有一个奇特的功能：解醉。古书中对其解酒毒，有很多趣闻记载。孟诜《食疗本草》云："昔有南人修舍用此木，误落一片入酒瓮中，酒化为水也。"《本草衍义补遗》举出一个例证，说是一个三十多岁的男子饮酒发热，又兼房劳虚乏，服用拐枣煎药解其毒，乃愈。

在我整理的资料中，拐枣树的名字最多，可以列出一长串：枳椇、蜜屈律、木蜜、木珊瑚、鸡距子、鸡爪子、万寿果、金钩子、梨枣、枸、鸡爪梨、臭杞子等。每个名字，都具备着一种品相，给人以审美的遐想。在家乡，它的名字还有红拐枣、绿拐枣、白拐枣、胖娃娃拐枣、柴拐枣。在有文献记载的树种里，它同样享受着优厚的礼遇。《诗经·小雅》中就有"南山有枸"的诗句。《本草纲目》中说："曰蜜、曰锡，因其味也；曰珊瑚、曰鸡距、曰鸡爪，像其形也。"无论形与味，它都别具一格。

一位朋友患了糖尿病，一个中医建议他找拐枣的果子吃。《本草纲目》

说它"味甘、性平、无毒,有止渴除烦,去膈上热,润五脏,利大小便,功同蜂蜜"。民间常用拐枣酒泡药或用来医治风湿麻木,其果梗、果实、种子、叶及根均可入药,中药称其果实为枳棋子。前几天我去县城的人人乐超市,意外地发现货架上摆着一种饮料:拐枣晶。它占据着货架的醒目位置,鲜黄的颗粒透过包装袋,呈现出绅士的风度。

久违了,拐枣树。几十年没有见过它了,前几天去汉中出差,在镇巴的街头,无意中发现了拐枣的果子。因为几十年的沧桑,它褪去了青春的红颜,像人生的历程,一路疙疙瘩瘩走来,直至枯干。我不是喜欢吃零食的人,但还是买了一斤。对我来说,它已经不属于商品,而是一种亲情。

香 椿 树

老姑家的院子有一棵香椿树。它就长在窗外,贴着窗户成长。

窗子是那种木格的窗,冬天里糊着报纸,过年了,老姑换上白纸,贴上窗花。天气渐暖,我趁老姑不注意,用手指捅破窗户的纸,看那棵树发芽了没有。

香椿叶的诱惑,是弥漫着整个春天的。但总是春到深处的时候,老姑才上树折下它的叶子。我知道,它刚刚绽开的叶子是最嫩最香的。这样,我的目光就长久地悬挂在它的树叶上。看见我痴呆的样子,老姑总是重复一句话:"你这个馋猫呀。"老姑的心思我是知道的,她不仅要让我吃饱香椿的叶子,还要让全家人都吃上一碗香椿捞饭。那时,很少能吃上香油,老姑把香椿叶用水煮熟,拌进蒸好的小米饭里,撒些盐,一阵搅拌,就是一顿稀罕的午餐了。那是一口大铁锅,满满的一锅饭,老姑送给这家一碗,那家一碗,让一条街的人都尝尝鲜。那条街上,只有老姑家长着一棵香椿树。

香椿树叶子浓浓密密的,树下密密麻麻的一层小黑点,是蛾子随地大便的见证。老姑只好天天打扫,天天恶骂。老姑扫的虫粪,并不倒进茅坑,而是埋在院子里花草的根下。对过夏的花草来说,那是难得的肥料。香椿树叶子落得晚,深秋了,它还不肯落完。在风的摇摆下,一片片叶子重重地摔落在地面。

风要是大一些,连树枝都会刮断,响起一串串"呱嗒板儿"的响声。

　　暑假里,香椿树的身上爬着一只知了,不知疲倦地叫。老姑允许我在院子玩了,可是那只知了爬得很高,我能看见它的身子,却无法捕捉到它。

　　冬天,阳光是暗淡的,冰凉的,悠长的。要是老姑和姑父出门了,就把我锁在屋子。这时,我唯一的快乐就是用手指捅破窗户上的报纸,看那棵光秃秃的香椿树,还有,偶尔飞翔在天上的鸟儿。它们有翅膀,会落在香椿树的枝干上,旁若无人地啼叫。

　　在老姑家的日子只有不到一年的时间,父亲就接我到新的学校上学了,可我的目光被香椿树高处的枝干诱惑着,被无限拉长……回到父母的身边,我的眼前仍然不时地晃动着老姑家那扇糊了报纸的窗户,那个被我撕开的窗户洞,以及那棵香椿树的枝干。

　　老姑没有食言。后来,我不仅如愿吃上了她送来的香椿叶,还被她接去吃了一碗香椿捞饭。香椿树一见到我,宛若分散多年的朋友,愉悦地摇晃起残留的叶子,仿佛欢迎的掌声。我想和它说几句话,却一时想不出词儿,就久久地抚摸着它。它似乎长粗了,长高了,身上长着一些青春痘。

　　老姑家的小院里,弥漫着我所向往的那种香味,直到我走进中年的门槛,那香椿叶的香味,依然在我生命的肌体里散发,徜徉。

榆　　树

　　后来,我们全家作为下放居民到了南正村,盖了两间土屋。祖父在后院种了棵榆树,后来那棵树就长高了,那疙疙瘩瘩的树皮,像祖父沧桑的脸。无数的蚂蚁,在它的身上爬上爬下。

　　常常看见祖父蹲在榆树下,用手掌量着它的腰围。祖父栽下这棵树时,就怀揣着一个希望:等它长大了,用作盖房的木料。

　　在春天阳光的照耀下,榆树的嫩叶为它的枝干蒙上一层绿意。鸟儿,翅膀抖一个弧线就扑向那里,欢快地啼叫。祖父的手掌绽开,搭在额头上瞧呀瞧的,好像没见过树枝发芽。看到他这副样子,我就故意在屋子摔东西。脸盆、小凳子、课本,拿到什么摔什么。我就是要弄出声响,让祖父静不下心。"你这个娃啊,没受过可怜。"祖父一个人在院子嘟嘟囔囔。

阳光渐暖,那些榆树的叶子里,结满了一串串雪白的花。榆树开花的时节,祖父搬了梯子,架在树身上,采摘新鲜的榆花。祖母把那些榆花洗干净,包在玉米面里,抹一点黄油做馅饼吃。热乎乎的玉米馅饼一出锅,那香甜的味道便弥漫了土屋。祖父禁止我上树采花,他说:如果不是真的饿着肚子,就让那些花挂在树上吧。

后院里,夏天已渐行渐远。阳光清凉,凌乱,穿过榆树的枝叶,执拗地落在祖父的身上。地上,落下一层层的榆树叶,细碎,枯黄,每片叶子都分布着虫噬的圆孔。祖父坐在小凳子上,一坐就是一晌。一会儿,祖父捧起一把枯叶,用力嗅着;一会儿,用两只手掌搓着,直到把完整的叶片搓成碎末。秋风吹着祖父的胡须,颤抖,无奈。

祖父老了,脚步声不再那么沉重,那么稳稳当当。有时,他连走到榆树下的力气都没有了,而是站在后门那儿,静静地凝望。在祖父的精神抚慰下,榆树也仿佛具备着心灵感应,呻吟着,摇晃着。

由于连阴雨的缘故,我家老屋的墙垮塌了。父亲就让人拆了老屋,在原址盖新屋。那棵榆树的身子,足以做檩木用了。但是,木匠带着锯子来伐它时,祖父却摆摆手让木匠走了。

"让它老死吧。"

父亲在镇上的照相馆上班,他把照相机用自行车带回来,要给祖父照一张相。父亲让祖父坐在屋门口,祖父二话不说,却走到院子,站在了那棵榆树下。我赶忙把凳子搬到榆树下,让祖父坐下。祖父抚摸着我的头,咳嗽了一声,坐下,脸上布满灿烂的笑容。

春天里,疏朗、透明的阳光给我留下了永恒的影像。祖父歪坐在榆树下,像打了个盹儿。树身上,成行列队的蚂蚁,争先恐后地为榆树的叶子传递着某个信息。忽然间,树上的叶子一起飘舞起来,宛若在为祖父送行。

有一棵榆树作为背景,祖父平庸的生命就有了别具一格的风景。

皂 角 树

　　皂角树像一个老人,孤独地守候在南正村的某个角落。它知道了很多事,明白了许多理,晓得了宁静的好处。历经了沧桑,它自然不会计较孩子们在它身上的跌打滚爬。我下乡的时候,南正村的旧戏楼后面有一棵皂角树。孩子们手拉着手把它围起来,捉迷藏、跳毽子、踢瓦块、过家家……当然,还有打皂角。皂角树是有刺的,大人小孩站在树下,瞄准树上的皂角,拿着竹竿打,用石头扔。手一扬,哗啦啦,就落下来一两串皂角。它的果实像扁豆,七八寸长,捣碎了泡水,可以洗衣服。洗前除去皂仁,用石头或木棍捣碎,夹进衣服里面,在搓衣板上搓呀搓,用木棍捶呀捶。那时候的衣服多是麻布做的,又硬又粗,搓久了手痛,最好是用木棍捶。村子东边的曲峪河水,清澈见底。夏秋的夜,如果有月光,女人们就端着一盆脏衣,下了河岸去洗。一盆衣服,一两串皂角就洗净了。洗完衣服,女人就猫着腰,把头发漂进水里,用捣碎后在沸腾的水里煮过的皂角水来洗。那时,杂货店有一种叫"茶子"的药砖,硬硬的、厚厚的,是皂角经过简单加工制成的。乡下人有时嫌皂角麻烦,就买这种"茶子"洗头发。

　　皂角树的树冠,像一把巨伞,悄无声息地在旧戏楼的上空撑开。它的叶子为卵状披针形或长圆形。每年五月开出淡黄白色、卵形或长圆形的花瓣,绽放得热烈,斑斓了每个日子,而后飘零、凋落。三伏天,躺在浓荫的树影下,皂角树的叶和果在风里碰撞,发出啾啾唧唧的响声,像是来自天籁的箫音,牵动着人的每一根神经。唯美的旋律,忧伤的调子,引领人们进入一首纯美的乐曲。随着风力的变化,曲声时而若游鱼戏水,时而若微风拂面,时而若鸟语呢喃……像是在聆听古典名曲《寒鸦戏水》。心静,佛土静。可惜,我们还很难悟出那样的境界。它的树冠上,架着许多老鸦窝。躺不了一会儿,我们就爬上树掏鸟蛋。这当儿,住在戏楼边的森虎爷就会出来吆喝:"下来下来,滚一边玩去!"森虎爷长着一把长胡子,吃过晚饭,肩膀上搭一条黑乎乎的毛巾,摇着一个蒲扇,坐在树下,歪着头,支起耳朵,仿佛在聆听树的心跳。有时,他眯起眼,想象着树做过的一个梦。现在,他的模样已经模糊了,但是,那个情景却依然清晰。一想到皂角树,耳边就响起音乐,还有树下的一个老人,一把胡须,一个蒲扇。

常常,在中药铺子里看见皂角的名字。皂角树的可贵之处,在于浑身上下都是药。皂角果能杀虫,治风祛痰,除湿毒。中风、咳嗽痰喘、肠风便血、下痢噤口、痈肿便毒、疮癣疥癞这些疾病,中医也用它来对付。皂角刺可以拔毒、消肿、排脓,治疗痈肿、疮毒、疠风、癣疮、胎衣不下。皂角的叶、根、皮用来治疗高血压、支气管哮喘、消化性溃疡及慢性胆囊炎。皂角的籽,润燥、通便、祛风消肿。好像它天生就是为了人类的健康而生存的,充满着对人类的关爱。对于它,我只有怀着敬佩之情。

乡下的人,很少有美食家,从没想过皂角仁是可以吃的。后来,我读汪曾祺的《南瓜子豆腐和皂角仁甜菜》,才知道在昆明,"皂角仁卖得很贵,比莲子、桂圆、西米都贵,只有卖干果、山珍的大食品店才有的卖,普通的副食店里是买不到的"。昆明人的筵席上有一道甜菜,叫冰糖皂角米,"蒸熟后晶莹透明,嚼起来有韧劲,好吃"。吃皂角仁,是我未曾有过的口福。有时我想,皂角仁真的就是佳肴美味么?往往,人觉得某个东西好吃,感觉的成分比味觉占更大的比重。

现在,乡下的皂角树极其罕见了。南正村的旧戏楼,三十年前就拆毁了。森虎爷那年也死了。没有了他的呵护,那棵皂角树也许被村子的人们当柴烧了。随着岁月的流逝,不知道还有多少美好的东西从人们的记忆中死亡。

散淡的村庄

炊　烟

　　乡野绝不可没有炊烟,少了炊烟的乡野就缺乏生气。清晨或者傍晚,露珠在庄稼的叶子或草尖上颤动,劳作的农人赶着牛走向田野或者从田野归来,鸟儿从窝里飞出享受乡野的自由,或者疲惫地飞回窝巢……这时,一缕缕炊烟从农户的屋顶袅袅地飘向乡野的领空。东方显出鱼肚白,西山挂着紫红霞,这种融人情世态和自然景观于一体的乡野该是何等惬意!我不知诗人、画家、音乐家这些艺术家的灵感从何而来,我一直都在疑心陶渊明先生没有享受过真正的乡野生活,不然他的杰作《桃花源记》为何没有描写炊烟的句子。缺失了炊烟的"芳草鲜美,落英缤纷""土地平旷,屋舍俨然"以及"阡陌交通,鸡犬相闻",这是何等的落寞,如果添上两句"炊烟袅袅,绢纱蝉翼",桃花源该是何等飘逸。

　　这是碾儿庄的风景。在这种风景的映衬下,村子人扛着锄、吆着牛走出村庄,伴着鸡鸣、狗吠、虫啼开始了一天的劳作。正午,一家家的烟囱冒出一缕缕淡淡的轻烟,在阳光下似有似无。人们顶着阳光走回村庄,那缕缕炊烟牵动着他们的饥肠。"老婆,今晌午给咱做啥好吃的?"干面?米饭?有没有肉?这时,炊烟就成为他们的渴望。黄昏,在玫瑰色晚霞的映衬下,炊烟有了色彩,牧歌晚唱,牛羊欢叫,鸟儿归巢,荷锄而归的农人抹干头上的汗珠,在酝酿着一个个散淡的梦境。

炊烟是碾儿庄的魂。它盘绕在一座座老屋顶上，有风吹来，它就散开，东摇西摆，漫无目标地飘散，散淡自如，瞬间变化。我喜欢这样的情景。十二岁时，我坐在田野里，并不看天上的云彩，它距离我太遥远，我对它没感情。往往这时，秀花姐就来到我身边。她大我两岁，住在我家隔壁。她的头上总是有根红头绳，把长长的头发扎起来。她问我想啥呢，是不是想媳妇了？说着就诡秘地笑。我不恼秀花姐，因为她总是在我饥饿的时候给我一块馍，或者半截红薯。我问她你肚子饿不饿？她说不饿，女娃娃耐饥。说着说着，村子上空就升起了炊烟。她说我看着那烟就不饿了。那时村子的人还不懂得炊烟这个词，就一个字：烟。

我和秀花姐就一起看烟的升起和飘散。秀花姐忽然问我：你说咱村子啥好看？我挠着头想了半天，目光最后落在她的脸上。在我的意识里，秀花姐是村子最好看的女娃了。我看了好一会才说你最好看。秀花姐这时生气了，羞红了脸说跟你说正经的呢，你老是看我干啥？谁家男娃眼窝瓷瞪瞪地看女娃的脸呢？我这才把目光转开，看那屋顶上的炊烟。秀花姐说：整天念书、做饭、洗衣裳、拔猪草，烦不烦？烦了我就坐在地里看烟，那东西神仙一样飘来飘去，没一点烦恼呢。

就为这句话，我崇拜秀花姐。我虽是喜欢看炊烟，却没有和神仙联系起来。此后的岁月里，我常常和秀花姐一起坐在田野看炊烟，一直到她嫁了人。

读完高中，秀花姐嫁给了蔡家坡的一户人家。关中有句口语：姑娘不对外。这话在碾儿庄可就是实实在在的了。碾儿庄的人家嫁姑娘，首先想到的是本村的小伙。但秀花姐的爹听信了曹半仙的话，曹半仙说秀花姐的姻缘在西北方向，秀花姐的爹就托媒人在蔡家坡给女儿介绍了个主儿。这桩婚姻，秀花姐死活不同意。但她爹收了人家的彩礼，由不得女儿。出嫁前的那天傍晚，我看见秀花姐在村东的河边失魂落魄地坐着。我明白了，她在留恋碾儿庄的炊烟。一个人，总要关心一些生活之外的事物。明白了这点，我只能发出一声叹息。秀花姐出嫁后的一个夜晚，我梦见了她。我好像是在山头上，她在河边坐着，身边全是缭绕的炊烟……一会儿，碾儿庄成了一本书的模样,风忽然掀开书页,秀花姐走进了一行文字里……

炊烟是我永恒的风景。它带给我的是淡泊的心境,还有对某件事、某个人的向往。我不再年轻,但这种对炊烟的感情还会旷日持久。

老　城　墙

谁要说碾儿庄没历史,村子的人会跟你急:没历史会有城墙?那城墙不是历史?

村子人所说的城墙在村南头。在爷爷那一辈时,城墙还算完整,虽然这儿那儿都塌陷了,但还能看出城墙的轮廓。到了父亲那一辈,就剩下村南、村东的残骸了。在我记事时,就只有东门两边十余米的老墙了。城门古朴老旧,墙下是沣河。当晚霞抹红城墙苍老的皱褶时,三三两两的麻雀就扑棱着翅膀落在墙头,一副散淡的样子。它们的翅膀,不经意间就抖动了墙上的一片黄土下来,然后一展翅,飞向河岸的一棵树。麻雀是城墙的常客,风吼着,雨淋着,它也毫不在乎。我常常疑惑,麻雀为什么如此钟情这残垣断壁?

常常看到这样的景象。城墙上扎个楔子,一头老牛背墙卧在墙根,懒洋洋地用尾巴扫着墙上的黄土。一群鸡娃被一只母鸡引领着,唧唧叫着,寻找着墙根的虫子或稻米。冬日的暖阳下,女人们围在一起纳鞋底,缝衣服,抡起棒槌捶布。几个汉子靠着墙聊天,聊困了,手插进袖筒里,眯着眼瞧墙头的枯草,或是那没有云彩的天空。小娃们手握一副弹弓,瞄着墙头的麻雀。收获的季节过后,附近的人家就将麦秸、稻草、玉米秆堆满墙根,逢到久雨初晴,溢出浓浓的霉味。

暮秋时节,城墙上的草半枯了。初起的北风中,一片片雪花飘在那有坡度的墙体上,发出细微的沙沙声。暮色,一点点浓起来。城墙里的一座土屋里,传出一些音乐声,一把二胡,或是一支竹笛。那是秦爷的家。听大人说,早些年他的媳妇领着两个娃儿走了,再也没有回来。大人的事我说不清,我只是喜欢听秦爷的二胡声和笛音。有一天,落着雪,秦爷夹着二胡来到老墙下,坐下,低着头,眯着眼,边拉边唱。那酸凉味儿,宛若晚秋暮色中老墙的颜色。他唱的是秦腔《铡美案》中秦香莲的唱段,我记不完整,没法叙述,只是觉得悲怆。秦爷唱完,手一抖,二胡的弦"吱"的一声哑叫。他收了二胡,一步一扭地回家,只留下暮雪擦着城墙,吟着散淡的歌谣。

说一件我童年里的事情。有天正午,我靠着城墙托着腮帮望着玉米地出神。那时正是三年自然灾害,常常感到肚子饿。放工了,衣衫上沾满黄土的大人拉着红薯走进南门洞。三伯从我面前经过,顺手从车上扔下一块红薯,喝道:"碎鬼,城墙湿,小心凉着了。"那个秋天漫长,雨下得没完没了,城墙上爬满青苔。我狼吞虎咽地吃完红薯离开老墙时,小布衫儿背后印上了绿色的图案。我脱下布衫儿用指甲抠着那绿苔的痕迹,忍不住哭了。我转过身,朝弄脏我衣衫儿的城墙使劲蹬了一脚。城墙无声,却疼了我的脚。

三伯的家,距离城墙不过十几步。他是队里的饲养员,饲养室靠着城墙。农闲的日子,他牵了那些牛马出来,把缰绳拴在墙上的楔子上。之后,他袖着手坐下,陪着牛马晒太阳。这时,墙下往往摆着棋摊,或者有人在搭方。他从不观看,只是懒懒地端详着那些牛马。

天热了,苍蝇围绕着牛马嗡嗡地飞。在牛马扬起尾巴驱赶苍蝇的当儿,三伯站起身来,用一根树枝帮着牛马赶苍蝇。他一边赶,一边恶毒地骂着。

记忆像散淡的风一样,说走就走了。

碾　　盘

村子的西头有个废弃的碾盘,直径足足有两米,表面光滑明亮,侧面已见暗色的裂纹,呈现出年代的久远。乡下人叫它碾盘子,多了这个"子"字,就是不一样的情感。乡下人常常给家什的名字后面加一个"子",譬如脸盆子、茶缸子、抹布子、灯捻子、门锁子、门帘子、桌柜子、锅铲子、勺把子……喊叫娃娃,也给小名的后面带个"子"。加了这个"子",碾盘就被赋予了家的温馨,亲人的感觉。

碾盘是石碾的一部分,用白石做成,圆形,厚实,中间有个圆孔,是整个石碾的中心轴,碾磙用木框框着,一头固定在中心轴上,碾磙前面的木框上插一根长长的木棍,用来推碾。一头驴或者牛拉着碾磙绕着碾盘转圈,人拿着笤帚,跟在牛或驴的后边,扫那些轧蹦到碾盘边上的粮食。牲口一圈又一圈地走着,碾磙一圈一圈地轧压,麦子和苞谷就渐渐地碎了,人一遍一遍地过罗,直到不剩下渣子为止。石碾也碾谷,褪去谷子的壳。谷子去壳之后就改了名,叫小米,一个多么文静的名字。我少年时在庞光镇见过一头驴被蒙上眼绕着石碾转圈的情景,总是替那头驴鸣不平。我试着用手掌蒙住自己的双眼走路,内心就有了恐怖的感觉。黑暗将光明遮掩,在孩子的身体内会产生毛骨悚然的感觉。

农忙时节,牲口忙着地里的活,人就代替了它们。碾磙很重,需要两个男人来推。吱——咛,吱——咛,碾出的是粮食,转出的是日子。一年到头,石碾几乎没有喘息的机会,这家正在碾着,后边就排起了队。不过,它最忙碌的季节是夏秋收获之后和腊月天。尤其进入腊月,它更难有片刻的消停了。公鸡刚叫过头遍,就有谁家的女人从炕上爬起来,拿把笤帚放到石碾上,这意思是占了碾子。稍晚一步的女人一看见碾上的笤帚,只能摇头一笑,用笤帚在后边排队。笤帚占碾,这是一条不成文的规矩,再不讲理的人也得随方就圆,遵规守矩。

像日子一样没有尽头,石碾一声一声地"吱咛"着,承载着乡下人的生活。我也曾帮着大人推碾子,不用蒙眼,转圈的感觉真好。不过几十圈转过,就没了力气,感觉头晕目眩,天地都在旋转。我很庆幸自己不但见识过那些已经或者正在消失的乡村事物,而且还使用过它们,更欣喜自己用文字来表述、追忆它们。我喜欢怀旧,这没办法。现在的年轻人看不到乡下那些旧物了,但一点也不遗憾,这让我惋惜。为了让后人见识那些旧物,有人花费心思和钱财办起了民俗博物馆。我在西安市长安区境内的那个民俗馆看过几次,发现年轻人很少,去参观的都是些上了岁数的人,这样的地方满足了他们的怀旧意识。但我总是疑惑着,年轻人很少,这是否背离了办馆者的初衷。渐渐地,一茬茬从古旧年代走来的人死完之后,这样的地方岂不门前冷落鞍马稀了?

后来有了磨面机,石碾就结束了它的使命。我常常转悠到村子的电磨坊那儿,看着磨面机齿轮和皮带的转圈,那速度极快,晕乎乎一片,远远没有碾磙转圈那样真实。

村子人吃饭不喜欢坐,喜欢蹲着。每到吃饭时,碾盘旁就蹲了一圈汉子。你家的酸菜,我家的蒸馍就排放在碾盘上。菜随便操(操,关中方言,"夹菜"之意),馍随便吃,有点氏族公社的味道。闲暇时,在碾盘上用粉笔画几条横竖交织的直线,一圈人围着搭方。画线的粉笔,是从村子小学的教室里拣来的。小学在镇子北头,没有围墙,教室晚上也不上锁,地上有教师用过的粉笔头。

黎明,挂在饲养室屋檐下的那半截圆钢片被铁棍击响,队长四爷挺着腰板站在石碾上,向社员分工派活。晚饭吃过,记工员揣着一支笔,坐在碾盘上给每个记工本上填写工分。碾盘旁有个电杆,上边挂着灯泡,泛着昏黄的光。填完工分,石碾上就爬满了小孩子。男孩儿打四角,蹦弹球;女孩儿翻绞,抓蛋儿。要是热天,孩子们玩够了,就有人夹着一片席子出来铺在石碾上乘凉,躺着躺着,还朝天吼出几句秦腔。在石碾上乘凉不用摇蒲扇,村口的风多,彻夜地刮。

一开始人们还不习惯磨面机,说那铁疙瘩磨出的面粉哪能跟碾子碾出来的比,粗拉拉涩咧咧的,还有一股油腥味。他们还是喜欢用石碾碾出的粮食,这才是麦子和苞谷的味道啊。再说了,到电磨坊磨面要花钱,尽管不多,但毕竟是乡下人的血汗钱。也许更重要的是,他们舍不得和石碾几十年的感情。但后来,磨面机更先进了,电磨坊被粮食加工厂取代了,用石碾碾一袋面需要多半天,现在只要几分钟,一袋烟的功夫。人们就不能不算账,不能不忍痛割爱了。石碾渐渐被冷落了,时间一长就分了尸,碾磙、碾轴不知了去向,只剩下一个光秃秃的碾盘子。

村上的人说不清那碾盘是何时闲置于那儿的。老人说也就几年的天气,它被人卸了腿(原来碾盘的下边支着砖),从碾坊滚到了这路边。

距离碾盘不远是队长四爷的家。四爷的儿子叫顺合,有一天他把老婆按倒在碾盘上打,拳脚并用,打得老婆满脸是血,在碾盘上翻滚。打架的原因不明,有人说顺合的老婆结婚几年了还不生娃,怕是得了不育症。顺合急着要当爹,就整天挑老婆的毛病。那婆娘也不是个省油的灯,听说当姑娘时遇到不遂心的事情就在娘家喝过农药,跳过井。不过,都被人救了。她打不过丈夫,就心一横想出了一个极端的办法。一天夜里,她弯下腰,用自己的头去撞碾盘。这一撞,就出了人命。

　　碾盘上血迹斑斑,散发着血腥味,逼真地写下一个人的命运。镇子的人缩着身子绕开视线躲着它,生怕一不小心就会灵魂附体。苞谷出缨的时节,下了一场雨,七天七夜,让人心潮湿得要捏出水来。夜里,有猫头鹰的惨叫声。有人说是顺合他老婆显灵了。雨住了,石碾就干净了。

　　人的承受力是有限的,顺合终于疯了。傍晚,他拿着笤帚把碾盘扫了一遍又一遍,然后夹床被子铺在上边。他坐上去就唱开了,翻来覆去只唱一句:"我的奴呀……"唱过了秋天,雪花就飘下来了。一个雪夜,他僵死在了碾盘上。洁白的雪片纷纷扬扬,掩盖了顺合的尸体,仿佛一个巨大的、白色的感叹号。

　　碾盘上出了两条人命,它就寂寞了好长一段时间。清晨或者傍晚,碾盘上坐着一个人——队长四爷。儿子死后,四爷死活不当队长了,整天盘腿坐在碾盘上,叼着旱烟锅,也不知道他是在思索什么问题,或者是在体验什么感觉。我知道,四爷心里结着一个解不开的疙瘩。一只麻雀飞过来,想在碾盘上歇歇脚,被四爷凶狠狠地一挥烟锅赶走了。有时四爷不在那儿,我就学着四爷的样子,傻乎乎地坐在碾盘上,可总是坐不出什么感觉来。

　　碾盘,它本身不会叙述什么故事,但却是一些人和事的见证者,负载着一些情感之类的东西。后来我离开了村子。村上的事情,我就不大关心了。三十年后,我突然萌发了回村子看看的念想。毕竟,我生命的根,有一半是扎在那儿的。走进村子,熟悉的面孔已经不多了,房屋也换了模样,街道打上了水泥,我所惦念的碾盘也没了踪影。接替四爷当队长的保才叔还活着,不过牙齿已经掉完了,说话吸溜吸溜的。他告诉我,碾盘子被人用钱买走了,被买走的还有柱顶石、拴马桩、织布机、纺线车、八仙桌、煤油灯、烟袋、风箱、锁子、碌碡、碾磙、牛槽,甚至还有墙头残留着模糊文字和花纹的烂砖烂瓦。这些古旧的物件,闲着也是闲着,还占地方,换几个钱何乐而不为。他们只是不明白,城里人要这些垃圾有什么用处,真是神经有了毛病了。说这话时,保才叔的脸上尽是迷惘。

　　碾盘,是苍天盖在碾儿庄这片古老土地上的一枚印章。现在,这枚印章消失了,村子的许多人和物,也都没有了踪影。

儿时的游戏

滚 铁 环

常常念起滚铁环的游戏,好像生命的源头是从那个游戏开始的。从出生到死亡,不过是绕地球转了一圈,那样的天衣无缝。

一开始做铁环,用的是粗铁丝,捋成圆圈,两头相扣。后来,我们发现生产队榨油用的铁箍适合做铁环。于是,在夜深人静的时候,卸下榨油坊的门槛,卸下铁箍。那是一个偷窃的过程,掩藏着激动和紧张。宽宽的铁箍,散发着淡淡的桐油香。

然后是做铁钩,用铁丝弯一个"U"形的钩,用细铁丝绑在一截竹竿上。用铁钩套住铁环,右手握竹竿,左手扶铁环,在跑动的一刹那左手丢开铁环,铁环就随着人的跑动前行。细细的骨节,在铁环的旋转中脆响。乡村的游戏,就是打开稚嫩的躯体,让它自由自在地生长。

我是在麦场上学会滚铁环的。我和伙伴们滚着铁环,不知疲倦地奔驰。铁环滚动时发出悦耳、清脆的声音,响彻童年的每一个晨昏。今天,透过都市的喧嚣,我依然能够分辨出生活里类似铁环那种独特的声音。

在我的少年时代,除了书本,我唯一舍不得的是那个曾经用来榨油的铁箍做成的铁环。拔猪草累了时,我把它套在脖子上。记得一个冬天,鹅毛大雪漫天飞舞,我滚着铁环,一次次摔倒在白色的雪毡上,半天爬不起来。无人搀扶我起来——这是孤独的代价。只好,自己擦干眼泪,弹掉身上的雪花,继续着我的游戏。

有时,孩子们也进行滚铁环的比赛。我们在麦场上一字儿排开,一声令下,一个个圆圈开始滚动,看谁在最短的时间内最先到达麦场那头。这中间,铁环是不能倒下的。到终点了,孩子们振臂欢呼。最后一个自然是我——我个子矮,又瘦弱,跑得不快。他们丢下铁环,抱在一起开怀大笑。

一个圆,宛若生命的轨迹。生活就像个铁环,没有任何选择,只能依附着它的轨迹,向着可能的幸福狂奔而去。那时的我无法具备这样诗意的思考,但是,毕竟还要想着什么。有时坐在曲峪河边,将铁环套在脖子上,若有所思地坐着。铁环垂挂在胸前,想着儿童不该想的一些问题。譬如大地的边缘在哪儿?我是被母亲从沣河里打捞出来的么?太阳和月亮上有没有人,他们也孤独吗?诸如此类的问题,常常折磨得我头皮发麻。

岁月流逝,才恍然大悟:滚铁环的游戏,不只是一种牵挂,它给了我一些生命的印记和启迪。有时,我在地上画一个圈,站在其中,我的影子烙印在圆圈里,就有一种安全的感觉。

打 陀 螺

水曲柳,一个浑身充满女人味的树木,就站在童年时的曲峪河边。那三个字,拆开来,无一不是女人的品质。可是,那时我们根本没有联想的闲暇,一放学,我们就折下它的枝干,做一种叫陀螺的玩具。

做陀螺的木头必须结实而沉重,水曲柳的质地就适合。它是那种外柔内刚的树木,别看它外形柔弱,内心却坚硬。不像杨树,看起来高高大大,木质却轻飘飘的。如果用杨树的木头做陀螺,那就没有定力,站不稳脚跟,像被大风狂吹着,飘忽不定。想想,如果一鞭子就能把它送上天,那会有什么意思?

削制陀螺的工具很简单:柴刀、斧头。把一根长不足10厘米,直径5—8厘米的水曲柳握在手心,一端削尖,而且要圆润光滑。底部做成锥形,锥尖部挖一小孔,塞入一粒车轴用的铁珠子,形状酷似海螺的陀螺就做成了。然后做赶陀螺的鞭,通常,我们是用棉花秆的皮做鞭。撕下一绺绺的皮条,拧成二尺长的鞭子,拴在一根木棍上。

陀螺和鞭做好后,我们跑到晒谷场,迫不及待地旋转自己的陀螺。一种玩法是先把鞭子放在地上,用两手把陀螺转起来,然后用鞭子抽动陀螺转圈。另一种复杂些。右手持鞭,将鞭绳按顺时针方向缠在陀螺上,左手拇指按在顶部,食、中指分别放在锥尖两旁,三指夹住陀螺放在地上,鞭子拉向右边同时左手松开,陀螺就会在地面上旋转了。我们喜欢陀螺的旋转,以至头昏脑晕、天旋地转、跌跌撞撞,也乐此不疲。一个东西不断地旋转,这是多么有趣、多么有吸引力的事啊。

打陀螺,需要的是耐心和毅力。你要不停地用鞭子抽陀螺,它才会不停地旋转。不像现在的玩具,把开关或者按钮一拨、一按,就不停运动。鞭子的绳头要落在陀螺的中间部位,太靠上或太靠下都容易将陀螺打倒。开始时抽力不要过猛,站稳后再逐渐加力。陀螺旋转着,真实与虚无结合着。它实实在在地旋转着,产生着并不真实存在的一圈圈圆弧,雾一样的虚幻。记忆里有一个细节,是个有风的傍晚,秋场上飘扬起草絮,陀螺旋转在地面上,像一朵朵盛开的花朵。我挥鞭赶着陀螺,它在快速旋转,在旋转中喃喃自语。我疑心,它在向我诉说什么。我想起来了,老师白天在课堂上讲述给我们的不曾见过的旋转:太阳、地球、月亮的旋转。莫非,这个宇宙是由旋转构成的?我不知道,是不是一切生命因为在一个旋转的世界里生存、繁衍、死亡,就把旋转刻进了生命之中。

打陀螺的游戏一年四季都在进行,秋天是高潮,因为那个季节做赶鞭的棉花秆堆得满地都是。打陀螺的地方要非常平整,不然陀螺就旋转得不欢畅,碾过谷后的秋场自然是理想之地。几十个娃儿,几十条鞭,几十个陀螺,布满秋场。一个娃儿——他必须是孩子们的领袖,站在谷草垛上,一声令下,陀螺在秋场上旋转着,碰撞着,舞蹈着。这阵势,俨然辛弃疾笔下沙场秋点兵的气势。

比赛,这才是打陀螺最大的乐趣。比赛的花样有许多种:套圈、定点、撞击、过桥、叠罗汉、翻山越岭。孩子们常玩的是陀螺打架,两个人放活陀螺后,用鞭子将陀螺狠狠一抽,陀螺迅速剧烈相撞,叭叭直响。由于相撞点的旋转方向相反,陀螺像一只被刀猛刺心脏的小鸡抽搐几下就僵死。要么旗鼓相当,要么同时奄奄一息地在呻吟中死去。比赛的时候,秋场上开了锅,鞭子抽陀螺的噼啪声、陀螺打架的叭叭声、围观者的喝彩声交织在一起,惊天动地。要是娃娃多,就举行陀螺接力赛。五个不同颜色、大小相同的陀螺,逐个放活在圆盘里,全部旋转起来后,开始计算成绩。参赛者需全神贯注,哪个陀螺快要停止旋转,赶快抓起来放回盘内继续旋转,直到最后一个倒下为止。谁的陀螺旋转的时间长,谁就是胜利者。

这种游戏也叫"打牛儿",是男孩子的专利。"牛儿"这个儿化词在我们家乡专指男孩子的胯下之物,女孩儿听着就脸红。因此,这种游戏女孩儿不仅不参与,连围观都被禁止。说是禁止,其实是女孩儿的自觉行为。半下午,男孩子拔够猪草回来,一声"打牛儿咧——"满街巷的男孩子都相奔到秋场。阳光灿烂的日子,"牛儿"在秋场上旋转着朵朵金浪,那是我们开心灿烂的时刻。

那时,我们可以被称作少年了。理想刚刚萌芽,又并不确定。在旋转中,我们忘乎所以。

比赛陀螺,我不行。胳膊细,劲儿小,陀螺转那么几下就倒下了。这时,我就悄悄地退出,躺在麦场边的草堆上看小说。我的姑父在镇上的小学教书,他的房子有很多书。姑父的鼻梁上架着一副眼镜,他说:玩什么玩?你也不小了,好好看书,将来才有出息。

姑父让我拥有了新的乐趣。秋场上,孩子们一阵阵地欢呼,我却蜷缩在秋场上的谷草堆里,沉浸在江姐、杨晓东、王崇芝、梁生宝、杨子荣这些人物的命运中不能自拔。火辣辣的阳光损害了我的眼睛,我的视力一天天减退。看累了时,我回过头望着秋场上旋转的陀螺,眼前晃动着模糊不清的曲线。渐渐地,伙伴们的面影也遥远了。

伙伴们疏远着我,以示对我的惩罚。我忽然有了寂寞的滋味。风吹散了书页,催促我恢复童心。天色渐渐黯淡,等其他孩子都散去了,我扔了书,独自扬起鞭,抽动属于我的陀螺——看书时,我的衣兜里依然装着陀螺。昏暗中,旋转着的陀螺,不堪皮鞭的惩罚,一圈圈抽搐着,像是对我的诅咒。

　　远离了童年的天真和简单,沉浸在孔子、老子、尼采、蒙田一般的思维中,这让我的心灵很累。有时,弥漫着怅然若失的感觉。与童年的缘分已尽,我只有带着沧桑的眼光来感知人生了。真想回归童年,再挥动鞭子打一次陀螺。那种旋转的记忆,带着不曾迷惘的失落,依然滞留在枝叶茂盛的田地间。我常常想,把一生浓缩,剔除无碍生命的枝叶,人生不过就是一场简简单单的游戏。

斗　蛐　蛐

　　有泥土,就会有蛐蛐儿。泥土是蛐蛐的窝。

　　对蛐蛐的印象是童年时从秦渡镇的废砖瓦砾中产生的。写完作业,伙伴们扎堆儿到胡同墙角旮旯的草丛里、瓦砾堆里去翻弄。捉蛐蛐要捉声急有力、头宽足长、钳大且尖锐的那种,这样的蛐蛐勇猛善斗。捉上两只放在瓶子或盆子里,用一根草挑逗它们相斗。两虫相斗,钳牙相对,或虚晃一枪,或反牙相击……小小的斗盆成为两只小虫子的战场。蛐蛐的撕咬、对峙全凭我们手中那根草的指引。虫子毕竟是虫子,虚实相间的战术完全出自我们的引逗。

　　聆听胜利者愉悦的叫声,是一种精神享受。那样的年代,想不出还有什么是比斗蛐蛐更有吸引力的游戏。因此,我总是盼望玉米的出茎,秋风的袭击。一放学回家,就提上一个瓶子跑到瓦砾堆中翻找。田野里也有蛐蛐,可是很少有体大善斗、叫声悠扬的。那种蛐蛐,大约喜欢瓦砾堆坚硬空旷的环境。伏下身子,屏住呼吸,小心翼翼地翻开一块块砖块和碎瓦,发现一只看中的,双掌合拢,掬于掌心,放进瓶中。那样的过程和喜悦,现在依然记忆犹新。接下来,就是为它寻找一个对手。

　　一只心爱的蛐蛐,如同一个恋人,需要想方设法呵护。下雨了,我怕它冷,把盛装它的瓶子放在热炕的一角。为此,我受到了母亲的斥责。避开母亲的目光,我又把瓶子塞进炕洞。怕它渴,用一个瓶盖,盛上水倒进瓶子里。那时我只知道它喜欢吃西瓜的籽仁。我们家很少吃西瓜,我就到街上的瓜摊边等待。人家啃着瓜瓤,我的目光随着瓜子的下落而漂移,现在想来,真有些下贱的感觉。可那时为了我的蛐蛐,一点都不脸红。后来看到一份资料,才知道蛐蛐的食物很多。大豆、米粥粒、鸡蛋白、绿叶菜、胡萝卜、生苹果、生芝麻、血羊肝、牛骨粉、菱肉、蚂蚁、苍蝇、熟蟹肉、熟虾肉、熟鲫鱼肉……可惜那时我无法获得这些信息。

人类漫长的童年,总是重复着相同的游戏。女儿八岁时,手中捧着瓷缸儿,央求我捉两只蛐蛐来斗。于是在收获过的田野里,在瓦砾堆里,我再次去寻找蛐蛐。弯下腰,翻瓦砾,拨草丛,一种温馨的感觉扑面而来。寻找蛐蛐,那种久远的记忆,让我激动不已。那个下午,我为女儿逮了两只蛐蛐。女儿用草须拨动它们相斗,听着失败一方的惨叫,脸上洋溢着灿烂的笑容。

深夜,女儿熟睡了。我走出家门,静坐在田野边,聆听着蛐蛐在旷野里鸣叫。我想到一个比喻:一群歌唱家的聚会。我喜欢在漆黑的夜里想着一些与生活无关的问题,那夜的思绪一直离不开蛐蛐。人类宠爱蛐蛐,对蛐蛐来说又是一种不幸,不幸的原因在于失去了大地和自由。在泥土里、瓦砾间的某个角落鸣叫,这是它的自由,因此它的叫声真诚而坦荡。它们在大地的怀抱中各守一方,井水不犯河水,自然不会为敌。而人类一旦把它们聚在一起,挑拨它们相斗,它们就怒不可遏、忍无可忍了,而结果只能将怨恨发泄在"同胞"身上。它对人类无可奈何呀!

蛐蛐是鸣虫,一生与土地厮守,为土地歌唱。

抓 蛋 儿

镇子西口碾盘的上方,和核桃树对应着的是一棵古槐。有它遮着阴凉,女孩子就盘了腿,坐在碾盘上抓蛋儿。"蛋儿"是用瓦渣、烂瓷缸片等磨制而成,或用一块布裹起来裁制成蛋儿。蛋儿摆在碾盘上,念一抓一,念二抓二,依次类推。抓时不能撞动其他蛋儿,也不能多抓或少抓。年龄小的五个蛋儿为一副,年龄大的七个为一副,俗称"抓五""抓七"。女孩儿抓蛋儿,有一种天然的优势。

那时,我喜欢扎在姑娘堆里。镇上的女孩,脑后都扎着一双辫子,用红头绳扎着。蛋儿上抛和下落时,辫子摇来晃去。这对我具备着诱惑力,我不自觉地加入了她们的阵营。女孩儿玩输了,不像男孩儿用中指弹额头,而是用食指在脸上羞一下。我十二岁了,刚刚告别了两小无猜的年龄,已经萌发了朦胧的性意识。羞女娃或被女娃羞,会让心灵凝固在一个温馨的遐想中。

抓蛋儿是要念口诀的,那口诀是这样念的:

咱叫摩,引娃婆,引娃姐,倒银河。

咱叫两,鸡叫广,广围城,鸡叫鸣。

咱叫三,来搬砖,搬不过,把手剁。

咱叫四,拉咯吱,咯吱响,咱出场。

咱叫五,敲金鼓,金鼓金,叫银银。

咱叫六,一把抠,抠渠渠,种豌豆。

咱叫大,卖俩娃,没卖过,要个馍。

口诀中的"咱"即我,"摩"是一,"大"是七。从一抓到七,按规则抓完,算是赢家。这种游戏要心灵手巧,可我总是笨脚笨手,不是速度慢,就是抓时撞动了其他蛋儿。可我盼着让女娃娃用手指羞,莫名其妙地,她们就挤在一块傻笑。

可是,我擅长念口诀,节奏和韵律也许都有味儿,招女孩子喜欢。姑娘们抓蛋儿时,让我念口诀。那天我念完口诀,一个叫芳芳的女孩悄悄塞给我一串拐枣,还在我脸上亲了一口。她也是客户的孩子,父亲是铁匠铺的杨伯。芳芳在我脸上留下的唾沫像一团火焰,让我的脸颊火烧火燎。芳芳尖细的鼻梁上方镶着两颗明珠,映出我尴尬的样子。

姑娘们来劲了,把我和芳芳往一块推,拍手唱道:"两口儿,亲嘴嘴。亲嘴嘴,倒沫沫……""倒沫沫"是不停地咽唾沫之意,它是性急灼或性饥渴的表征。这意思我成人后才明白,可那时的女孩儿怎么知道呢?

　　芳芳忽然捂着脸哭着跑了,她的一双辫子在风中摇曳。她为什么要哭?我实在迷惘。以后,只要我在场,芳芳就不来玩抓蛋儿了。自然,我也自觉地退出了姑娘堆。那个初吻,像一颗幸福的种子,播种在我的心田。但是,它缺少水肥和阳光(总是阴郁的日子),终于枯萎。1969年秋天,镇上的客户都要做下放居民。我家去南正村,芳芳家要去王寨。下放前一天的傍晚,我正郁郁地站在镇西口的碾盘旁,芳芳从铁匠铺出来了。她在我身边站了一会儿,急促地呼吸着。忽然,她带着伤感的口吻让我再给她念一遍抓蛋儿的口诀。然而,时光不会回头,我再也没有心境念诵那首口诀了,就只有低垂着头。

鹐　仗

　　成长着,就到了少年。时间充裕,精力过剩,又学不会孤独和思考,就盘起腿玩鹐仗。鹐,本意是尖嘴的鸟啄食。所谓鹐仗是娃娃们用双手扳起一只脚(一般是右脚)盘在左膝上,左腿站地,右膝盖形成鸟嘴攻击对方,被击倒者为输。这种游戏是男孩子的专利。一群娃娃分成人数对等的两组,相互对鹐,一方全部倒下,另一方就获胜。课间在教室外的空地上鹐,放学后在街上鹐,从镇子的西口鹐到东口。如一根细肠般的小街,在我们脚步的颤动下呻吟。娃娃鹐仗,家长并不干涉,他们眯着眼,圪蹴着看,就是自己的孩子被鹐倒,他们也不去搀扶。"娃娃要长大,绊个七八下。"庞光镇的人们自然有他们生活的逻辑。

　　虎顺是仝家的孩子,跟我住一个院子,他个子不高,精瘦麻利,是鹐仗的高手。他起跑的速度,攻击的力量,跳跃的高度,伙伴们无人能及。蓄势时他猫着腰,眯着眼,嘴唇紧绷,开始后一个箭步跃起,膝盖压在对方的盘腿上,立马就把对手压趴下了。他的绝招是"挑",冲过去膝盖顶在对方的盘腿下向上一挑,对方仰面朝天倒下。他的膝盖尖尖的,如钢铁般坚硬。大多时候对手见他腰一猫,眼一眯,便被摘了胆子。虎顺一个人往往能对付几个人,他所在的一方绝对是赢家。

　　虎顺鸽仗的技术绝对精湛,有资格胜任领袖的角色。可是他,却总是回避。因为他不善于说话,更不会发号施令。麦收后,邻村炉丹村的孩子们率先亮剑,要和我们镇上的孩子们在两村的地畔进行一场鸽仗决赛。双方的地盘相隔着一条河,叫曲峪河。不发洪水时,炉丹村的孩子们用石头、蒿草堵住上游的水,我们堵住下游的水,在其中摸鱼儿、蝌蚪、青蛙、螃蟹……完了双方平分,这友谊亲如兄弟。可是那天,我们必须为荣誉而战斗。正午,阳光烫热,双方相约推举一名"领袖"商谈比赛的规则。我们村自然推举虎顺,可他羞红了脸死活不干。天良瞪一眼虎顺,胸脯一拍,大吼一声,前去和对方谈判。

　　双方约定各出十人,虎顺自然是我们的骨干。一声哨响,双方展开激战。交战中,双方不断有人痛苦倒地。最后,我们只剩下天良一个,抵挡不了炉丹村四五个孩子的围攻。我们输了。环顾左右,不见了虎顺的影子。原来虎顺在击倒对方一人后,见那个孩子倒在麦茬上鼻子流血,便仓皇逃跑了。"叛徒!"我们咬牙切齿。如果虎顺坚持到底,那胜利无疑是我们的。

　　从此,虎顺的身影再也没有在鸽仗的游戏中出现过。这是一个不同寻常的事件,是要用代价偿还的。天良以领袖自居,命令我们朝他吐唾沫。在唾沫星子的气息里,他总是一个人孤苦伶仃,锁着眉、低着头,穿梭在往返学校和拔猪草的路上。伙伴们想,他心里一定很苦。但是,可怜只是一种心态,相比较,集体的荣誉更为重要。拒绝他,就是捍卫这种荣誉。十年后,恢复了高考,他被西北大学录取了。他是高考制度恢复后镇上第一个考上大学的。昔日的伙伴这才意识到他们犯过一个幼稚的错误,哪有脸面去送别他。虎顺离开镇子那天,天落着雨。虎顺披着一个蓑衣,光着脚踩着泥巴,从纸花店旁边的那条小路走出了细肠一般的镇子。

庞光镇纪事

细肠一样的街道

秦岭是座山脉，牛头山是它的一座岭。既名曰牛头，形状似也。庞光镇离它二里远，隔着牛的脖子和胸脯，它应该是牛的肠子：扭曲、狭窄、悠长。黄昏，站在牛头山上俯视，一缕缕炊烟从一户户人家的烟洞里冒出来，宛若小镇纤细的脉搏，又仿佛是黄昏的抒情曲。小镇的宁静和淡泊，都写在炊烟的脸上。

牛头山下，曾经是汉武帝时期的上林苑，开始是狩猎，后来就成了太子、大臣、妃子们游乐的场所。《汉书·旧仪》载："苑中养百兽，天子春秋射猎苑中，取兽无数。其中离宫七十所，容千骑万乘。"后来，打开了秦岭到陕南的通道，这儿渐渐形成以庞光镇为中心的山货集散地。从这儿穿越秦岭，一条路过柞水通安康，一条路过商洛达湖北十堰，一条路经宁陕到汉中。清末、民国时期，镇子的街巷里积满了药材、兽皮、木材、山果，行人很难通行。供销社和戏楼间的空地以及镇子东口的高山庙前是做大买卖的，热闹和繁华无须赘述。

在我童年的视野里，镇子的主街极窄。主街上的人家都开着店铺，檐头挂着黄色的幡旗做招牌，沿屋檐斜坡搭起廊棚，站在街上看天，天就成了一条缝。主街的房门是板式的，晚上担负着门的职能，白天被主人卸下来作为台面摆商品。供销社在街的中央，对面是个旧戏楼。记忆里，它只演过一出戏:《火焰驹》。后来戏楼的一间塌了,露出瓦蓝的天,就无法再演戏。戏楼上结满了蜘蛛网,还有燕子、麻雀做的窝。整个小镇,就这地方还宽阔些,仿佛一根细肠,突然在这儿憋了气,就鼓胀了,形成一个膀胱状。膀胱,音同庞光。大约,镇名的秘密,就潜伏在这儿。

庞光镇的西口极窄,是这根肠子的脖颈。两家的房斜盖着,两堵墙的檐头几乎挨着了。这两家,一家是铁匠铺,一家是做棺木的。这家的铁锤在敲击,叮当叮当,那家的锯子在刺啦刺啦地叫,前者的声音悦耳,后者却是那样刺耳。冬天,我常常走进铁匠铺,那里暖和。两个汉子对面击打烧红了的铁件,你一锤,我一锤。有时,我也帮着拉风箱,让火苗跳得更高。铁匠铺的东边,是一个碾坊。总是看到这样的情景:一头驴被蒙着眼睛绕着碾盘转圈。那蒙驴眼的东西,镇上人叫"暗眼"。碾坊的墙后,卧着一个废弃的碾盘。年代久了,也就光滑柔顺。

镇子的东口,路北是小学,路南是高山庙。它们的位置都斜着后撤,仿佛一个通向肛门的肠子头。镇子里发生的故事,经由这儿排泄出来,成为历史的痕迹。

在我的履历表上,庞光镇就是籍贯。狭窄的黄泥路,磨砺着我的脚板。多雨的季节,街道的泥有半尺厚,穿雨鞋、泥屐都不管用,索性脱了鞋,裤腿挽在膝盖上蹚泥。天晴了,路干了,我和伙伴们滚着铁环,像推着一列列小火车,在一根肠子里不知疲倦地奔驰。铁环滚动时发出悦耳、清脆的声音,响彻窄街的每一个清晨,还有黄昏。

啃 瓜 皮

天热起来时,供销社和戏楼的接壤处就膨胀起来,聚集了很多人。供销社大门的右侧有一个西瓜摊,一牙瓜五分钱。卖瓜人是个老头,剃着光头,没留胡子,那张脸就非常突出。我们守候在瓜摊前,等候大人买瓜吃。吃完红瓤,他会把瓜皮扔在地上。那块瓜皮,就成了我们争抢的对象。谁抢到了,就会跑出好远,掏出削铅笔的小刀,把粘在瓜皮上的泥土削去,再用刀切成小块,伸出舌尖舔着,张开牙齿嚼着。那狼吞虎咽的感觉,至今仍在记忆中蠕动。幸福源于一块西瓜皮,这完全是饥饿的功劳。那时肚子总是饿,西瓜皮既解渴,又填饿,实在是好东西。

有一些情节和细节在记忆中挥之不去。没有大人来买瓜时,老头就抱起桌下的木匣子,打开按钮听秦腔,边听边摇脑袋,冷不丁也跟着吼几声。正听得兴趣盎然,一群苍蝇围着切开的西瓜转悠,叮着红瓤嗡嗡地飞。卖瓜的老头恶毒地骂着,一手抱着木匣,一手扬起芭蕉扇挥赶。他挥动扇子的姿势不是左右摇摆,而是转着圆圈,苍蝇也绕着他的扇子在做圆周运动。老头不赶我们,用脚把瓜皮踹到我们跟前,看着我们争抢。有时他就偏心,用穿着圆口布鞋的脚把瓜皮踢到我跟前。因为别人叫他大爷,我叫他爷爷。大爷和爷爷的味道是不一样的。爷爷带有亲情,大爷仿佛有着一层隔膜。黄昏,夕阳的影子将我的"爷爷"在一根肠子里扭来扭去。先是扭过杨家的裁缝店,然后扭过父亲所在的照相馆,最后过了陈家的杂货店,那扭曲的身影就消失了。老头的背驼着,晚霞里,为窄巷涂抹了一个橘红色的问号。

许多年后,庞光镇的街道拓宽了,一根肠子被切割开,豁然开朗之后,却把昔日的热闹和喧哗赶走了,旧有的秩序消失了,古朴和醇厚成了历史。虽然街道上也建了许多专业的市场,但来买东西的人却日渐稀少。镇子东头,昔日高山庙的地盘上挺立着一座富丽气派的海鲜楼,它顽固地阻碍了我的视野。某日我走进那座海鲜楼时,一位红衣少女正津津有味地吃着一只虾。那虾的形状极像记忆中那位"爷爷"的形体。我也坐下,装模作样地啃吃着螃蟹、鳝鱼,还有蛇和虾。吃着吃着,我便皱起眉头。肚子不饥,食欲就跟着减退了,当年西瓜皮留给我的那种美味,再也吃不出来了。是童年时的西瓜皮改变了我的思维方式,还是自己的胃功能已经退化,我很困惑。

禅与物　chan yu wu

知了壳的诱惑

　　知了又称蝉,它隐含着一种禅意。禅意似乎有点神秘,但它的确是一种意境,一种晶莹如知了壳的意境。

　　我上初中了,暑期,我在庞光镇周边的树林里搜寻知了壳。一位少女,悄悄地带我绕过小学的围墙,到了胡老四家的醋坊。那门上有两个对称的铁圆环,少女抓起一只在门上轻轻一磕,门就开了,探出来一张麻子脸。少女叫声"舅",他就放我们进去。院子里,弥漫着浓浓的醋香味。少女带着我进了后院一片树林。我竟然不知道,胡老四家的后院,会有这么大一片林子,有那么多的知了在高处鸣叫,有那么多的知了壳趴在树上。少女脱了鞋子,弓着身子,上树我为摘取知了壳。突然间,下起了雷雨。她来不及下树,湿淋淋的衣服贴在她的身上,显露出不同于男孩的某种神秘曲线,让我脸红心跳,浮想联翩。而她全然不顾我贪婪的目光,雨停了,她又要上树为我摘取知了壳。

　　这只是记忆的一个片断。可是,在悠长的岁月中,我依然保留着那个少女弓在树身上的影像。那个瞬间,我感受着一片未知的天地。渐渐地,我享受到的是温馨,是幸福。成长的过程中,我的灵魂沉浸在一个个细节里,宛若小鸟的羽毛被一个精致的木梳滑过。

　　童年的记忆里,仿佛都是秋天,我穿行在树和树结合着的空间。我的目标是知了蜕下的壳。那壳伏在树身上,攀在树枝上,爬在树叶上,显示着孤独的美。知了蜕壳的过程,是在践行着从物质到精神的蜕变。具备了精神品位的知了,才会不知疲倦地在大自然中吟诵着或高尚或悲伤的诗词。残留在树身、树枝、树叶上的壳,我以为是卸去了生命和灵魂负荷的精神贵族。

　　我收获知了壳的目的是在药店换取钱币。那个年代,钱币的诱惑对我是那样重要。我穿梭在火辣辣的阳光下,丝毫没有疲累的感觉。知了壳可以入药,给人类带来健康以及幸福,而我却可以用它换来钱币。那个药店在庞光镇街道的路南，台阶很高，很坚硬，四扇黑漆的窄门对我敞开。我攀登着台阶，似朝圣教堂般虔诚和庄严。

那些晶莹透亮的知了壳，仿佛《圣经》里的句子，经典，耐读。在生命的初期，它引导我解读幸福的含义。那个暑期，无数的知了壳被我送进药店，麻醉着我的精神。开学了，我一次次逃学，继续在镇子四周的树上收获隐含了精神意义的知了壳。

少女上树的地方，是一处潮湿低洼的水坑。几十年过去，不知那位少女的脚印是否逝去？那些知了的后代，是否仍伏在树上孕育着生命？

第二年秋天，那个少女忽然就从小镇消失了。当我绕过小学的围墙，敲开醋坊的门时，那个曾被少女唤作舅的人喷出醋一样的酸味问：你找谁？我知道，这便是拒绝了。那曾经让我感到浓香的醋味，熏得我几乎晕倒。于是，我对捕捉知了壳，再也没有了兴趣。

一缕风，把小镇曾经的故事吹走了。那个秋天，我发现自己突然长高了。

高 山 庙

乡下有许多土庙。我去过的村庄里，大大小小总会有个庙。在我的意识里，庙是精神的殿堂，灵魂的皈依。它虽也是泥土做的，但却供奉着神像，就不叫屋，而叫殿，收留着一个村子的前世今生。谁家的人遭遇了不测，谁家的媳妇生不出娃娃，谁家的孩子要考学，出门求平安，生病求健康，求姻缘，求发财，求做官，都要到这庙里烧几炷香。无疑，这是最适宜了却心愿的地方了。无事可干，也去庙里上上香，或许眼下什么都满意，求个长命总可以吧。我曾听到一个真实的笑话，乌东村的一个妇女，嫌家里养的鸡下的蛋少，也到庙里上香求佛。至于后来她家的鸡是否下蛋下得多了，我倒是没听说下文。我有时想，菩萨也太累了，天降大任于她，她必然有太沉重的担当，要解决天下人太多的烦恼，要满足世人太多的愿望，要倾听千万人的内心祷告,真是苦其心志,劳其筋骨。放在我,阿弥陀佛,我绝不做菩萨。

作为尘世上的凡夫俗子,谁能没有烦恼,谁能没有痛苦?人活着,灵魂总要有个去处,庙就起了这样的功能。要是连个祈祷、求神的地方都没有,那一村的人去哪儿解脱痛苦,诉说心愿?庙的好处就在于此。别看它也是土墙泥瓦,但墙老得掉渣,瓦缝间长出茅草,有的屋顶两头还有龙头龙眼,这就非同寻常。这土墙、茅草、龙眼像一双双慧眼,洞察着人情世故。它不说话,但总能给人开出一剂剂救世的良药。我很喜欢寺庙里的香火,喜欢那种味道,想着那就是能够解脱人们疾病和痛苦的中药的味道;也喜欢香烟缭绕的样子,仿佛将人的痛苦和烦恼带到九霄云外。如果有常住的和尚,那里面一定会有诵经声,我非常喜欢聆听敲打着我内心的那种韵律,安详,悠扬,心灵里好像有风筝在飞。按《圣经》的说法,那是来自心灵的声音,引领我抵达旷远的境界。

庙,总会有个名字,譬如土地庙、财神庙、娘娘庙、龙王庙、关帝庙、城隍庙……庞光镇的东头有个高山庙。为何叫这个名?我至今没有弄清。是因为镇上的人家大多数姓高,还是镇子的南边就是秦岭的高山,反正搞不清。世上很多事情,人永远也搞不清。庙是三间宽,有三节石板的台阶,屋顶很高,瓦楞间长着随风轻摇的茅草。一般情况下,被称为庙的地方是少不了塑像、香炉什么的,可土庙里只是一排排用泥土做的课桌。镇上的小学教室紧张,就把高山庙做了一年级的教室。西边的山墙上,有一块黑板。窗户很小,用报纸糊着,光线暗淡。

老人们回忆说,早先高山庙里是有菩萨的。民国三十年的春天,庙里住进了一对从甘肃逃难来的男女。镇上人看他们可怜,就没有人说什么。收秋时,这对男女居然生下了一对双胞胎。冬天里,那对男女和他们的双胞胎都不见了,那菩萨的塑像也奇怪地失踪了。镇上人很纳闷,有抢人的,偷东西的,但从没听说有偷菩萨的。有人怀疑是那对男女带走了菩萨,但没人亲眼看见,再说那菩萨的塑像咋说也有几百斤重,他们怎么搬得动?于是,这疑问就成了永久的谜。后来,镇上人不知从哪儿弄来一尊观音菩萨,安置了供桌香炉,一些女人还主动住庙看守,这才保证了高山庙的香火不断。

我在高山庙里念完了一年级。给我们上课的女老师姓关,当班主任,还教语文算术(那时不叫数学,叫算术)。她长着圆圆的脸,大大的眼睛,有菩萨一般的气息。模糊的视野里,我的思维有时会开小差,凝神看着她说话时露出的两排牙齿。那牙齿很洁白,整齐地排列在她的嘴唇里,如一道亮光,闪耀在光线暗淡的教室里。四十年流逝的岁月中,我收藏着她那一晃而过的牙齿的光影。

有一天,她给我们讲故事。

"从前有座山,山里有座庙,庙里有个大和尚给小和尚讲故事。讲的啥故事?从前有座山,山里有座庙,庙里有个大和尚给小和尚讲故事……"

翻来覆去地,关老师却总也讲不出故事来。我们极想听大和尚给小和尚讲的故事,她却又绕回来,回到"从前有座山……"这句。我们觉得没趣,就歪着身子张开嘴打开了哈欠。这当儿,关老师却变了脸色,从洁白的牙齿里冒出了凶狠狠的训斥声:"小娃儿们打什么哈欠,都坐端,听我讲课!"

童年里,这样的细节不是很多,我就难以忘却。孩子们虽然喜欢打破砂锅问到底,可是谁也没有勇气在关老师那里讨个究竟。那会儿,我总也想不明白,大和尚究竟给小和尚讲了一个什么故事。

庙前有很大一片空旷地,是镇上的男人聚集之地,也是牲畜和家禽寻欢作乐的场所。那会儿进庙烧香属于"封、资、修",再说庙里没有神像,给谁上香呢?三五个人聚在一起搭方、下棋或者聊天晒暖暖。西北角墙上的楔子上,拴着牛、马、羊。猫和狗,还有猪,在人群的空隙处追逐。娃娃们一下课,就盘起腿玩鸽仗的游戏。

高山庙高高的台阶上,东边坐着一个老汉,如阿Q一般敞开胸翻开棉袄里子捉虱子,捉出一个,用两个大拇指甲挤死,把指甲上的虱子血擦在棉裤上。西边的台阶上坐着一位妇人,那妇人的儿子半年前还坐在庙里上课,可一夜间发高烧死了。这妇人就整天坐在那里,一会作揖,一会磕头,一会又扯破嗓子号啕大哭。我们上课时,她的头就偶尔伸进门里,听着关老师讲课。

白天的高山庙是乏味的,晚上却不缺少故事。放学后,庙门上了锁,但门槛是活动的，一弯腰就可以拔下来，人可以爬进去。冬天，死了儿子的妇人天一黑就爬进庙里，烧香，念经。镇上人以为庙里闹鬼。大年三十的晚上，雪下了一夜，妇人在土庙里冻僵了。几天后，太阳出来了，庙的台阶上只剩下那个老汉。他捉了虱子不用大拇指甲挤了，而是捉一个，一挥胳膊，使劲朝庙门西边扔去，边扔边唠叨："你这个害鬼呀……"

春暖花开的时节，镇上有一对中年男女，从门槛下钻进高山庙里品尝爱的滋味。有无聊者深夜爬在门槛下，伸长耳朵听一对男女做爱的声音，第二天便坐在庙前的东南角向人们绘声绘色地描述，逗引得许多闲汉起了好奇心，深夜都朝那门槛下爬。后来，那男的让老婆的娘家人揍了一顿，被打坏了腰，在炕上睡了一个春天。

刚刚过了夏天，如此消闲的景象没影了，庙前成了开批斗会的地方，地主、反革命分子戴着纸糊的高帽子站成一排，接受造反派和贫下中农慷慨激昂的批判。我们小孩子不知道如何愤恨地主反革命，只是对他们头上戴的纸帽子感兴趣。那玩意下宽上尖，像个喇叭筒，戴在头上很滑稽，我们就仿照着做，戴在头上快活地在大街上跑。家里的大人要是发现了，就拼命地追，边追边喊：你个崽娃子，不想活了！

后来的情景，就让一颗童心惊惧起来。批斗会不光嘴上喊口号，还动拳脚，常常就有被批斗的人满脸血迹跪在地上，有的被当场剃了阴阳头。那剃头削发的也许手艺不精，我亲眼看见地主分子高宝山的头皮被割下来一块。那情景令我魂飞魄散。今天我终于可以说：我同情地主分子高宝山。他如何反动，如何剥削贫下中农，我没有看见。我只是看见他的脑袋被割下来一块皮，血流了满头满脸。我无法不同情他，无法不为他的命运担心。果然，那天晚上，他就钻进了高山庙，用一根绳子把自己悬挂在了庙的横梁上，留给人们一具模样恐怖的尸体。他选择了如此的死亡方式，就是要把狰狞的面目留给那些造反派们。用绳圈套住自己的脖子，这是需要多么坚硬的内心！后来我恍悟了，这是勇敢，是决绝。即使庙里坐着菩萨，也无法以慈悲的胸怀阻拦。

再后来，高山庙就成了武斗的地方。梭镖、大刀、棍棒、镰刀、斧头、铁叉,甚至还有猎枪。大人把我们赶出了教室,我们不用上课了,真高兴。我庆幸的是,看不到那些能让人受伤或者死亡的武器了。

庙,这个清静人灵魂、为人消灾避难的场所,在20世纪60年代却成了血肉横飞的舞台。在中国数千年的历史中,这一幕绝对称得上荒诞。

70年代初,高山庙被改成了电磨坊,那些菩萨的塑像和供桌、香炉之类的物件,都被当作"封、资、修"的玩意扫地出门。庙属于精神的层面,一旦为物质的东西所占有,就会生出一些意想不到的事情来。那个吊死在庙里的地主分子高宝山的儿子看管着电磨坊,一天到晚庙里机器轰隆,碾碎着麦子或苞谷。庙里盘了土炕,高宝山的儿子晚上就在炕上睡觉。谁也没有料到,土庙里竟然诞生了一个反革命组织。高宝山的儿子三十多岁了还娶不上媳妇,于是就仇视社会,寻求报复,发起组织了那个反革命组织。很快,他就被枪毙了。

那时我上高中,枪毙高宝山儿子的那天傍晚,我望着那紧锁的庙门,身子在刺骨的风声里颤抖。庙脊上的鸟雀儿悠闲地蹦来跳去,人世间的一切自然与它们无关。一片树叶,游魂似的从我头顶滑落,仿佛临终者的躯体,发出绝望的叹息。忽然,我想起了关老师曾经讲的那个没有情节的故事。其实,大和尚满腹经纶的肚子里,何尝没有故事?只是他不愿意讲出来罢了。

打那以后,高山庙就恢复了安静。其实,庙的本质就是安静。再往后,高山庙被拆毁了。拆庙那天,风怪叫着,一窝窝的老鼠被捣了老巢,吱吱叫着,惊慌失措地四处逃散,镇上人养的猫围着土庙的残骸,追着老鼠饱餐了一顿。那是一个血淋淋的死亡现场,是我目睹了的。我的身子,打摆子似的,在凄风里颤抖。

我现在想,世上的故事林林总总,千奇百怪。人生是有许多答案的,不同的人生有各不相同的故事。大和尚给小和尚讲的故事之所以没有下文,该是让小和尚自己去填空吧。

南正村人物

八　爷

　　村子里八爷的名声最大。他是个铁匠,走过十三省。他是十五岁出门的,到六十岁回来时仍是光棍一个。一队的饲养室门前有一个半截碌碡,八爷坐在上面讲述他的经历,讲着讲着就添加一个女性的形象,多么疼爱他,死去活来的。描述的过程中,他冷不防就插一句:"哪像你们啊,一辈子就守一个女人。"

　　那些女人如何的好,八爷都没带回来,只带回来一件东西:烟锅。玛瑙嘴,绿色的,杆儿细长光滑,锅子是铜的,烟袋是黑皮的。八爷盘腿坐着,用锅子在烟袋里挖,挖好半天,才挖出一锅烟来,用左手大拇指把烟叶按压实在,才点燃火柴。

　　八爷挖烟的时间挺长。他不像是在挖烟,像是在搅动他岁月中的一个个细节。我有时性急,就帮他挖烟。他瞄了我一眼说:"这烟锅是翠兰送给我的,你该叫婆。她夜里给我洗脚,捶背捏腰。打铁的活啊,一天下来骨头都要散了。她死了男人,养活四个娃儿……"他有点哽咽,曲起左脚,搁在右腿上,亮出鞋底,拿烟锅在上面磕打,散落的烟灰如他满腹的沧桑。"临走,你翠兰婆送了我这烟锅。我想带她回来,可她屋里还有个瞎眼的婆婆。"他的语气悲伤,可我还是个孩子,哪里懂得人间冷暖。八爷审视着我流不出泪的眼窝,只好叹口气,"这人哪,都是命。"

八爷回来那年,有人劝他开个铁匠铺子。他摇了摇烟锅说:"打了一辈子铁,连个老婆也没混上。还打铁呀,不要了我这条老命。"

我十岁那年,八爷当了队长。那当儿,学习小靳庄开始了。公社来了个姓李的团委书记,自称是工作组组长。隔三岔五的,他让八爷组织社员开赛诗会。地里的秋苗缺水,八爷说要浇地,姓李的说革命生产两不误,革命嘛,是第一。八爷就召集了社员会,还是在饲养室。人到齐了,八爷一句话不说,只是闷着头抽烟。抽过两锅烟,他说:"你们念诗,我浇地去了。"他把烟锅朝胳肢窝一夹出门了。队长都走了,还开的啥会,社员们一窝蜂走了。李组长说要开八爷的批判会。二爷劝八爷出去躲几天,八爷说躲啥呢,我又没偷没抢。

给八爷开批判会是个晚上,在我们队的麦场上,全村人都来了。李组长凶狠狠地讲了一通,说八爷反对毛主席,不抓革命,光抓生产。李组长还没讲完,突然停电了。八爷那时就蹲在李组长腿旁抽烟,忽明忽暗的烟锅宛如星星点点的灯火。抽完烟,电还没来,八爷挥起烟锅把烟灰磕在了李组长的鞋上,李组长一骨碌跳起来吼道:"反革命,想陷害我?"

八爷不见了踪影,李组长带着人四处找八爷。一个多月后,李组长调到另一个公社去当副主任,也就顾不上找八爷了。第二年伏天时,八爷提着烟锅回村了。八爷说他去看翠兰了。

有人劝八爷抱养个儿子。八爷说,儿女都是害,哪比一个人轻闲。说这话时,他举着烟锅在空中比画。他在比画什么?谁也搞不清楚。他见人们瞪眼瞧他,就说了句:"烟锅,我死了记着把这烟锅装进棺材,我到阴间手也有个着落。"

我读大学那年,八爷去世了。二爷让人给八爷准备了棺材,把他的烟锅垫在他的脖子下。二爷告诉我:八爷是肺气肿,都是烟锅惹的祸。说完这话,二爷又说了一句:你八爷咽气时还搂着烟锅,没有烟锅做伴,你八爷一辈子不是啥都没有了?

尚　伯

　　我家地方小，晚上我常常睡在队里的饲养室。深夜，牛悠长地叫着，舒展着一种韵味。圈里有七匹牲口：四头牛，两匹马，一头骡子。尚伯当饲养员，最喜欢那头小黑牛，其他三头牛是从甘肃买回来的，而小黑牛是尚伯在圈里接生的。等老牛舔干了牛犊身上的乳液，尚伯就把牛犊抱在了怀里。尚伯的姿势是这样的：蹲下，伸出双臂，十指展开，揽住牛犊的四蹄，起身。牛犊贴在他的怀里，温顺得像个孩子。直到有一天，尚伯抱不动牛犊了，幸福仿佛从他的怀抱逝去，眼神空落落的。

　　小黑牛能下地干活了，尚伯却有些舍不得。他撵出去，一遍遍叮咛牵牛的人：这牛还嫩着，别让它太使劲，也别用鞭子抽它啊。

　　我高中刚毕业时，正赶上地分给一家一户耕种。圈里的牲口也要分，队长保才让尚伯先挑。尚伯看看这个，瞧瞧那个，都有些恋恋不舍。可保才说不行，你只能挑一头。尚伯就拍拍小黑牛的脑袋说："娃儿，回家。"他在后院给黑牛搭了间草庵，顶上覆盖着麦草。尚伯端着碗蹲在牛身边看牛嚼草，牛吃饱了，尚伯用老伴梳头的梳子给牛理毛。那梳子是木质的，颜色有些黄。

　　第二年夏收过后，村子人都雇拖拉机耕地种苞谷，尚伯牵着小黑牛到了地头。我问尚伯，你不是心疼牛么？尚伯说你不懂，牛不耕地心里会难受。你想啊，牛常年四季地吃人喂的草料，到种地出力的时候，你让它闲着，它心里能不难受？

　　播种的日子里，别人戴着草帽盘着脚坐在地头，叼着烟锅看拖拉机耕地。尚伯却扶犁跟在牛的屁股后头，犁头在尚伯的眼前翻过一片片浪花。他扬起鞭子，朝牛屁股上抽了一下。尚伯抽鞭的姿势很优雅，手臂朝上一扬，鞭杆在空中划过一道弧线，鞭尖绕过一个圆圈——鞭圈很圆很圆。随后呢，那鞭尖就如弓一般张开，落在牛的屁股上。"叭——"那响声极脆。尚伯脸上堆积着微笑,层层叠叠的皱褶宛若犁头翻过的浪花。

尚伯总是不等天黑就卸了犁。牛卧在地头喘息,尚伯在抽烟,仿佛一种默契。牛歇够了,尚伯在鞋底上磕磕烟灰,肩扛着犁吆牛回家。我问为啥不让牛背犁?尚伯说牛累了。人嘛,总得有个良心。

有一次,尚伯和我讨论牛最喜欢吃什么的问题。尚伯问我:人最爱吃肉,牛呢?我说嫩苞谷棒,他摇摇头;我说麸子,他又摇摇头。尚伯叹口气说:我也琢磨不透,牛又不会说话。

我上师范后,就很少回村子了,偶尔也惦记尚伯和黑牛,但身子懒了,事情又是那样的繁多。好不容易静下来,坐在书房里翻着一些书,冷不防在页面上碰到"牛"字,心里就漾起一阵温馨。

女儿上小学那年,我调到了县政府办公室。一天,我在街上碰到当年的队长保才。闲聊中我问到尚伯,才知道那头小黑牛死了。我想知道一些细节,便领着他到我的办公室,泡了茶听他细说。保才告诉我,队里那些分到各家各户的牲口不是死了,就是卖了。尚伯一直养着那头黑牛……黑牛没得过什么病,是老死的……尚伯叫了村里的小伙把黑牛拉到山坡上一棵柿子树下埋了……每年柿子红了的时候,尚伯坐在柿子树下说着一些话。比如,他就曾听见过一句:牛啊,你吃柿子不?

我怔怔地坐着,想不通尚伯为啥让牛吃柿子。有些事,有些情感,我还没有搞懂。

乖　　娥

单凭"乖娥"这个名字,感觉她是顺从、听话的那种人。但乖娥一嫁到南正村,村里人却傻了眼。她的头发扎成那种马尾巴型,走起路来风风火火。村里人就预言,这个新媳妇不是省油的灯。后来,又听见了她像男人一样的大嗓门。

刚结婚那年冬天,她和丈夫吵嘴。街坊邻居只听见她在家里吼,还伴有家具碰撞的响声。半夜,她跑出家,跳进了村西公墓边的那口井。那是个枯井,没有水,也不深,不会对生命造成危险。早上人们下地干活,听见井里有人大声呼叫,几个小伙这才把她拉了上来。一上来,蓬头垢面的她身子发抖,做出一副惊诧的样子:"谁把我扔井里了?"从那以后,丈夫凡事就让她三分。村子人都说:乖娥,一点也不乖哟。

丈夫是惠安化工厂的工人,队里分粮食,乖娥扛着粮食桩一口气从麦场上回家,那少说也有一里地。由于泼辣能干,人缘又好,她就当上了妇女队长。大清早,她扯着大嗓门一户一户地叫人下地。谁要是来不及应声,她就咚咚咚地砸门。

有一阵儿,早上干活前要先学习毛主席语录,乖娥不是迟到,就是打盹儿。她平时嘴不饶人,和几个妇女有些矛盾,有人就借机给她寻事,造反派就在戏楼上开她的批判会。那是村子的旧戏楼,一直闲置着,驻留着蜘蛛、蟑螂、蝙蝠的足迹,收藏着麻雀和一些鸟儿的气息。自我十岁那年开始,戏楼却热闹起来,唱样板戏,开批判会,还有稍后几年的赛诗会。乖娥一上戏楼就装疯卖傻,摆着姿势唱《红灯记》中李铁梅的句子:"听奶奶讲革命英勇悲壮,却原来我是风里生来雨里长……"脸上一副悲戚的神态。村里人好久没有开心地笑了,于是借着她的表演,张开大嘴,笑成一锅粥。戏楼上有好多麻雀,它们从来都没见过这样喧闹的景象,惊恐地飞出戏楼在空中乱窜。造反派一看这阵势没法收拾,就摆摆手说:"一个疯子,批判啥呢,散会,散会。"

乖娥凡事都要在村子争第一。缝纫机、手表、自行车,在那时是令人羡慕的"三大件",都被她抢了个第一。然而,无论是谁,完美几乎是不可能的。不知道哪儿出了故障,她的儿子两岁了还不会说话,她和丈夫四处求医,丈夫的工资花完了,她的积蓄花光了,儿子还是发不出声音,她就有了一种悲伤。刚刚三十岁,额头上已经现出皱纹。头上的"马尾巴"不见了,取而代之的是易于梳理的"剪发头"。

儿子十岁了还是不会说话。仿佛，命运要让这个女人低头，要让她的性格顺从她的名字。那几年，乖娥收敛了自己的天性。走路低着头，说话憋着声，一听到别人家孩子开心的笑声，她就溜墙角走路。

一晃，政策开放了，乖娥的天性又绽放开来。开始，她承包了村上的一个砖瓦窑，赔了两千多元。她又贩服装，几天一趟地跑广州，很快挣了三万多。她用挣下的钱办了个电器厂，成了乡上的纳税大户，成了女企业家，手机、电脑、楼房、汽车都有了。她到县城办完事来找我聊天，当我问到她儿子时，她的神情顿时沮丧下来："一个人有多少钱，也不抵一个会说话的儿子！"她说儿子爱捣弄电器，有一天，电视机没声了，儿子不知怎么倒腾的，等她晚上回来电视又有声了。她摸着后脑勺说："要是会说话，那还不成了教授了？"

离车十几步，乖娥就按了小车的遥控。打开车门，一猫腰就钻进了宝马。她的后脑勺上头发盘成一个圆形，别着一个蓝水晶发卡，让我想起电视里那些成功的中年女性的发型。

偶然翻开辞典，意外地发现在古时，乖的本义指背离、违背、不和谐，后来的词义竟与它背道而驰。乖娥的乖，其实是延续了这个词本来的意思。

四　　叔

南正村也有奇人，四叔就是一个。四叔小时，村里没有人认为他是个好孩子。冬天，他点燃了自家院子的麦秸垛烤火，差点毁了土屋。逃学挨了父亲一顿打，他钻进炕洞一天不出来，害得家人和亲戚邻居十里八里地寻找。上三年级时，他给同桌的女同学书包里放进一只蛤蟆，幸灾乐祸地瞧着那个女同学大呼小叫。上课前，他在教室门顶上架一把笤帚，笤帚上堆着尘土，老师推门而入，笤帚和土便落在老师头上……

四叔慢慢长大了，他的名声越来越坏，以至于没有同学愿意与他同桌。

他一站在篮球场上，其他同学便四散而逃。他不投篮，而是狠劲地用篮球砸篮板，满操场都能听到咚咚咚的响声。

四叔是"老三届"，初中快毕业时，他忽然就成了一个叱咤风云的人物。他在学校里造老师的反，贴出了第一张大字报，于是屁股后面就有了一群追随者。他不满足在校园里"革命"，很快，公社的头头们被他赶出了公社大门。他没收了公社的大印，装在自己身上。

那时乡村大地到处流传着四叔的故事。他要批斗谁，谁就得上台子低头；他要抄谁的家，谁家就得遭殃；他要让谁游街，谁的胸前就得挂上牌牌，头上顶着纸糊的尖帽子……他还闹出了笑话，给两个男人发了结婚证。他的聪明才智在那个年代里发挥得淋漓尽致。

四叔的辉煌很短暂。公社革委会成立以后，他就从公社大院消失了。往后的几年，虽说还有这样那样的运动，但都和他没有多大关系了。他回村种地，兜里每天都揣着一张报纸。田间休息时，他就看报纸。他的脖子细长，好像捞鱼鸭。阳光在报纸上跳跃着，风从报纸上拂过。读着读着，报纸就掉在了地上，他打起了响声很亮的呼噜。

四叔一直没有娶上媳妇，没有谁家肯把女儿嫁给他这个声名狼藉的人物。对于他从一个极端走向另一个极端的巨变，人们更是不可理解，担心他神经出了问题。在人们异样的目光中，他显得更孤独，黄昏时如果有个背影在村外飘零，那就一定是他。

三十岁那年，四叔蜷缩在村东头的破庙里。天空飘落着雪花，村落弥漫着炊烟，正是做晚饭的时刻。那庙没有门，一个女人在门外站着。她挎着讨饭的篮子，消瘦，疲惫，有三十多岁的样子。四叔眼前一亮，浑身燥热，从柴草铺上一跃而起，冲出门将那女人拉进庙里。于是，那破庙让四叔成了一个男人。第二天正午时分，他把那个甘肃口音的女人领回家，跪在父母膝下。"爹，娘，我和这女人去甘肃呀。"他的父母为儿子和那女人草草地操持了婚礼。没有摆席，但一锅一锅的臊子面从上午一直吃到傍晚。村里家家户户都来了人。老人们说："娃呀，想回来就回来，天底下还是咱这儿好。"年轻人说:"四哥,去外头闯荡去,混出个样儿让人看看。"村长西财说:"村里给你留着地,在外头混不下去了,把媳妇领回来种地。"四叔想起当年曾让西财戴帽挂牌游街的情景,忽然放声恸哭,哭得惊天动地。

　　第二天,在村里人的瞩目下,四叔和那女人上路了,女人在前,他在后。他拉长脖子这儿瞧瞧,那儿看看,似乎眷恋着这块土地,脚步犹疑迟缓。那个清晨有雾,他的背影渐渐模糊。

　　南正村的人想着四叔会叶落归根,但总是没有他的音讯。

禅与物 chan yu wu

柿子红了

　　柿子红了,庞光镇的姑娘就该出嫁了。这是不成约定的乡俗。那个季节,老人和小孩都不免生出一些惆怅。出嫁虽说是喜事,但女儿再也不能守在这座屋里了,这让做父母的心里空荡荡的。小孩呢,平日叫惯了的姑、姨或者姐姐,让一个陌生的男子占为己有,心里不免酸楚。

　　就像我的二姨,没有出嫁时,她高兴了会拉着我在柿林里疯跑,跑累了,她坐在林了的空地上,让我用红头绳帮她把一头黑发系在脑后。那种感觉对我这个男孩子来说,真是妙不可言。可她出嫁了,再回来时就匆匆忙忙的,头上别着一个天蓝色的发卡,那玩意儿叫我看着怎么也不顺眼。她再瞧我时,眸子里也没有了先前那种明亮。

　　可二姨的出嫁是谁也拦不住的。母亲说,就像树上的柿子红了,没有人摘,就会落下来烂到地上。柿子红了和二姨的出嫁有什么联系?母亲的比喻我还是不懂。不过,娃娃的心思变得快,过了一阵子,我就不再牵挂二姨了。

　　坡上的柿子有牛筋、火果、面蛋三个品种。牛筋体形大,适合在锅里煮熟吃;火果和面蛋小而圆,挂在树上就软了,是我们孩子偷吃的对象。不同的是,火果无核,可以一口吞咽;而面蛋有核,汁液不多,但味道却甜。

　　姑娘出嫁时,必备的嫁妆是一篮柿子。煮熟的牛筋在底层,红软的火果和面蛋在上层。篮儿的把上拴着一根红绸,由姑娘的母亲抱在怀里,陪伴着女儿走向花车。鲜红的柿子上,洒落着亲娘的泪。

　　那篮红柿子不仅是做母亲的送给女儿的陪嫁,也是庞光镇祖辈们对一个女儿的祝福。

柿子由绿变红是需要过程的,这个过程需要镇上人的耐心。柿树漫坡遍野,绵延几华里,镇上派了四个护林员守护着林子。趁着夜色,有人要砍倒柿树用作盖房做家具的木料,有人要砍下树枝晒干了做柴火……柿子成熟时,会有小孩子上树偷摘果实,还有些鸟儿要啄食软了的火果和面蛋。因此,在下果前的一个月,护林员会增加到十来个。

下果仿佛镇子盛大的庆典,一般需要三四天。下果前一天晚上,要"请"一场电影,幕帐就挂在靠路的柿树上。放映前先燃放一串鞭炮,给放电影的人敬上一碗黄酒。放映的片子是人们不知看了多少遍的《地道战》《地雷战》《平原游击队》,可村里人照看不厌。我们娃娃们不在正面看,钻进柿林里看反面的人影,模仿电影里人的动作,笑够了便盘起一条腿玩鹐仗……第二天一大早,镇上的男女老少都拥进柿林下果。青壮年上树摘果,在树下用长竿子钩果,老人和妇女把牛筋堆成小山(牛筋不需要变软就要摘下),把火果和面蛋小心翼翼地放进筐,小孩子们则挥舞着偶像李向阳式的木头手枪,在林子蹿来蹿去,吆喝着成群的鸟儿。

下果的那几天,柿子可以随便吃,只是不许拿回家。那是一年中难得的快乐日子。

说是镇,其实只有一条窄街,风一吹就飘了似的。队长只分配活儿,分配柿子是六爷的事。六爷那一辈人大都去世了,他就成了镇上的老者。不知从哪一辈开始,分配柿子必须由男性的老者来负责。实际上他也没有多大权力,会计早已按照各户的人数把分配的数字写在了本子上。六爷只需按照会计的提示高声念出户主的姓名和数量而已。但六爷不出声,谁也不敢动一个柿子。六爷很认真,也很威严。他坐在一把竹椅上,俨然连环画上的皇帝。

那几天,六爷一定很疲累,可他很精神。平时,六爷很少出门,偶尔在屋门口晒晒太阳。唯有到柿子红了时,六爷才会挂着拐杖在柿林转悠,在地上静坐。表面上,他是孤独的。一道道来自天宇的阳光,透过树枝流泻到他的身上。那些细缕般的阳光,伴着飘香的柿子,让六爷享受到了完美的愉悦。

六爷的样子使我在童年看到了最灿烂的风景。他的表情和动作是一种范本,让我不自觉地模仿。伙伴们玩去了,我一个人潜入柿林安静地坐着。现在想来,六爷是在回忆,在思想,可是我没有回忆,也学不会思想,坐在林子里便遭大人耻笑,以为我小小的年纪便中了邪。我学六爷走路,一步一步走得缓慢,大人们以为我丢失了什么东西。现在我仍然习惯安静地待在某个喜欢的地方,譬如一条河流,一片树林,一面荒野……当然,现在的我有了回忆,也学会了思想,那样坐着往往就有收获。

关于六爷,让我最为感动的是一个细节。小伙子们上树摘果时,六爷一遍遍地叮咛:别摘完啊,每棵树上留一个。他是惦记着那些鸟儿,他要让鸟儿也分享柿子。给鸟留下的柿子常常在树的顶端,鸟儿绽开翅膀在空中啄食。六爷让人搀着站在半山腰,望着啄柿子的鸟儿微笑。柿树林成了鸟儿的天堂。几千棵柿树,数不清的鸟儿,绘制出一幅精致的画。我尾随着六爷登上山腰。我记住了六爷难得的笑容,那笑容镌刻在了一个儿童的心灵里,几十年过去了也没有散失。

庞光镇还有很多令我感动的记忆。曲峪河隐藏着许多螃蟹。夏秋的季节,男孩子在石头下搜寻,女孩儿在岸上等候。可是当男孩子捉出一只张牙舞爪的螃蟹时,女孩儿却惊慌失措地逃散。河里涨水的时候,大人们忙着堵堤,以防洪水冲进村子。孩子们却在大人们撤退后,用树棍儿在堤上掏洞。我们欢呼着波涛汹涌的大水,想着大水冲进村子有什么不好,那些鸡呀羊呀狗呀的,在水中会是怎样一幅情景。哈哈,有趣极了。冬天,飞雪将几华里长的柿林笼罩,在林中望天都有些困难。男孩子一齐拥进树林玩雪,仰着身子从高处往低处滑溜,一不小心屁股就碰上一块石头,疼得龇牙咧嘴,可瞬间就忘记了疼痛,游戏依然继续。

最令我感动的记忆还是柿子红了的季节,镇上人干完活,吃完饭就聚到山腰俯视那些满树的红柿,父母牵着孩子,年轻人搀着老人,小娃娃在前头吆喝着:"看柿子啰——"那是一道蔚为大观的风景。阳光初照或夕阳将下的时刻,霞光将柿林映成灯笼的海洋。夏收和秋收太匆忙,乡亲们很难坐在一起交流那些从心底展露出的微笑。唯有这时,他们可以舒口气,放展眉头欣赏着,交谈着,计划着未来的日子。谁家的女儿要出嫁了,该喝壶黄酒啦;分下来的柿子怎样过冬,准备过年招待客人;来年要盖新房,用柿子在哪儿换砖瓦(那时不许自由贸易)……说累了,起身拍拍屁股上的黄土,扯开嗓门吼上几句秦腔,穿过柿林回家睡觉。

二姨要出嫁了,那年我十岁。她嫁到县城边上的吕公寨,按说是寻了个好人家,女婿高大英俊,可是二姨却显出了忧郁。二姨喜欢我,出嫁的前几天带着我去山腰看柿子。她坐在草丛上,顺手拔下一根草狠狠地嚼着。我仰头问二姨结婚不好吗?二姨不答,却让我坐在她怀里。二姨的怀抱温热,那一刻我幸福无比。二姨摸着我的头发说:长大了每年给姨送篮柿子好吗?我点点头。二姨流泪了。从那时起,我对结婚这个词有了莫名的恐惧。

许多年后我才明白了二姨的忧郁。那几乎是庞光镇每个少女出嫁前都应该具备的神态。告别,意味着离弃。这片陪伴着二姨长大的柿林,是庞光镇姑娘们成长的见证,是她们青春的梦想……那一只只火红的柿子,让她们梦绕魂牵。在这贫穷的小镇,唯有这年年泛红的柿林,慰藉着姑娘们朴素而纯情的灵魂。

黎明前,唢呐声响起,激扬,热烈。在我们这儿,姑娘是不等天亮就要出嫁的。二姨由她的堂嫂搀扶着走出低矮的屋门,她泪水涟涟,一路抽泣着走上花车。在接过母亲手中那篮柿子时,二姨揪心裂肺地呼唤着:妈——

二姨的堂嫂用一块红绸盖住了篮中的红柿,放下了花车的帘子。帘子垂下,二姨就从我的视线中消失了。突然一声鞭响,那是车夫启程的号角,打破了夜空的凝滞。车轱辘吱呀一声滚动了……

记得很清楚,那一刻,我站在迎娶二姨的花车旁。受到某种气氛的感染,我傻头傻脑地哭。我不知道,除了哭,自己还能干些什么。泪眼中,我看见车轱辘滚过一个圆圈。二姨掀开了帘子,朝山坡眺望。她的目光似火焰,点亮了她心中的柿子林。

我十五岁那年夏天,在柿子还没红的时候,六爷死了。他生命中最大的缺憾是没有在柿子红了的季节告别人世——这是我的猜想。我潜意识中想给六爷画上一个完美的句号。但是,如同六爷平淡的生命,绝大多数人的生和死都只是一个过程,无法显现出辉煌。六爷死时,我正坐在教室上课。听说,六爷久久不肯咽气,一根手指执拗地点着山坡的方向。善解人意的乡亲们明白六爷的留恋,便把六爷的墓穴选择在柿林里,并且给他的棺柩里放了几只绿柿。每年柿子红了的季节,乡亲们在下果时忘不了把采下的第一个果子放在六爷的坟头,依然,在每棵树上留一个给鸟儿。

六爷死后,我突然想起了二姨。这年柿子下来后,我骑车带了一篮柿子送到二姨家。仅仅五年,二姨的眼角就有了明显的皱褶,她已经有了一儿一女。看见我,二姨惊喜地叫了声——那气味像倒退到五年前,我在她怀里感受过的。刹那间,我几乎陶醉。二姨接过篮子,用手背抹了把泪,说你还记得二姨说的话啊。说完,二姨就笑。那笑声灿烂如风,幸福地飘过我的记忆……县城距庞光镇二十几里路,二姨又不会骑车,她只有在过年时才能回娘家看望父母,给祖先的坟头化纸上香。那柿子红了的景象,她是很少再见到了。

山水地理

第三辑

谛听天目山的禅声

喜欢徐志摩的散文,也是从先生的文章里知道了天目山。先生的《天目山中笔记》开篇这样写道:山中不定是清静。庙宇在参天的大木中间藏着,早晚间有的是风,松有松声,竹有竹韵,鸣的禽,叫的虫子,阁上的大钟,殿上的木鱼,庙身的左边右边都安着接泉水的粗毛竹管,这就是天然的笙箫,时缓时急地掺和着天空地上种种的鸣籁。静是不静的,但山中的声响,不论是泥土里的蚯蚓叫或是樵夫们深夜里"唱宝"的异调,自有一种特别处:它来得纯粹,来得清亮,来得透彻,冰水似的沁入你的脾肺。正如你在泉水里洗濯过后觉得清白些,这些山籁,虽则一样是音响,也分明有洗净的功能。

别人读如此的文字不知是什么感觉,但我悟出的却分明是禅意:树林中藏着庙宇,风声竹韵、鸣禽虫子、大钟木鱼、泉水竹管、泥土蚯蚓,或吟唱,或沉寂,都是浓浓的禅意。天目山是浙西名胜,山色秀雅,多奇峰竹林。所谓"天下名山僧占多",名山自然与佛和禅息息相关。

从小到大,一直对徐志摩的文章情有独钟,缘由正在于先生的文章里有禅的境界,阅读着文本,"闻佛柔软音,深远甚微妙",身心恍若入禅。

在五十岁那年夏秋相接的日子里,我从杭州来到了天目山。也许是为了还一个已久的夙愿,在天目山感受徐志摩。因为我是先知道徐志摩,后晓得天目山,因此这样的夙愿并没有亵渎天目山的意思。而后一个感受,却与这座山有关了:在天目山感受禅意。既然先生能在一座山觅得禅意,我这把知天命的年纪,也当有意外的收获。

怎么进的山,细节的东西已经遗忘,只记得是从徽杭高速藻溪出口下车。之所以记住了藻溪这个名字,源于它的陌生。藻是一种古老的植物,生长于水中,能进行光合作用。而溪,见字如面,潺潺流水,绿苔荡漾。藻溪,给予我的感觉是古老柔美。我下车的时候,天正落着细雨,雨雾中的山岚弥漫着清晰可见的禅意。我一下子兴奋起来,想着一定不虚此行。

有山必有树,树是山的精神。天目山有着良好的植被和森林,有高大幽深的林木,清冽滑细的水和灰黑发亮的石头,还有那些只听得见声音看不到影子的鸟。山路越窄,树越粗壮。一棵棵酱褐色的树干,原始而古朴,一定是历经了百年的岁月。我喜欢古朴的树木,于是摸摸这棵,摸摸那棵,依着树身沉思。

天目山除了俊俏的柳杉,雄健的金钱松,还有许多中生代孑遗植物。天目铁木、香果、领春、连香……都是世间罕见的树种。"三代有约""五世同堂""八大弟兄"的古柳群相植于峭壁断岩之狭地,峻拔的树干冲天耸立凌空千仞。在一个较为平坦的山崖边,最老的树干周围是大小不等的银杏,落叶铺满了地面,金黄如初,仿佛昨夜刚下过一场雨。青钱柳有着奇特的果实,干枯的圆圆的扇面中间是曾经的花梗,鼓起一点点,有女子拿在手上,枝丫错落,如同握着一把干花,依然风采动人。

一条山林石道,时而浅浅登高,时而悠悠而下。行不过几十米,忽然眼前唰啦一亮:一棵宝塔一样健硕的大树巍然耸立在道旁岩石之畔。这是一棵枝叶青翠碧绿的大树,树干上挂着一块显示身份的标牌:柳杉,1200年。这棵千年的柳杉,树干似罗马石柱笔直挺拔,棕色的树皮很是光亮,深刻的条纹显出流沙浊水的图案,那是千年岁月的印痕。仰目树端,脖项与树干几乎成了90度直角。阳光莹莹地流连在翠绿之间,天目与人眼牵连成柔和的情丝。再前行,我见到了那棵封号为"世界银杏之最",又名"五世同堂"的古银杏时,怎么也迈不开脚步了。据说它的树龄已经超过了一万年,被称为地球上目前最权威的活化石。万年之树,虽经无数冬夏,却依然铁杆虬枝,绿叶扶疏,沧桑中透示着坚贞稳重的气节,葱翠中又映衬出温润巍然的坦荡……不卑不亢,孤风傲骨,这正是禅的品相。我屈身坐于树下,双臂环胸,闭目遐思,宛若一棵树的模样。

眼前的森林，如俄罗斯画家希斯金笔下的森林深幽壮丽，高高的树林慈祥安静，金色的阳光从森林的空隙里洒下来，在茂密的草丛和枯叶上，落下明明暗暗的光斑。我依稀看见，一个小女孩站在幽暗的密林深处，身着白衣，阳光细细洒入，沐出一种流转的光晕。那样的画面，深远得不由人不屏住呼吸。女孩在歌唱吗？我竖起耳朵，听不到歌声，却能感受到一种韵律的流淌。禅声是听不到的，只能用心感受。

静静的，我把脸贴在青苔斑驳的树干上，四周宁静安然，有小鸟的鸣叫，清脆婉转。树皮是冰凉的，带着昨夜的雨水，因苔藓长年累月的侵蚀，有的树皮不再坚实。我似乎能听到它的呼吸，它凝聚了多少年的雨露山岚啊。峰峦的高处，它的高处，都不是寻常的高度，我觉得自己像靠着一个无限敬仰的老者，宁静如斯，非有大智若愚的胸怀所不能。多少时光流逝去，人类的光荣与梦想一代一代，路过的人一批批前仆后继，改朝换代，都似不见，唯有与风霜和闪电雷鸣的斗争让他们愈久弥坚。青青子衿，悠悠我心，但为君故，沉吟至今。我拿我无限热爱的心抚摸着它们苍老的容颜，有的已然逝去，干枯的枝干不再有任何的青苔附着，我的心沉沉落下，原来无论多久，生命终将逝去啊。

天目有双，为东、西两脉。东天目山主峰海拔1479.7米，西天目山主峰海拔1505.7米。我清楚，这远不是自然界最高的山，然而在我的眼中叠峰绵延，青葱峻拔，耸入苍穹，将天际的光芒倏然承接而下，犹如苍茫天宇的一双慧眼。这正应了山名——天目，天的眼睛。既是天眼，它俯视的就不仅是山风群峰，古树巨石，苍鹰云雾，自然还有人生的大境界。大千世界，在它的眼里不过一缕烟云，一股清风。

有风自远方来，不亦乐乎？在东峰顶，我见到了一只伫立于悬崖峭壁上的苍鹰。我敬仰苍鹰，它总是在高处飞翔、伫立，领悟着至高的境界。风击打着崖壁，激起时光的回音。风，流浪的风，穿越巷道岁月的梦想，在崖壁间流转、闲暇、悠远，宛若禅声。我在想，那只苍鹰是在谛听天目山的禅声吗？如此安静，让心灵徜徉在禅的旋律里。

在天目山，我更多的是静坐。平日里，我无法随着驴友们进山。一座山、一条沟,他们是在用脚步丈量,而我是在用心灵丈量,这就注定了我的孤独。在天目山,我一路驻足,倾情、醉心与流连在树和草、云和雾、鸟和石的世界里,静坐于山路或斜坡上,享受玉韵清风,享受禅意流泻。

一进山,空气清润得直透肌肤,幽深的林间仿佛时时有风,摇曳着我的呼吸。阳光偶尔洒在地上,刻出一片光亮的影。蝉时有嘶鸣,鸟偶尔脆啼。再静心细听,那清晰可辨的"笃笃"的声响,仿佛啄木鸟敲树的声音。喜欢啄木鸟的形状和它的尖嘴,更喜欢它啄树的声音。再往上走,路蜿蜒着没入林木深处,阳光弥散在空气里,触摸着温润的空气,伸手一抓,从指间滑过的全是它们的躯体。山上的溪涧,细得全无行踪,偶尔在低洼处会积出清澈的一潭,手放进水里,凛冽清甜的气息似从血脉中逆流而入,直抵心头。空气、阳光、流水,是天目山的软物质,相比于古树、岩石、苍鹰所传达出的抵达心灵的禅意,它们的禅意丝丝缕缕,轻松惬意。禅意,沉重是一种美,轻松也是一种美,全在于谛听者的人生阅历和审美感觉。在这些古木幽涧的旁边,愈发觉得空气清润,每片叶子每滴水都在大声地呼吸。仿佛静默森林,在独奏一种乐曲,不是沉默的人,听不到那种声音,也听不见水木低吟,甚至听不见鸟群轻轻的歌唱。有时俯在水潭边照影,上方是高高的巨岩,不知矗立了几千年。有风,不知从何方而来,一下子穿透身体。那些凉意,能将骨头浸软,想起谭盾的音乐,他就是将那些水的声音穿起来,太过纯粹,所以更无从把握。

天目山体东西长约一百三十公里,南北宽三十多公里。天目山树木茂盛,利于鸟群栖息,其鸟类约有一百八十种,其中最有名的要数"山鸳鸯"。相传古时候,天目山东、西两个山峰顶上都有一泓半月形的水池,池水清澈透底,大旱不涸,宛如仰望苍天的两只眼睛,故名"天目"。听说西天目太子庵前还有一方碧池,池水秀波潋滟、清澈见底、甘甜爽冽,能使失明之目重见光明,故而得名"洗眼池"。可惜这几方仙池我们都未能谋面,却将那跌石撞岩的山谷涧流记忆得尤为深刻。我们顺十里山道走谷穿峡,徜徉在大树王国。一路与我们相伴的便是依山势而奔的天目山的涧水。山为天目,那这水当然就是源自苍天了吧。天目山之水飞流瀑湍仿佛从天而降,忽而瀑流喧泻、万壑雷鸣、气势峥嵘,忽而撞岩击石、银瓶乍破、喷珠溅玉,忽而蜿蜒直白、细曲淙淙、清韵叮咚……山高石险,岩陡林深,然白水之声尽显,豪放婉约相间。天目山之水是天目山的命脉。滴水穿石,这千年的激流又时急时缓,造就出一方方碧池,掬一捧清泉入口,顿时舒筋解乏、神清气爽。

走入林中,水雾扑面而来,抬头看那些高高的树,有岁月散尽后的寂静心情,在"倒挂莲花"处看到狭长的谷,一片天险,静静地站在阶上看,想象自然神奇,鬼斧神工,仿佛一念即可定我生死。

一座天目注视着的山,必然流淌着人文的魅力。山不在高,有禅则灵。登山途中,我时不时地就碰到或背负、或挑担的山民,山道逶迤曲折,他们却步步稳固,声声喘息。石岩阶道,一辆独轮车咯吱咯吱,推车者是一位山民,车轮是木质的。我的幻觉回到了木牛流马的时代。山民讲的是浓厚的吴越方言,听不太懂。看我们摇头,他们笑了笑,推车远去,那木质的车轱辘声,像是遗失在遥远年代的古禅声。我并非戏弄山民的文人,内心里含着对他们的尊重,可如果把他们写得太过痛苦,无疑会亵渎了这座神圣的山……他们毕竟是这里的主人。用一种轻松的方式为那些用肩膀将泥沙和石块担上山崖的劳动者送行,这是一种精神的升华。当人们徜徉在大树王国,感叹天目大树的"古、高、稀、美"之卓绝时,是否会想到这承载游人的千年古道也是一番卓绝呢?这卓绝不是源于巍然神斧,浩荡天风,却是来自布衣草鞋的庶民百姓啊。靠的就只是一根扁担,一副肩膀,一双粗糙大手。二十华里的石阶该用多少块山石?二十华里的山道该要多少方泥浆?天目山纯朴的山民们一代又一代,一年又一年,一担又一担地筑就了山道。

夜幕渐渐降临,暮色垂在树影之间,宛如罗帐,愈来愈浓,也愈来愈静。除了偶尔有宿鸟惊啼,虫语竟静寂难闻。慢慢地沿着石路走,我们的身影面容模糊在影影绰绰的林木之中。走啊走,不知道尽头,路的远方湮没不见,已经有乌鸦在尖叫,没有了人间灯火的气息,如远离尘嚣般静寂。

天要黑了,我们寻得一个住处,在屋后的小溪里用毛巾擦洗身子。泉水滑过肌肤,才惊觉竟润滑如斯,如同擦了香皂一般。老板娘说这水是最润肤的,矿物质含量很高。擦完澡,一群人围坐着,聊天南地北,直到热腾腾的清炖土鸡上桌。饭后,点一支烛,放一壶酒,把盏言欢,很有些悠然世外的快活。可惜星夜无月，无法踏月寻歌，只好做了树下桌边吃酒下棋的闲人。想起小时候念的《寻隐者不遇》，仿佛我上山前还是阡陌之中的访客，这一刻却已是云深不知处的隐者布衣。

众人散去，我独在石桌边闲坐片刻，只觉得清幽。想着这样的夜，屋外林中寂寂，屋里灯光如烛，山林天地融为一体，这个时刻是只适合独享的。夜渐渐深了，那风声愈动，如同听《神秘园》的时候，那些音乐像藤蔓一样，在幽远的风里飘荡着捉摸不定的触角，在一片谁也不知道的天地里自生自灭。喜欢那些遥远而高昂的唱腔，倏然升起，倏然消失，来去没有痕迹，如同梵音，无处不入，无处不在。

房子是木建筑，从前是尼姑庵，晚上睡下去的时候有种错觉，以为回到了遥远的童年外婆家的老房子里，常常能听到有咚咚的脚步声上了楼，夜里隔着木板能听到老人的咳嗽声和低低的说话声。

半夜里起来如厕，看到院子里一片清辉。月光清冷如银，泄了一地。天幕上，一轮弯月斜挂，有三两颗星星散落。不由想起我最喜欢的《寂静山林》，那些飘荡山间的风声和鸟叫，如小提琴、大提琴、笛子和箫，空灵而激情地吟唱着。

有人说，懂音乐和文学的人必然经历更多的苦难或者情欲，我是个心明如水的人，和友人相处也守着随心任性的原则，知道他是懂的。所以我喜欢简单，习惯纯粹而透明的事物，就像白日里的那些阳光和水，热烈与凛冽的感觉泾渭分明，宁可在纯粹里深陷，哪怕凝成一山厚重。这样的性格，很适合学乐器。但一直以来音乐只是听听便罢了，文字才是最爱。

月下很想到屋外走走，难得山中一日，若有肖邦的《夜曲》就更好了，前几章节流淌如春水荡漾，后面的章节却越来越纯净，用中国话来说，就是渐趋化境，有"采菊东篱下，悠然见南山"的韵味，透着恬静与安宁，像此刻的夜晚，万籁俱寂，天地无语。这种单纯的音响，是一种洗净智灵的启示，它包容万世万物于其怀中安眠，是大音、大相，无始亦无终，无声亦无色。

我们选择步行下山，海拔渐低，老树愈发多了起来，色彩更加斑斓，阔叶的槭树红艳艳的，高大的银杏满树金黄，没有雨，甚至没有太阳，有银杏树的地方你会以为那是太阳的燃烧,仿佛阴霾中的日光,在浓密的林中光芒万丈,到后来居然把真的太阳引出来了,万道霞光,射进密林,恍恍惚惚,如若仙境。一阵风吹来,美丽的落叶,红的黄的,飘飘荡荡,像舞蹈的仙女,似翩跹的蝴蝶,在原始的布满苔藓的石阶古道上纷纷扬扬。这是一幅多么绝妙的山水画啊,我不知道我是在山中还是在梦中。

　　回去的路上,我始终在想,红尘艰辛,生活桎梏,于重重尘烟之下,得入山中一日,洗尽蒙尘生命,贴近自然,当每一次呼吸都融化在里边时,心怀怎能不开阔呢?纵一日之后再回红尘,我亦能渐渐把所有的悲观、烦恼、愤怒、无明都归着于一种豁然的旷达里,窃认为,它是生命某种终极的境界。天知地知。

禅与物 chan yu wu

在黄桥想起朱自清

　　读朱自清先生的《荷塘月色》，总感到有一丝淡淡的禅意。先生笔下的月光、小路、荷塘、轻雾、荷叶、荷花、杨柳、树上的蝉声与水里的蛙声，令人生出莫名的惆怅。我常常想，如果有一处月色下的荷塘，我会不会将身心沉浸在其中呢？

　　去过苏州好多次了，每一次都是匆匆忙忙，不曾有舒心的感觉。喜欢苏州，有着太多的理由，它的刺绣，它的园林，它的流水，那玲珑的女子，那委婉的弹唱，都让我这个北方汉子魂牵梦绕。可是没有驻足的充分理由，也就只能走马观花，把渴望和念想存留心底。直到 2010 年的 8 月，因为陪母亲在苏州治病，这才有机会在苏州住了些日子。城里已经没有了游览的兴致，于是在表妹的引荐下去了黄桥。去之前，我在网上查了黄桥的来历：黄桥古称黄土塔桥，在现黄桥老街之间曾建有一座石板小桥，桥东曾有座古塔，桥名由塔而来，地名因桥而成。古吴语中，"土"与"塔"谐音，故后称"黄塔桥"，亦称"黄土桥"，从 1958 年开始，简称"黄桥"。这样的简述，很对我的口味。我喜欢有古塔、古桥的地方。

　　表妹在苏州工作，已经待了八年，俨然一个苏州通。在她的陪伴下，我先走进了白马寺，然后在一所小学里看见了一棵古银杏，一个清道光年间的门头，在黄桥文化站看到了明朝马直庙墓碑，还有许多古人墓葬的遗址，听说还有一个名气很大的李家笔铺，可惜都看不到了。这才知道，黄桥有着悠久的历史，有着深厚的文化积淀，这让我对它有了浓厚的兴致。

　　表妹读过我的许多文章，知道我的喜好。晚饭时，她诡秘地笑着说，晚上带你去个更好的地方。吃过晚饭,在凉爽的夜风里,她带我去了荷塘月色湿地公园。

好大一片湿地,在夜灯的映照下,晶莹如玉,宛若天堂。一大片绿铺天盖地,漫延无际,倒映在水中,层层叠叠,给我以琼台楼阁的感受。据说这里的荷花品种有一百多个呢,简直就是荷花的王国了。

夜风送来荷花的香,还有荷叶发出不同的香味,淡淡的、暗暗的。我向来不喜欢那种过于强烈的味道,像我家院子的茉莉花,一到开花季节,妻子就大呼小叫,让我使劲嗅它的香味。它的花味很浓,遍及肺腑,我却要皱眉。醉人的香,我厌恶这样的表述。我更倾向那种淡淡的香,像田野里的喇叭花,阳台上的米兰,只有一缕清香,淡淡地散布在我的身心,熨帖着我的心灵。审美的感受每个人都是不同的,就像这黄桥荷叶婉转的清香,轻轻地闻着它,足以净化我的心灵,正如朱自清先生说的,"什么都可以想,什么都可以不想,便觉是个自由的人"。

江南水文化与荷有紧密联系,荷是江南常见的景物,采莲是江南的旧俗,用荷塘月色来代表江南水文化十分贴切。以荷为代表的江南水文化,高洁、雅致、风流、隽永,为许多文人雅士所喜爱。屈原"制芰荷以为衣兮,集芙蓉以为裳",表达了情志的高洁。周敦颐的《爱莲说》更是家喻户晓,"出淤泥而不染,濯清涟而不妖",几乎成为咏荷的绝唱。

有月升起,远远近近的荷花沉浸在月色里。起初,月色不是很明亮,荷塘呈现出一种朦胧的美,荷叶上水珠点点,在清风的吹拂下忽左忽右地摇晃,大小不一的水团也跟着摇晃。这很对我的心思,摇曳的心随着月光的蔓延泛起波澜。忽然,想起了几句歌词:剪一段时光缓缓流淌,流进了月色中微微荡漾,弹一首小荷淡淡的香,美丽的琴音就落在我身旁……

有资料介绍,黄桥境内有八十一条河道,主要有黄埭塘、朝阳河、南横河、西塘河、武荡河、西沿河。有三个湖泊:三角嘴、殷家荡、西堰栅。这简直就是水的故乡。远古时期,黄桥是一片浅海,经过多次地壳运动,形成了呈网状的芦苇湿地。后经不断开垦,形成诸多鱼塘、农田和村庄。它的人文气息很浓。远在春秋时期,这里即为楚相春申君黄歇的封地,当时就在这片湿地引种了楚地莲藕。后越国大夫范蠡弃官隐迹在此,凿河泄洪,围荡养鱼,积淀了丰厚的吴地文化。明太祖朱元璋后裔朱顺公为躲避皇室倾轧,隐居在现今被称为朱坝的芦苇滩上筑堤养鱼。明清时随着移民的增加,黄桥遂成为鱼肥稻丰的江南鱼米之乡。明清时的文人唐寅、凌寿祺等经常周游黄桥,吟诗作画。凌寿祺为黄桥留下了这样的诗句:近湖田水秋来足,早有红莲送稻香。

又想起了朱自清,在月色下的荷塘里思念先生是最合适不过的了。先生的情怀一直令我倾慕。只不过,先生笔下的"荷塘月色"是在北京的清华园里。1927 年夏天的一个静谧之夜,先生的"心情颇不宁静",在时局动荡、民不聊生的时候,他找不到精神的支撑,面对人生的十字路口,他自然无法保持内心的安宁。

在我看来,《荷塘月色》有着梦游一般的外部形式。朱先生的精神梦游也是为了释放内心的焦虑,实现某种隐秘的愿望。"一个人在这苍茫的月下,什么都可以想,什么都可以不想,便觉是个自由的人。白天里一定要做的事,一定要说的话,现在都可不理。"沉重的现实压迫感,家庭的重负,工作的不适应,使先生仿佛坠入生存的困境。他好不容易在朋友的帮助下谋取了清华的教职,但却不能应付裕如,常常担心被清华解聘。为了适应环境,他不得不屈己待人,小心谨慎,而这样只能增加内心的痛苦。在两难的精神困境中,先生辗转不能自安。这不是朱自清先生一个人的悲剧,而是那个时代所有人的不幸。正是这种人生焦虑的普遍性,使得《荷塘月色》的寻梦有了更为广泛的社会意义和深刻的文化意蕴。

月亮渐渐升高,黄桥的荷塘仿佛弥漫着梦幻色彩。空蒙的月色,仿佛朱先生描写的"叶子和花仿佛在牛乳中洗过一样,又像笼着轻纱的梦"。岸边不知是什么树,光与影和谐交融,我如梦游一般迷离恍惚。我在梦里,黄桥的月下荷塘也像是"笼着轻纱的梦"。

荷塘月色,是江南水文化的象征,是与现实相对照的精神故里。朱自清先生的骨子里有着浓厚的江南文化气质,水文化滋养了他的人格,他在江南水文化中寻找精神家园。"我的南方/我的南方/那儿是山乡水乡/那儿是醉乡梦乡/五年来的彷徨/羽毛般地飞扬"(《我的南方》),这首与《荷塘月色》创作于同一时期的诗作,表现的情绪与《荷塘月色》相一致。

在黄桥的月色里徜徉,同朱先生一样,我感觉自己也进入了另外一个世界。这不是我平日在小城里的场景和心境。小城虽小,但它拥挤着众多的喧嚣,我要时时忍受庸俗的纷扰,打理油盐酱醋一类的生活琐事。那是一个真实、烦乱的世界,而在这儿,我宛若进入了桃花源般的世界。

忽然听到了荷塘岸边树上的蝉声。我很奇怪这么久蝉才叫起来,难道是融入了朱先生的境界,黄桥的蝉才肯为我演奏?先生这样说:"这时候最热闹的,要数树上的蝉声与水里的蛙声;但热闹是它们的,我什么也没有。"是的,现代文明的喧嚣与骚动,使先生深感孤独,眼前的幻影毕竟不是梦中的家园,蝉声把他召回到现实中来。

寻找精神家园而不得的悲哀,是《荷塘月色》的主题。感于世变,夜不成寐,先生为了排遣心中的苦闷,独自在清华园散步。他沿着荷塘小径背着手踱着步,忽然觉得"像超出了平常的自己,到了另一个世界里",这个"世界"笼罩在茫茫的月色下,是适宜于"独处"的境界。这种独自受用荷香月色的自由境地,是要摆脱由现实纷扰而带来的"心里颇不宁静",而追求一种超然、淡然的心境。

超然、淡然,是人生的至高境界。朱自清先生虽是江苏人,但他是否来过黄桥,无资料可考。我在想,清华园的荷塘相比于黄桥的荷塘,那真是小巫见大巫了。数百亩的湿地,数百个品种的荷塘,在月下如此壮观,它所营造出的氛围这般清寂,先生若置身于此,又会写出怎样的文字,生发出怎样的感慨?他是清醒的,清华园的荷塘"只不见一些流水的影子,是不行的,这令我到底惦着江南了",未见流水,这是先生的遗憾。

如此说来,我要比朱先生幸福得多。和表妹沿着公园的小道漫无目的地行走,到处都是水的影子,在荷叶下幽幽地流淌,或是静静地安歇,让月色化为晶莹,镶嵌着我的影子。吟诵着《荷塘月色》里的句子:"月光如流水一般,静静地泻在这一片叶子和花上。薄薄的轻雾浮起在荷塘里。"蹲下来掬一把水,涂抹在脸上,闭了眼感觉那种清凉、湿润。这是朱先生不曾有的动作。他只是沿着荷塘的小道背着手踱步,难得有我这样的情趣。

千亩荷塘飘雅韵,万双彩蝶醉花丛。想不起这是谁的诗句,却为黄桥的湿地公园做了最恰当的描述。江南、水乡、黄桥、荷香、蝶舞,这特有的清丽意境,浓缩在这两句诗中,这是中国文字的魅力。江南可采莲,莲叶何田田。人生最幸采莲人,就连梁元帝也以采莲为幸福之事,且写出了《采莲赋》。其中的文字不怎么顺畅,可意思是明白的。我伸出手臂,抚摸着荷花。我知道,它不久就会结果的,果心处就是莲子。"低头弄莲子,莲子清如水",这是朱先生文章里引用的《西洲曲》中的两句。人、物、景、情都在里边了,多么好的句子,多么好的画面啊。突然,我冒出一个念头,如果能变成一条小鱼,潜入荷叶下的水中,与荷花、月光一起守候在黄桥,守望这片古老的湿地,那该是何等美好的事情。

在黄桥月夜的荷塘里想起朱自清先生,这是我生命里的一个小插曲。和朱先生一样,我在荷香月色的世界里超越了平常的自我,回归到精神的故乡。

这个夏夜,黄桥的荷塘给了我坚守内心世界的一种信念。一份笃定的馥郁芬芳,缓缓地,在我的身心蔓延。

表妹在我的身后悄无声息,但我能感觉到,在一片荷香的氛围里,她的脸上挂着会心的微笑。她是一个恬静的女孩,对我在黄桥这个夜晚的心境和举动,她完全能够心领神会。

回去吧。她在身后催促着我。看看时间,我们已在这儿逗留了两个多小时。我虽是舍不得离开——这样的境界,我愿意待上一个通宵,甚至生命的整个过程,但我毕竟无法脱俗,还是和它依依惜别。

普陀山悟禅

普陀山是我曾经魂牵梦绕的仙境。2003年，我在县文化局任局长，这年9月下旬，受舟山渔民画艺术节组委会的邀请，我踏上了舟山群岛。

我的习惯是每去一个地方，先要弄清它的来龙去脉。普陀山虽早就听说，但山名的来由一直不甚清楚。我在想，"普"是广大，"陀"为梵语，在《中华大字典》中有"译言抖擞，僧之高行者也"的解释，于是产生了普陀山有高僧，佛光普照天下的联想。这使我想起《墨子》里的句子："圣人之德，若天之高，若地之普。"这样的句子，虽不是说给普陀山的，但我觉得用在普陀山是再恰当不过的了。当然，这只是字面上的联想，又查了有关资料，这才知道普陀一词为古印度梵语"普陀洛伽"的音译，出自佛经，原指观世音菩萨所居之岛。

其实，在宋代以前，普陀山称梅岑山，因民间传说西汉成帝时方士梅福隐居山中炼丹，并以医道救济岛民而得名。山名的更改源于一个传说，宋时王舜封奉诏出使三韩（今朝鲜）途中遭遇风浪，舟搁浅，此刻一缕金光呈满月状，自普陀山潮音洞升起，舟便安然行驶。宋神宗闻之，赐寺额曰"宝陀"，为"补陀"的谐音。补陀洛伽山是佛经中所说的观音菩萨居住地，神宗所赐宝陀寺额无疑是采自这一传说。后来，宝陀又演变成普陀。此后，海东诸国客商的巨舶往往由此取道入海，凡遇风波、寇盗，便望山归命，安全返回。由此普陀山观音菩萨的"灵应"越传越广，越传越神，并由此形成了观音信仰的专门道场，并被誉为东方文化的精神坐标。

《西游记》中有不少对普陀洛伽山和观世音菩萨的生动描写。第十七回有这样的句子："汪洋海远,水势连天。祥光笼宇宙,瑞气照山川。千层雪浪吼青霄,万迭烟波滔白昼。水飞四野,浪滚周遭。水飞四野振轰雷,浪滚周遭鸣霹雳。休言水势,且看中间。五色朦胧宝迭山,红黄紫皂绿和蓝。才见观音真胜境,试看南海洛伽山。"根据史料推测,吴承恩做过浙江长兴的县丞,不但去过普陀山,还对景观、景貌有过细致的考察,这才有了如此形象的描述。

"祥光笼宇宙,瑞气照山川。"祥光、瑞气,这是禅意的表述。一座山被禅意笼罩,该是何等的气象。如此,对于舟山之行,我便有了浓厚的兴趣。

9月30日,舟山市政府举办的欢迎晚宴结束后,我便急不可耐地步行在大街上,享受着凉爽、惬意的海风,享受着迷人的街景,恍惚如在梦境。我生活在北方,对大海有着深深的向往。之前,我去过大连、蓬莱、青岛、厦门,而那只是在海边眺望,此刻我是置身于大海之中了。海中之洲,自然会有别具一格的风情。晚风携带着海水的味道,凉爽、湿润,带着一丝咸味,一种韵律,浸透我的身心。

又一个清晨来临,便是国庆节,艺术节组委会安排与会代表参观普陀山。我是一个不容易激动的人,但清晨一起床,便有点手舞足蹈了,以至同行的人用诧异的目光看着我。在沈家门码头,一艘快艇将我们运至山脚。步入山间,我如置身于佛家园林。身心注入了舒畅、温馨、和谐,是我生命中少有的安详。

"忽闻海上有仙山,山在虚无缥缈间……"当白居易的诗句萦绕于耳时,我已经向着山的深处行进。在我的感受中,它没有家乡秦岭的巍峨,但灵秀中荡漾着仙气,葱茏间弥漫着禅意。山间的一草一木一石,仿佛都带着佛的呼吸和香火的气息,弥漫在我的身心。就连一缕缕的阳光,也在鸟的啼叫声中跳跃着佛的舞步,晃悠着佛的心声,在山间的万物上流连忘返。

普陀山有禅。沿途,我用手机向远方的朋友发出了这样的信息。

普陀山为中国佛教四大名山之一,素有"海天佛国""南海圣境"之称。唐代时形成观音道场后,又经历朝历代的供奉,成为佛教净地,亦成为佛教弟子的心灵圣地,来此朝拜的人络绎不绝。作为一个非佛教徒的凡夫俗子,我更多的是从细节处领略它那随处显现的禅意。

在阳光沐浴下,我时时会在山道旁静坐,回首琐碎的人生,理一理滑落的岁月中,有多少是在强迫自己过生活,又有多少是在做自己觉得最快乐的事。检阅自己那些或苦或甜的时光,唯有在无欲的日子里,我才能在心田如砥的河床上,缓缓流淌着属于自己的清净和幸福。唯有那样的时刻,我才会读懂生命的意义。

仰头,一棵棵树的枝条上,挂满了红色的布条。我知道这是善男信女们在一座山的祈福。身居佛的气场中,我自然要弯下身躯和头颅。即使仰望,也是虔诚的目光。

步入寺院,坐在供游人小憩的石凳上,观望一对年轻的夫妇带着孩子兴致勃勃地向佛塔扔硬币,一枚,又一枚,乐此不疲。孩子那笑意盈盈的脸上镶嵌着一双无比虔诚的眼目,布满着禅意。禅意,这是我的感觉。孩子也许并不祈求什么,只是觉得好玩。无心,便是禅的境界。

慧济寺里,一对异国男女跪地拜佛,用英语向佛祖露心迹。他们的虔诚能感动佛祖么?我不知道,也有点担忧。不过,净土坛里传出的悦耳铃声很快让我醒悟:只要心诚,佛是能听懂任何语言的。那对外国男女的脸上,是激动,是虔诚,每一个姿势都极为认真,丝毫没有敷衍。我恍然明白,他们的心里盛装着人生的禅意。佛是不分宗教、国度,不分语言皮肤的,只有用心灵感悟到了,才能对一座山、一座寺、一尊像有发自内心的虔诚。

站在慧济寺一棵六百年的樟树前,我在用心感悟着它的沧桑岁月。禅意是需要岁月的历练的,经久不息的风雨雷电,香火明灭以及惊涛骇浪,令这棵六百岁的樟树见证着普陀山的岁月,铸就了禅意的安详。"佛和西方极乐世界就在心中",这是一种文化,深深地根植于这棵樟树的灵魂深处。帕斯卡尔说过,人是一棵会思想的苇草,他是说人类的伟大。但此刻在我的思维里,樟树也是有思想的。它在这里倾听了无数人的心迹,有崇高,有卑微,有幸福,有痛苦。它悟透了人间的情感,居高临下俯视着人类的心灵世界。也许是为了印证我的感悟,我的眼前,无数的游客无不在它面前虔诚致敬,谁也无法高扬起头颅。

佛顶顶佛,宝陀寺院墙上的四个字高深莫测。游客们纷纷举着相机挤占位置,把这四个字作为自己生命的背景。我却孤独地望着他们疑惑不解:他们理解这四个字的含义了么?生命的轮回,命运的无常,精神的旷远……是不是都融入这四个字之中了呢?我远远地观看着游人并不庄重的留影——这是我与生俱来的习惯。面对一些喧闹的景象,我喜欢思索。

我并非对佛不虔诚,只是生性不喜欢到人多的地方去,于是同伴进寺,我就坐在外面等候。呼吸着香火的气息,聆听着富有韵律的佛音,仿佛禅意的缓缓流淌。我觉得,如此的方式是在敬仰佛,感悟禅。在人生理念上,我不注重形式,更在乎心的体验。在禅意的音乐中,我感受到了心灵的静谧,享受着凡尘之外的安详。这宁静平和的音乐在普陀山流淌,即使是脚步匆忙的过客,也无法抵御它散发出的气息,会忍不住停下来,享受,然后沉思。

步入西天景区一处空阔地带的巨石斜坡,我看见了"心"字石。我以为,这是观音道场有创意的杰作。大凡道场,无不凝结着心灵的凝聚和向往。满山的绿荫中唯有这里寸草不生,是适宜人心灵徜徉的地方。行人在留影,我却匍匐于地,蜷缩成心的字样。是的,在普陀山,我想除去外在的躯体,唯留一颗心的存在。

这儿还有一处好景致:磐陀石。说它是奇观毫不为过,甚至可以把它想象成《西游记》里所写的西天。一块巨石,化为人类和神仙共同向往的西天,这是禅力所为。

凡是有道场的地方,总是有意想不到的事物存在。这块巨石,如从天外飞来,斜立在另一岩石之上,看似岌岌可危,实则稳如磐石。围着巨石转圈,发现两块巨石的接触面也就三五个手掌大小,而且前后左右不见丝毫垒砌的痕迹,凌空卓立,浑然天成。磐陀石屹立在山巅上,眼观自然界的风云变幻,这是造物主的神力,是佛的至高境界。我在想,磐是巨石,昔日观音菩萨在此讲经,心念如磐石,万物若烟云,在她眼里,宇宙万物皆是佛,这才使得一块巨石历经千年万年岿然不动,任你怎么赞美,如何惊叹,它始终沉默无语,静坐凝思。定力,这也是禅的境界啊。

距它不远处,有二龟听法石,不留丝毫人工的痕迹,却将两只龟的形象演绎得逼真自然,富有人性的情趣。在中国的人文观念里,龟为神灵,可以负载皇帝的江山。而它们在此聆听磐陀石的说法讲经,印证了佛的神通广大,以及观音文化的神奇魅力。

在双峰山南端的观音跳山冈上,我终于见到用仿金铜精密铸造的南海观音立像了。观音左手托法轮,右手施无畏印,面海凝视。她双目垂视,眉如新月,慈悲柔美,神韵尽出,令佛家弟子和游客恭首仰望。《法华经》曰:"苦恼众生,一心称名。菩萨即时观其音声,皆得解脱,以是名观世音。"从字面解释,南海观音只要听到痛苦呼号的声音,便称念其名号前往救度。

伫立在观音像前,我思考着普陀山与观音结缘究竟是历史的巧合,还是偶然的因素。佛教在东晋十六国时传入中国,至隋唐时已发展到鼎盛,晚唐大中年间(公元847—859年),有梵僧至普陀山潮音洞前焚十指,得见观音大士现身说法,并授以七色宝石。五代后梁贞明二年(公元916年),日本僧人慧锷在五台山得观音菩萨像,拟带回国供养,道经四明出海放洋,舟过普陀山,搁礁不能动,慧锷及同行人便将观音菩萨像留此山。

海浪、海盗在南海观音面前闻之丧胆,这是一种正气,是神的力量。南海观音在此俯视人生,逢凶化吉,想必会领悟到深邃的禅的气象。禅意的博大精深远非常人能参得透,但在南海观音的心灵里,禅就是众生万物的极乐境界。正因如此,她才能在数以万众的朝拜者面前,保持一种谦和,保持一种平静。面向大海,她领略了亿万年的自然轮回和世事沧桑,化苦难为幸福,化幸福为虚无,最终到达神的境界。在她面前,无数的游人跪地求拜,让她保佑自己的人生,赐给自己以幸福。

身旁,一位老太太跪地,面向观音俯首磕头。她口中念念有词,无数次地磕头。我无法洞察她内心的痛苦,但我相信,来到普陀山面见南海观音,也许是她一生的夙愿。如今这个夙愿实现了,她怎能不虔诚备至?

受到这个老太太的感染,我也情不自禁地膝盖发软,完成了一个庄严的仪式。如此,我才不虚登临普陀山之行。

闭着眼,南海观音向我款款走来,向我诉说:救苦救难,佛本无怨。每天向我跪拜的人不计其数,有的人奢侈地生活,却无比烦恼,这是他们的心里没有禅意。何为幸福？幸福就是佛的内在形式。

离开观音立像去紫竹林，我看到了惊人的一幕。

一个三十岁左右的男子一身僧人装束，戴一双破手套，一路匍匐行跪拜大礼。他的姿势是这样的：前臂伸直，躯身前扑于地，起身，行三步，又一匍匐……他是奔着观音像而去的，浑身上下被汗水湿透，膝盖处血迹斑斑……沿途全是石板，有无数的阶梯。他的眼里透露出决绝和坚定，一副不达目的决不罢休的执着。我不清楚这样的仪式有着怎样的含义，我坚信他的心灵里奔腾着神圣的理念：佛在心中。心在哪里？心中空无，佛又何生？无物何来于心？无心何能有佛？无数的石板、阶梯便是他的心路，是他心中的佛。它可以超越生命的界定，跨越生命的极限，到达人生的永恒。他在用自己的肉体赢得佛的信任，接受南海观音的精神洗礼。这是一种悲壮的仪式，虽不为常人接受，但却让常人感动。

这是一种信仰的力量。我心非佛，但在迷离困惑之时，我又常常在心灵的深处祈求着佛灵的保佑。这是多么矛盾的现象啊！

普陀山的魂灵，隐于南海之中。一座山，当它被佛意笼罩着时，它就不是普通意义上的山了，就成为禅的国度，禅的世界。在我向它告别时，辽阔的海面波涛汹涌，海鸥在海空展翅舞蹈，仿佛在为我送行。我恍然醒悟，人类常常津津乐道的山水人文，在普陀山得到了最完满的体现。

10月2日上午，与会代表在朱家尖南沙出席了第五届中国舟山国际沙雕节，参观了沙雕艺术作品展。沙粒和沙滩，细软柔和，是我意念中的禅。沙雕艺术品我是第一次见到，它是以沙和海水为材料，经过艺术家的想象，加工形成的自然景观和人文景观，是自然美和艺术美的有机统一，体现了人和自然的亲和力，符合生态、健康、和谐的人类生存原则。一幅幅用沙凝结成的雕像，凝聚着普陀山超然的气象。

隔海相望，南海观音的立像依稀可见。海面上，一艘渔船远远飘去。它扬起的帆宛若一首诗，而渔民、渔船、海水组合成了一幅优美的画。面海屹立的观音，她在保佑着这首诗、这幅画么？

下午参观了舟山渔民画展，在普陀山特定的自然背景和文化氛围下，舟山渔民画的艺术风格在浪漫的基调上又添加了一座山的气场。佛在画家的心中,禅意在画家笔下,一幅幅画面构思奇趣,飞扬着想象,蕴含着佛和禅的气息。在其中,我领略了生命之外的旋律和生命之中的和谐。而这些,只是它的一种文化背景。佛教文化、海岛风光、渔民生活,这三者构成了舟山群岛和谐的一方境界。

海风荡漾着我的身心,惬意、舒适。夜深了,我怕迷路,就在居住的宾馆四周徘徊。心路无灯凭月引,迷津有渡借禅通。我忽然想起登临普陀山所见到的那个朝着观音塑像匍匐而去的男子。他的心里有一盏灯,有一轮如禅的月,他的心路历程充满光明。他的精神境界里怀着对观音的恭敬和虔诚。否则,天下那么多的佛教圣地,那么多的观音塑像,他为何在这里一路泣血叩拜?那一刻,我真的感动了。这是我生命中为数不多的感动。在普陀山,我领略的是精神的升迁,还有意志的磨炼。

佛和禅,本是一对温柔的组合,我以为,在普陀山二者的组合达到了更为精妙的完美统一。在我生命的运程中,我一直致力于寻求这样的组合,于是我发自内心地对普陀山说声:谢谢!

金山长城，一个民族的背影

金山，一个闪光的词语，照亮了我的胸襟。抚摸着它的肢体，仿佛看到了一个民族的背影。

万里长城，金山独秀。这是早就铭刻于心的，只是一直没有机会接近它。看过了八达岭、居庸关、山海关、嘉峪关的长城，我可以列举出一个个让我激动、让我沉醉的名字。当我登上金山岭之后，我才意识到：万里长城，金山是它最为壮观、最为神奇的一处细节。

金山长城，像一条静卧一隅的长龙，隐居在燕山山脉主峰雾灵山与古北口卧虎岭之间的山峦云雾中。在连绵起伏、秋日金灿的背景下，一幅气势恢宏的长城全景画在我眼前徐徐展开。我的眼球，从未有过如此的震撼；我的胸怀，从未有过如此的波澜壮阔。

我是一个喜欢清静的人。金山长城的氛围正吻合了我的性格，它不像八达岭长城那样人流簇拥，置身于此，我完全能够寻找到惬意的感觉。

举目远望，我看见了一条龙。一条昂首摆尾的巨龙，飞腾在绵延起伏的崇山峻岭之中，高昂的龙头在耸入云端的峰巅上张望远眺，仿佛一纵身就会跃上天宫，而龙尾摇摆在银带般的潮河畔上。在这儿感受到龙的气象，是我生命里的辉煌。我是一个喜欢细节的人，平日里的小桥流水、枯树昏鸦、野草田埂，是我欣赏的景象。可我并不排斥高山海洋，它们同样点缀我生命的枝叶。金山岭龙的气象，让我又收获了生命的壮观。

龙被誉为中华民族的象征，这让一个民族拥有了图腾的意象，也拥有了理想的文化积淀。有了龙的气象，也就会衍生出与之相适应的地理氛围和文化意念。伫立在金山长城的至高处，映入眼帘的京通铁路和京承公路宛若两条乌黑的长蛇，从龙的身下蜿蜒穿过。东面是燕山的第一高峰雾灵山。雾灵山本名伏凌山，也曾叫过五龙山，明代大乘天真圆顿教第三代祖天真古佛将此山作为求道灵山。而我更感兴趣的是它的云雾。在北京之行的旅途中，雾灵山被提及的频率并不算高，但其景致之美是未曾到过的人无法体会的。我是没有机会置身雾灵山中了，只能远眺它的缥缈空灵。在长城上是会感受到风的存在的，而雾灵山的风似乎更大更猛，云在堆积飘移，雾在山腰盘旋。雾灵山的云雾，我把它想象成一条龙的吐息吸纳，是一个民族的精神驰骋。

雾灵山赋予了我想象，而西面的卧虎岭则赋予了我真实的景象。它如一只庞然大虎，威风凛凛地守卫着京城的北大门——古北口。循径蜿蜒，脊刃战栗，千年风光，百年沧桑。如果说龙是中华民族的精神气象，虎在中国文化的底层却扮演着一个民族抵御灾害和邪恶的吉祥物。一龙一虎，仿佛一个民族的历史缩影。

目光向南，波光粼粼的密云水库宛如一块明镜，镶嵌在崇山峻岭之间。燕山明珠，避暑胜地，烟波浩渺，天水茫茫。这座亚洲最大的人工湖隐现在青山之中，恰似仙宫琼阁，构成一幅色彩斑斓的山水画卷。在我看来，这幅画卷是一个民族的智慧结晶。

长城上的风，总是荡人心扉，使人气畅意扬。风将我的目光牵引到北面的山涛林海，只见群峰涌浪滚流天际，将我的思绪延长……

人们意念中的金山长城是明代修建的，但从现存遗迹来看，早在北齐时期，这一带就开始设置关塞，修筑长城。朱棣称帝后，把明王朝的首都从南京迁到北京，并大规模修筑长城，把首都北京北面从居庸关到山海关这段一千多里的长城修得高大坚固。金山岭长城，在明代作为国境线，扼守着大明江山，戍边将士们一次次地与来犯的敌人进行血战。

少年时就记住了戚继光这个名字。史载明隆庆元年（公元 1567 年），刚刚即位的明穆宗重用张居正、高拱执掌朝纲。为了加强京师以北的防御力量，将在抗倭战争中立下赫赫战功的戚继光调到北方，任命为蓟镇总兵。

"暗淡了刀光剑影,远去了鼓角争鸣",这是《三国演义》片尾曲里的两句,也仿佛是戚继光戎马生涯的写照。可是在我看来,戚继光更是一位建筑大师。他到任后不久,即发动士卒在东起山海关、西到慕田峪全长达一千七百六十多华里的蓟镇管辖地段内,对原有的长城进行了大规模的改建、修葺,对长城墙体进行了全面的加高加厚,并在险要之处修建了双层甚至是三层城墙,设计了高大坚固、多达一千三百座的新式敌楼。而在这其中,金山岭无疑是宏大乐章中的高潮段落。站在四百多年前的时光隧道里,我依稀看见戚继光迎风挺立在金山岭长城墙头,用握过长矛的手轻轻地抚摸新砌的砖石,谛听将士响彻云天的呐喊声……

且看岑参的《走马川行奉送封大夫出师西征》里的句子:君不见走马川行雪海边,平沙莽莽黄入天。轮台九月风夜吼,一川碎石大如斗,随风满地石乱走。匈奴草黄马正肥,金山西见烟尘飞,汉家大将西出师。将军金甲夜不脱,半夜军行戈相拨,风头如刀面如割……

"金山西见烟尘飞",此刻静谧的金山长城,当年是何等的壮怀激烈啊。行走在敌楼连缀的山脊上,遥望边塞风光,我的脑海里闪过云气淋漓、气象万千一类的词句。肃杀、苍茫、浑然……从金山长城归来的许多日子,当我静坐书斋书写着文字时,胸中仍不时回响着边塞诗人的高声吟唱。于是,敲击着键盘的手指,不由自主地颤抖。这些年,我蜗居在北方的这座小县城,僻静,也闭塞,心胸和视野总是封闭在狭小的空间里。金山长城,给了我精神张扬的机会。

"一夫当关,万夫莫开。"金山长城以其视野开阔、敌楼密集、建筑防御体系功能奇特而著称于世。它虽历经四百余年,承受了地震、战争的摧损,但仍保持着往昔的面貌。在八达岭长城脚下的中国长城博物馆,我参观了部分在金山长城上发掘的文物,其中有守城将士作战用的武器弹药:火炮、石雷、手雷、刺马针、箭头、铁蛋丸……有他们日常的生活用品:石臼、石杵、菜刀、油灯、陶罐、瓷碗、酒具、铜币、石磨、香炉……物是人非,令我添了许多的感慨。

抚摸着城墙上带文字的砖,有种凭吊的感觉。是谁的手,将这些文字流传给了后人？这当然是具有民族特征的文字记录："万历五年山东左营造""万历五年宁夏营造""万历六年振虏骑兵营造"……也许是疏忽,我在其他的长城上未曾发现文字砖,这是金山长城经典的细节。我用手指叩击着它们,似有历史的回声传来。真的,我想取下一块带有文字的砖收藏,以便在日后寂寞的时候,通过敲击聆听一种历史的回声。可是我却不能,我明白,如此的砖块在这儿,聆听着风声,感受着雨淋,才能怀念起往昔的岁月。被我藏在灯光明亮的居室里,又有什么意义呢？是的,如此珍贵的砖块,只能镶嵌在金山长城的墙缝里。

射击孔、瞭望孔,这是我眼帘中数不清的细节。在长城上感受细节,是生命里一种独特的感觉。是的,壮阔的长城是由一处处细节构成的。老子说："天下难事,必做于易;天下大事,必做于细。"金山长城仿佛在验证着老子的后两句话。于金山岭长城上漫步,随时可见船篷顶、四角钻天顶、八角藻井顶、穿隆顶等内部结构建筑形式各异的敌楼以及障墙、战台、炮台、瞭望台、雷石孔、射孔、挡马墙、支墙、围战墙等。

老虎山脊背大约50米长的一段,由于地势狭窄,不能修筑又高又宽的城墙,更不能修筑高大的敌楼,先人们在山脊上用青砖修筑一道高2米、宽1.5米的障墙,墙上设置了密集的射击孔,供守城士兵以各种姿势射击。这种墙叫障墙。在万里长城上,障墙是金山独有的。

自东向西,依次排列着或修或毁的若干个敌楼,显眼的有拐角楼、花楼、大金山楼、小金山楼、将军楼。大小金山楼位于景区的正中,楼及周边的城墙都得到了修缮,樯橹崭新、垛口完整,复现了明朝时的风采。而靠近东边和司马台交界处的部分,则采取了修旧如旧的方案,残破的敌楼、坑洼的地面、倒塌的墙体,更显出岁月的沧桑。

望着雾霭中绵延起伏的金山长城,我仿佛看到了当年能工巧匠们在险峻的山脊上创造奇迹的身影;仿佛看到寒声一夜传刁斗,戍边将士们在长城上孤寂守疆的思乡梦魇;仿佛听到铁马金戈,胡骑哀鸣的厮杀呐喊。在这静静卧伏了几百年的长城两侧,留下了多少悲壮凄凉的故事与传说……

孟姜女哭长城,它虽是一个传说,但在我的意识中,它的背景应当在金山一带。秦始皇统一中国后,征集数十万民夫,将秦、燕、赵三国北边的城墙连通、修缮合一。孟姜女万里寻夫送寒衣,哭倒长城八百里的传说就发生在那样的背景下,距金山不远的山海关至今仍有姜女庙。秦始皇修长城的历史功绩自不待言,可他令多少人家妻离子散。伫立在金山长城上,伴随着风的瑟瑟之声,我隐约听见了一个女子悲惨的泣声。

我两次登临过金山岭长城。第一次是1983年,我还是个初出茅庐的青年,那时只留下雄伟的印象。2012年,当我再次站在这段长城上时,站在敌楼之上仰望天空,就在雄伟之外又添了诸多的感慨和遐想。我虽渺小,但骨血里依然流淌着中华民族的气韵,所以我必须高扬着头颅。

金山长城上,我的背影,毫无质疑地是一个民族后裔的影像。

金山长城,壮美与雄浑,精妙与典雅,融汇着一个民族的伟大与豪迈。古老的城墙,历经岁月沧桑、风云变幻,矗立在崇山峻岭、蓝天碧野之间。它残缺与傲然的身姿,浓缩着中华民族的背影。

飞霞山禅悟

飞 霞 山

飞霞,是一种禅的意象。

山与水的完美结合,为飞霞山的禅象做着完美的注解。江水曲折回环,山峰高耸两岸。一个"飞"字,道出飞霞山飘然的神韵。

古、雄、大、奇,在这四个字的诱惑下,我约了一个同伴,以游客的身份来到飞霞山。在清远市区打听了半天,方知去山上只有水路,没有陆路,要么从清远市包船溯江而上,要么乘车绕一个大圈,再翻山至渡口,渡过北江上山。犹豫了一阵,我们选择了第二个路线。

与世隔绝,这是我对飞霞山的第一个印象。

渡过北江,沿着山径上山,除了同船的人,前后只遇到十几个游人,不由喟然长叹。这般与世隔绝的地方,在古代大约只有神仙在此修炼了。不过,这是我喜欢的境界。生性喜静的我,从来就反感那些人流蜂拥的景点。寂静、冷清,在我看来是一种禅的气氛。

沿着山径上山,没有工整的石板,踩着用山石堆砌起的凹凸不平的山路,却让我滋生出远古的情怀。山路边的石头上长着青绿的苔藓,熨帖着有点疲累的心境。偶尔会遇到几个牌坊,在岁月的洗礼中显得有些残旧。

江面开阔,峡江对峙,历代兴建的寺、观、亭、楼,都有意似的隐没在林木葱郁的山色之间,形成古雅清幽的天人之作。

正是春天,沿途蜿蜒的路旁长满了刚发芽的小草,朵朵野花争奇斗艳,风采别致。两旁的山上,屹立着翠绿的松柏,放眼望去,绿色充满了眼球。

站在一个凉亭内眺望,对面的绿山一座挨一座,耸立在江边,朵朵白云与山融为一体,渗出轻纱般醉人的迷雾。一条小船在江面上徐徐前行,给平静的江水带来了丝丝波澜。

松峰观日亭、长天塔、修行精舍、登极桥、帝子祠、洗心飞瀑……一处处经典的细节,精心构筑了飞霞山的绮丽。

这里峡江迂回曲折,水碧晶莹,两岸各有三十六峰,夹江相对,起伏连绵。峡中古迹有飞来寺、飞霞洞、藏霞洞、锦霞禅院。如果在江中泛舟,可览金锁潭、白花潭、钟潭、凝碧湾、韩愈泊舟处、东坡钓矶以及"一水远赴海,两山高入云"的妙景。

走累了,做个深呼吸,在一块石头上坐下来,和同伴啃着随身携带的食品。身后是一股潺潺的流水,起身用手捧着水喝进肚子,身心便有了清凉的感觉。一阵凉风拂来,草木飘动,虫叫蝉鸣。我知道,这就是天籁之音,是飞霞山的禅音。它与世无争,在这人迹罕至的地方独享一番情趣。

飞霞山是以自然风光、人文景观为背景,以宗教为内涵的胜地。它不仅拥有雄奇的七十二奇峰,又有清澈的峡江为背景,其中有森森参天的古木,禅音伴奏的溪流。置身于此,便有入仙的感觉。

"风光誉南国,古迹遍峡山",这是对飞霞山的美誉。

苏东坡也有诗云:"天开清远峡,地转凝碧湾。"

藏　霞　洞

喜欢洞的感觉,这是因为,它将真实的面目遮掩了起来。

在飞霞洞待了不长时间,我们来到了藏霞洞。仁者见仁,智者见智。飞霞洞里那些神像之类的东西,对我实在没有多少诱惑。一个"藏"字,令我更有兴趣。既然藏着霞,何不一睹为快?

藏霞洞是一座先于飞霞洞数十年的洞观，据载，藏霞洞建于清同治二年（公元1863年），相传湖北道士陈复始云游到此，欣赏这个"金龟背上有形迹，仙鹤回头两相抱"的地方，于是由清远人林法善法师集资动工修建成洞。

飞霞，是一种自然的意象。用它为一座建筑物命名，源于命名者对自然的膜拜，也足见他对禅意的理解。

飞霞洞四面环山，建筑雄伟，殿宇顺着山势逐级叠建而上，高达七级，颇有西藏布达拉宫的气势和凌空欲飞的幻觉。

雨是飞霞山的常客。不知不觉，一阵山雨从身旁掠过。一股紫霞之气从山坳腾升到殿宇上空，缥缥缈缈。我恍然，飞霞山的得名，正在于此。

飞霞山是全国为数不多且号称岭南地区最大的"三教合一"的宗教名山，而这全部的内涵就在这藏霞洞中。洞内供奉儒、释、道三教祖师及诸仙佛。进洞一看，其中钟乳悬垂，柱石擎天，造型千奇百态。祖师爷们及诸仙佛身居于此，表面上冷漠无情，可是其内心世界一定是五彩斑斓、丰富多彩的。幽静中带着奇异，这是禅的境界。众多仙人云集于此，才能酝酿出飞霞的气势。

密林深处，幽谷之中，氤氲的薄雾笼罩着，藏霞洞的庙宇若隐若现，使人顿生虚无缥缈、如入仙境的感觉。

藏霞洞名曰洞，可是它胸襟开阔，吸纳大气。据说在这里修行的人，常会看到一片七色彩霞在庙宇间飘荡，经久不散。我想，所谓的彩霞可能只有历经修炼的人才能目睹得到。我闭上眼，吸气，呼气。也许，这有些急功近利，努力了半天，也无法使眼前幻化出一片霞光来。

我恍然：我是世上庸俗之人，内心藏着浊气，那种仙人的感觉，禅相的捕捉，岂是我能够抵达的。

藏霞洞环境幽静，结构巧妙，别具一格。名山洞府、幽谷藏珍如此的称谓，对它来说也是名副其实的。

洞的奥妙，在于深藏不露。藏霞洞就适合这样的表述。

飞 来 寺

沿着北江边的一条路直上,累了正想喘口气,忽闻钟声响起,如梦初醒。于是,又来了精神。

飞来寺,是岭南地区三大古寺之一。有个说法,此寺原在安徽舒州上元延祚寺,在太子太禹和仲阳的神力作用下,一夜之间乘风雨飞到清远峡山,故名飞来寺。传说当然不足为据,可是这毕竟为它的得名添加了传奇色彩。

密林幽谷之中,云霞经久不散,令寺院时隐时现。寺院主殿瓦上的那颗瑶珠,与前面的螺星岭峰尖以及殿后山上的一座天然石佛正好三点成一线,独具匠心。

经过古寺山门牌坊,我们进了寺院。与一般寺院不同的是,它的建筑结构严谨,均衡对称,依次错落,层次分明,与周围的自然环境相互比照,遥相呼应。我对那些神像不感兴趣,便站在院中一株有百年树龄的紫玉兰前。据说这棵树是明代皇帝赐种。经历了世间的沧桑,它心念止绝,私欲尽断。它苍老的皱褶,是岁月留下的印记。它的内心,一定深藏着许多不为人知的故事。面对它,我叹息着生命的短暂。在我的凝视中,它静穆无言。

英国诗人布莱克《天真的预言》的诗中有这么几句:一沙一世界,一花一天堂,一树一菩提,一叶一如来。

菩提,即觉悟的境界。这株紫玉兰,到达了如此的境界。

一间殿宇,门前石坊矗立,上刻"第十九福地"。汉景帝年间,道教祖庭据茅山派祖师茅盈之报,奏请朝廷册封飞霞山为天下第十九福地。既为十九,必有前十八,它们又在何处呢?人间自然有解不开的谜,谜底全解,自然界和人世间就是一片苍白。我一直自信,所谓的福地都是心灵的感觉。觉悟了,处处都是福地,处处都是禅界。

出了寺,我扯着朋友来到后坡慈云殿古亭旁。这便是飞泉亭,亭后有飞瀑,亭下有小潭。寺后有登山小道,小道上有一座内分两层的观瀑亭,小巧玲珑,大方典雅。此处留下了苏东坡的字迹:凉碧轩,并有"东坡居士同游广陵寺(即飞来寺)"的碑文和对联:"天上楼台山上寺,云边钟鼓月边僧。"坐在苏东坡当年观江垂钓之处领略江景,内心便有波涛涌来。对岸的凝碧湾,呈现出禅的意象:一湾碧水,翠竹摇曳,渔翁撒网,鸬鹚插水……

飞来寺真是一番好景致,一面傍山,一面临江。山水奇绝,层峦叠嶂,幽洞澄潭。在飞泉亭,我和同伴松懈了身心,他躺我卧,在地上摆出一副飞翔的姿势。

心神荡漾,这是禅的境界。

听说,1997年一场山洪暴发,将寺的主殿冲毁,后来经过精心重建,才有了现在的模样。有来有去,这似乎在印证佛家的偈语。

飞来寺,藏匿着禅的风采。

禅与物　chan yu wu

壶关大峡谷风景线

"莫道江南景色好,峻秀未必若壶关。"这是古人的诗句。江南的秀色,我是倾慕的。山西壶关的玲珑秀美,竟然媲美江南,这就让我刮目。而它境内的大峡谷,则更令人赏心悦目。在我看来,它简直就是上帝赐予人间的神灵之物。

壶关大峡谷在太行山的腹地。对太行山,我是怀有敬仰之心的。小时候从毛泽东的《愚公移山》里知道了太行山这个名字,想着它不过就是愚公面前的一座山峰。后来才知道,它是一座长约七百公里、横跨中国四个省的山脉。它的雄伟、宽厚、博大,它的俊美、多姿、灵秀,成为我敬仰的理由。

千峰耸立,巍然高大,五岳见之而俯伏,昆仑比之而无色。这便是太行山的本色,这便是一个大丈夫的气概。

太行山的每座山峰、每个峡谷、每个瀑布,都有让人叫绝之处。不过,我以为它最美的地方,应当是壶关大峡谷了。一座山脉的灵气,仿佛全部凝聚于此,演绎着大自然的神奇。

赏心悦目,古风古韵,这是壶关大峡谷驻留在我记忆里的印象。它由五指峡、龙泉峡、王莽峡和紫团山组成,占地面积达到了五千八百四十八公顷,大景观四十四处,小景点四百余个。如此的数字,令我震撼。

壶关大峡谷风光旖旎,容纳了丰富的自然景观,形成了波澜壮阔的峡谷群。去过不少的峡谷,美固然美,但遗憾的是过于单调,未及饱足眼福,便山穷水尽,再无内容。而壶关大峡谷则不同,它委实是大,大得令我腿酸腰困,步履艰难,目光疲累,也难以穷尽它的全部风光。于是,只能留下无限的遗憾，发出深深的叹息。

如果你置身壶关大峡谷，便可以领略到浓荫蔽日、绿浪滔天的林海，刀削斧劈的悬崖，千奇百态的山石，如练似银的瀑布，碧波荡漾的深潭，雄奇壮丽的庙宇，引人入胜的溶洞……从某处石碑上，从某个山民的嘴里，还可以见到或者听到那些古老的、令人神往的传说。孔子回车、二仙真人的故事源远流长，曹操北上太行留下千古悲吟《苦寒行》，其名句"羊肠坂诘屈，车轮为之摧……"流芳百世。山峰的形状具备着人文的风采，如悠闲品茗、切磋棋艺的仙人对弈，像镇守着自己领地的凛凛雄狮，以及那"超然云雾中，不与群山伍"的照壁峰和沐浴朝阳的金鸡报晓。这是山的神韵，与人文景观珠联璧合，相映成趣。这些传说、诗篇和山峰的形状，为一座气势磅礴的山脉增添着人文的色彩。

传说已去，史迹犹存。紫团山西南的真泽宫，是保存完好的典型的唐代道教建筑，有牌坊戏楼、三进院大殿、梳妆楼、钟鼓楼、插花楼、望河楼等，整个建筑结构严谨，布局合理，工艺精美，殿内壁画、彩绘内容翔实，故事性强，雕石画舫精美典雅。如此的史迹是前人想象力所产生的艺术瑰宝，是无数能工巧匠聪明智慧的结晶。在我的意识里，前人的心血和汗水依然在壶关大峡谷汩汩流淌。

一阵风吹来，宛若远古的风，在一座峡谷里生存了数万年，它见证了这座峡谷的前世和今生。无论是轻悠的吟唱，还是咆哮的嘶鸣，都是诗人般的激情。风吹乱了我的头发，启迪着我的思维，让我在一座峡谷里浮想联翩。这是壶关大峡谷的风，我应该永远铭记。

峰的海洋，石的国度，洞的世界，水的宝庄……这些说辞，仍然无法涵盖这座大峡谷的风貌。它又为千万种植物提供了生长的园地，为无数的动物提供了栖息的场所，为数十万太行山儿女提供了生存的资源。我想，植物、动物和人类是无法离开大自然的怀抱的。壶关大峡谷，宛若一个母亲博大、慈爱的怀抱，让生命在其中繁衍，让灵魂在其中栖息。

如此的大峡谷，让我如何不爱你，不为你吟唱出美丽的诗文？

壶关峡谷群的形成，科学的解释是：在黄土高原相对于华北平原的强烈抬升中，形成山体断块，经过拒马河、滹沱河、漳河、沁河等水流快速下切侵蚀而成的区域性峡谷群。在地貌形态上，形成了诸如嶂谷、瓮谷、长崖、悬沟等典型组合，又由于岩石质地、色彩、纹理的变化，便挥洒勾勒出苍凉冷峻、刚健质朴的太行山大峡谷。而我更愿打开思维展开艺术的想象：上帝给了大地一座山脉，令它在此镇守，阻拦天灾，护佑子民。而壶关大峡谷，则是子民享受精神慰藉的一幅画卷。山体为子民提供了住所和餐饮等生活必需品，峡谷提供了视野和精神的美餐。

　　壶关大峡谷，古有藏龙卧虎之地的说法，在我看来，它岂止藏龙卧虎，自然界诸多的神奇，都在它身上显现。

　　壶关大峡谷是自然的、人文的一道风景线。现在，让我的笔墨简要地做一个素描，勾勒出它的细节之美。

　　十八盘绵亘在三百多米高的悬崖上，雄壮秀美。

　　九曲十八弯，我喜欢这样的境界。美的东西，常常在眼界之外。山重水复疑无路，柳暗花明又一村。

　　十八盘是山西境内一条通商古道要津，也是军事要隘。尽管早已废弃，但盘挂在崖间的九曲十八弯的遗迹，以及几处供行者停歇的平台依然可见，尚能落足的石阶也能数出一千多个。古人对十八盘的描述，有这样的诗句："俯临涧壑险，势陡不可看。……心胆掉欲碎，毛发亦为寒。"它所描述的是初期的盘道，清代康熙年间经过重修，才成为千阶十八弯，"缺则补之，狭则广之，执鞭者坦荡而不惊，游市者乐市而不恐"，后者的文字镌刻于盘下的石碑上，题名《十八盘重修碑记》。

　　十八盘的长廊，在这个宜人的秋天被我的脚步丈量着。

　　我的耳畔，响起一声婉转的鸟叫。四顾，却没有鸟的踪影。或许，那是心灵的声音。

　　到达十八盘顶端的圣人坛，瞻谒了孔子圣像，向下走过一段蜿蜒的石梯路，就看见了一个天然石洞。站在洞口，看着洞里的幽暗，暗自想着：世间的秘密，是否都藏在目不所见之处？

洞口是三棵檀香树,人称"三炷香"。洞里供奉的是观音菩萨,一侧的塑像是刘秀。这自然会有一个传说中的故事。说的是王莽追杀刘秀,刘秀被观音菩萨藏于此洞中,逃过一劫。刘秀登基后,封它为隐圣洞,后人传为隐身洞。

沿洞下行,沿途崖间长流不息的清溪是神泉涧。曲曲折折,遮遮掩掩,宛若白居易笔下的琵琶女"犹抱琵琶半遮面"。水的优美,离不开山的陪衬。神泉涧是一幅绚烂的水彩画,一首婉约的抒情诗,一曲优美的旋律。走着,走着,我就像迷失了自己,化作一片尘埃,一粒石子,被山水收留。

五指,是一种自然的意象。用它为一座山峰命名,源于命名者对自然的膜拜。

五指峰是五指峡的入口,形状宛若伸出的五指。它集雄、奇、险、幽、美于一体,悬崖刀削斧劈,山石千奇百态。关于五指峰,古人如此描写:"五朵危崖五指开,亭亭玉立绝尘埃。惊涛忽涨清泉水,是否翻云覆雨来。"

登山途中,气喘吁吁。忽听有人呼叫:"那就是五指峰!"随着呼者手臂的指向,我望见了它卓尔挺立、气势雄伟的模样。于是,腿不酸,腰不疼,向它攀缘。

亲近一处景物,是登山者的动力源泉。

站在五指峰,俯视远景,它宛若壶关大峡谷怀里一个沉睡着的婴儿。它的笑容,它的哭泣,演绎着生命的过程。

五指峰是幸福的。它远离了人间的纷扰,独坐于壶关大峡谷的怀抱。四面青山,幽林拥抱,一条清溪从它的头顶蜿蜒跃下。临水的景物,它的生命,无疑会钟灵毓秀。

正是初秋时分,雨过初霁,山间白云聚首,缥缈如梦。

五指峰,是壶关大峡谷标志性的景观。

五指峰的峡谷深处,是一潭清幽的湖水。此刻,我站在了湖边。

它叫黑龙潭,溪流停驻于此,积水成湖。湖平如镜,水质清纯,如镶嵌在深山的一颗明珠。景区内峰峦叠翠,悬崖连绵,绝壁飞瀑,怪石峥嵘,草木葱茏,恰如"久居深闺人未识"的妙龄美女。

黑龙潭,是一个二十多平方米的水潭,上有高瀑倾注,下有漫流溅玉,又有灵异的传说。那传说的版本是这样的:守护黑龙潭的是一条黑龙,古时每逢大旱,人们就到这儿来求雨,但是求雨的人一定要属龙或属蛇。

跨过黑龙潭拱桥,沿崖岩小道行不了多远,就跨上了一条凌空栈道。这是一条在悬崖峭壁上凿孔插架用钢铁材料筑成的栈道,其形若羊肠九曲,边有坚固扶栏。崖头树上,杜鹃鸣唱;崖下河间,野鸭呼叫……绝妙的大自然,将这声声啼叫化为一种禅的韵律,穿越了我的心灵。

驻足悬崖栈道凭栏观景,脚下是深谷清流,身旁为悬崖绝壁,奇石野花,目不暇接。河水从二十米高的悬崖上跌落到黑龙潭中,形成一道瀑布,潭水深不可测,碧绿如墨。在黑龙潭北侧的峰顶上,建有龙王庙,自古就是人们祈雨之地,故称龙潭灵泽。过了龙潭灵泽,再往里行,栈道延伸至孤山下。抬头仰望,五十余米高处凌空飞架一座铁索桥,直达七十余米外对面的悬崖绝壁。

龙湖泛舟。一道水帘漫挂在丈余高的人工大坝上,有坝就有湖,湖面碧波荡漾,湖边有鹅鸭戏游,几只红色橡皮小船由年轻人划着兜圈子。我对划船不感兴趣,就孤身坐在清澈的水边,凝视着自己的倒影。

湖边的风,凉爽,清润。我躺倒在湖边,心想若能变成龙湖中的一只虾,那该是多么幸福的事情。

古诗云:"若非紫团山顶雪,错把壶关当江南。"紫团山的雪景如何,我没有机会领略,但我见到了它的雾境。紫团山的命名,应当与某种自然气象有关。紫气缭绕成团,这是禅相。到了山上一看,在结满鲜果的枝繁叶茂的丛中,发现了紫团参。紫团参之珍贵,从北宋科学家沈括在《梦溪笔谈》中的一则记载便可略见一斑。丞相王安石病喘,急需紫团参又找不到。这时从山西回京的官员薛师政正好带有紫团参,便送给了他。王安石拒不接受,人们劝他说:"公之疾非此药不可治,疾可忧,药不足辞。"

紫团山,古称抱犊,风光绝佳。它万峰突兀,方圆百里,气势浩大,有"南五夷(山),北抱犊(山)"之说,是海内不可多得之胜境。站在山间,顿感自我之渺小。突发奇想,我如果化身为一棵草,是否也是紫团山一景呢?

资料上说,紫团山有八大景色:仙翁崖、云盖寺、照壁山、倚秀峰、南极园、唐崖碑、将军峰、翠微洞和白龙潭。我的体力,难以一一领略,只是近观了云盖寺。云盖寺,因其在山之巅,又称白云寺。我感觉云盖寺的叫法有点儿俗,白云寺倒是雅称。寺里有南向的二进院佛寺建筑,大殿斗拱层叠,木质透雕,四组戏剧砖雕温文尔雅。

潜入紫微洞,它深不可测,宛若一处迷宫。在紫微道人面壁处,我凝滞了脚步,心怀敬仰。面壁,这是一种大境界,足以抚慰孤独的心灵,避开烦乱的世俗。洞中有天神、罗汉、八仙过海、玉龙捧寿等溶岩层。天神玉龙、仙人罗汉,聚集于此,研讨天象,切磋仙术。峡谷里梦幻般的景色,也许是他们的点滴智慧吧?我一直以为,仙人者绝非常人。深山幽洞,是他们修炼的天堂。常人向往宫殿、城阙、金银、美女,而仙人崇尚着精神的修炼,也才有了不同凡响的人生。

我见到了适宜在南方生长的红豆杉,令我喜出望外。

红豆,喻示着爱情。

红豆峡中景物的命名,照应了这样的主题:情门、情石、缘石、鹊桥、七仙浴、月老潭、相思园、连心锁、绣球楼……我没有挖掘其中的故事,但我相信其中必有爱的情愫。

走进红豆峡,我在一座小楼的檐头下,看见了红灯笼。十字大结的红绸带子从楼顶的两角斜垂到地上。灯笼上有的贴着"双喜",有的写着"百年好合""鸾凤和鸣"等字样。绸结上有的缀着一双双纸剪的蝴蝶,有的系着一束束当地的山菊花。喜庆的气氛中显现着庄重典雅,传统的习俗中蕴含着现代文化色彩。原来,这天是农历七月初六——第二天,就是七夕情人节了。据说,一年一度的七夕情人节,已经成了红豆峡的一个旅游品牌。庄重大气的楼宇,质朴素雅的平房,别具匠心的廊屋,天然古拙的影壁,似乎都被人间的爱情焕发了生机。

第二天,见证过别开生面的集体婚礼,便来到红豆峡的渊源所在——原始红豆杉林区。

好一片赏心悦目的红豆杉!翠绿欲滴,疏密有序。"红豆生南国……此物最相思",唐代诗人王维的一首借咏物而寄相思的诗,使一种植物种子具有了灵性,在一千多年的流传过程中,由比喻男女之间的相爱思念,成了寄托爱情的典雅信物。

摘下一片淡黄绿色的红豆杉叶,小心翼翼地放进随身带的《蒙田随笔集》里。保存一片树叶,就是珍藏了一座峡谷的秘密。

攀上峰顶,站在骆驼峰观景台,眺望太行山景,山高我为峰。山风拂过,我打开了衣扣,让清风荡涤着心灵的污浊。

跨过仙人桥以及相连的山洞,我进入了龙泉峡。

龙泉峡谷中古老的痕迹,犹如苍老的皱褶,是岁月留下的印记。面对它,我叹息着生命的短暂。

走进龙泉峡,我的目光仿佛穿透了历史的烟云,迷离,深邃。

虽然近在咫尺,但龙泉峡和五指峡却是两个不同的气候带。龙泉峡水更丰,草更绿。在震耳的轰鸣声中,飞溅的瀑布让我感到了幸福的眩晕。峡谷两侧,悬崖高耸,遮天蔽日,裸石嶙峋,千姿百态。溪水在峡谷中蜿蜒,似银蛇蠕动,似玉带轻飘,时而涓涓有声,轻吟浅唱,时而默默流淌,温柔恬静;时而成为深潭,高深莫测。龙泉口边,崖壁对峙,龙口双泉,喷珠吐玉。飞龙潭上,一道三十多米高的瀑布,飞泻而下,溅玉扬珠,声如雷吼,流光溢彩。

峡谷悬崖高矗,气势凌空。崖壁上悬挂的钟乳石若人若物。步入公主洞,中间一石若少女的头像,面颊丰盈,脸圆如月,裙衫翩翩,秀发披散,侧脸含羞,妩媚动人。龙潭王子背倚麒麟,左手拉襟,右手抚剑,潇洒而立。王子对面的龙潭左侧,崖壁上有一石酷似老寿星,大脑门,白须飘逸长过腰际。和岩石一样的寿命,该是何等漫长呢!无须言语,只需仰望,甘当一座山的守望者。

禅,代表着身心中澄澈的情感、智慧和觉醒。禅门的教旨是:一法不生,万水千山。于是,我也稳住心跳,纹丝不动地站在崖壁的对面,聆听着一个神灵的心声。

仰望一座山,需要漫长的精神修养。

青龙峡谷体开阔,山峰相依相连,植被葱茏,溪流充盈,既有大自然原本的荒凉印迹,又有人类历史的沧桑写照。可说是荒凉与沧桑同在,雄浑与秀丽共美。

我以为,青龙峡应当是壶关大峡谷最美的景色了。高山耸峙,群峰林立,参差嵯峨,雄奇壮美,石块形态各异:老鹰、雄鸡、玉兔……更为奇异的是,这些石块错落有致,宛如人工斧匠的杰作。峡谷如世外桃源般恬淡,田园农舍,青瓦青石,鸡鸭悠闲。

既然是桃源境界,那就如饮甘泉,需慢慢品味。幽深、清纯的灵气,为我抹去心中的尘埃。我喜欢在山间漫步小住,这渺小的一生,注定与山水有缘。我认为,山水之气,多有灵感。世间一切美好的事物都源于人内心深处的一种思想,一种欲念,一种感受。

青龙峡是太行山大峡谷下游最大的支峡。因峡内有条瀑布直下注入青龙潭,故得名青龙峡。峡谷入口宽敞,往里便是一线天。逆水循径而上,顾盼着东崖头千姿百态的象形山石,眺望着西山绚烂如霞的红叶,绕过独立的河滩、大如殿宇的奇石,穿林过水,徒步上行,青龙潭瀑布便映入眼帘,白生生的水,如雪的肌体。在瀑布边久站,难免有水珠溅到脸上,湿滑、凉润。那是仙水,我舍不得擦去。

青龙潭水碧绿幽深,清澈见底。周边柿树的倒影,将串串金红果实荡漾成种种形状,同鱼儿交互嬉戏,构成了一幅灵动的画面。沿潭边绕入瀑布后凹进的崖下,穿过飞挂的水帘,带着一身水湿,登上青崖云梯,歇息在降龙亭。远眺,只见天高地远,长崖蜿蜒,山岭跌宕,淡岚浮现。

我眯着眼,伸出双臂,做出了一个拥抱的姿势。

一座大峡谷,在我的拥抱下,会不会感到幸福,我真的不知道。

一座峡谷,容纳了天界的仙气,身临其境,既有博大浩渺的自然景致,也有波澜不惊的精神境界。这便是壶关大峡谷赋予人类的杰作。一路追寻而来,穿过茂密的林木,俊秀的山岩,幽谧的山洞,它展示给我的是大自然的神秘。这是太行山隐秘的内心世界,是大自然赐予人类的宁静。

壶关大峡谷是千万年山洪冲刷形成的势如奔走游龙的自然奇观。它隐藏在这儿,仿佛是为我精心设计的。穿越、攀缘,让心神宁静,让思绪蔓延。

壶关大峡谷可以进入我文字的景物当然还有许多,王莽峡、水妖洞……每一处都是经典的山水,每一处都是出色的画卷。大自然的鬼斧神工,为它勾画出了形态各异、气象万千的山峰、林木、瀑布、幽洞、岩石……一山一石,一瀑一洞,一树一花,都是禅语中的物象。走进它,便可享受到身心的洗礼,精神的陶冶。

岁月无痕,峡谷有情。如诗如画的壶关大峡谷,留下的只是悠长深远的宁静和呼吸。

扬州的品相

曾经以为，扬州是一个醉生梦死的地方，能够让皇帝放下尊严，放纵身心的地方，无非就是聚集着如花的女子和令人迷醉的风景。然而，当我来到扬州，徜徉在它历史文化的海洋里，触摸着它的精神脉搏，聆听着它的声声呼吸，才恍然惊醒：扬州是一个人文荟萃的地方，具备着极高的品相。

扬州美名传天下，这并非无稽之谈。扬州何等古老，《尚书·禹贡》便把它列入天下九州之一。扬州的建城史，竟然达到了两千五百年，这是南方诸多城市为之汗颜的。自春秋吴王夫差筑城以后，扬州便成为中国古代的水陆交通枢纽和盐运中心，号称东南第一大都会，拥有"雄富冠天下"的美名。在隋炀帝时期，扬州曾经作为中国南方的首府，大运河通航以后，扬州又被称为江东。唐朝时期，扬州居住着许多阿拉伯商人和波斯商人，成为中国南方对外贸易交换地。五代十国时期，扬州作为吴国的都城，称为广陵。到了清朝时，扬州拥有五十万以上的人口，是世界十大城市之一。可以想见，古时的扬州曾作为中国政治、经济、文化的中心之一，演出着权力角逐、财富争霸、文化称雄的上等好戏。那时的扬州，该是何等的繁荣壮观。

虽然因为历史烟云的变幻，扬州几度衰落，但它的名望和地位依然镌刻在了历史的丰碑之上，千年的风雨雷电也无法抹去它厚重的人文痕迹。帝王陵墓、古刹名寺、唐宋古城、私家园林、运河遗迹……使它赢得了中国首批历史文化名城的地位。

"大江东去，浪淘尽，千古风流人物。"这个"江"，当然指的是长江，但因为扬州曾称江东，所以看到这样的句子，让我不由自主地想到扬州。春秋吴王夫差、汉代广陵王、隋炀帝、马可波罗、乾隆皇帝……这些史册所载的历史人物,虽有褒贬,但其对扬州的历史贡献不可磨灭。单说隋炀帝,虽落得"昏君""暴君"的恶名,但其修凿运河的功绩却无可否认。正是有了古运河,扬州才能占据江南,成为对外贸易和国际交流的城市之一。"十年一觉扬州梦""春风十里扬州路",如此的古诗句,并非浪得虚名。

对乾隆皇帝的评价,我不敢妄下结论,但对于他的"烟花三月下扬州"却是铭记在心。也是因为这句诗,让我知道了扬州的大名,才让我对扬州这座城市产生了仰慕之心。那时对"烟花"一词有着误解,以为是风流场上的用词,然而到了扬州,才晓得这"烟花"是扬州三月的琼花。琼花的美,并不仅仅在于"琼花仙子"那颇富传奇色彩的传说,而在于随着三月的春风弥漫扬州城的盛景仙境。琼花是扬州独有、他乡无双的名贵花木,被世人视为稀世的奇花异草。身在紫禁城的乾隆皇帝被宫内事务日夜缠心,于是到扬州一睹天上仙花落人间的景象。自然,"三春爱赏时,车马喧如市"的赏花盛况在乾隆皇帝之前就已存在,但他的到来无疑令扬州城惊现万人空巷之景。

一座城市的品相,离不开其外在的景物,但更重要的是它的文化内涵。我以为,就文化的纵深和广博而言,古代很难有与扬州并肩媲美的城市。它历经了春秋吴越文化、秦汉广陵文化、六朝江东文化、隋唐扬州文化、宋元江淮文化、明清江南文化,每一个时段都有史书的记载或者文物的见证,积淀厚重的文化奠定了扬州在中国南方独一无二的历史地位。这是一方地域、一座城市至高的品相。

扬州八怪,不知道从哪儿听到了这样的叫法。起初,并不晓得它属于文化的称谓,还以为扬州城里有八个怪物。等我明白过来时,已经是青春年华,那会儿依然只是好奇,怎么刚好凑齐了八个文人?真正感悟出他们沉甸甸的文化重量时,已是年过五旬了。以金农、高翔、郑燮、罗聘等人为代表的扬州画派,在中国画坛独树一帜,将中国文化的博大精深通过一支笔、一方纸演绎到了极致。"八怪"中我尤其敬仰郑燮,这个号为"板桥"的人。在我的心目中是不凡之人,他的那句"乱鸦揉碎夕阳天"曾被我视为写景的绝句,是神来之笔,我一生也写不出那般自然的气象。我天性喜竹,天下画家里唯有他笔下的竹能让我身心清朗。那是超尘脱俗之竹,极具禅意。

扬州八怪当然属于文化的品相,扬州如果只是"八怪",那仍显得文化分量的单薄。一旦潜入扬州文化的海洋,我领略到了它更多的文化气象。从洋洋洒洒的枚乘《七发》肇始,扬州的文气便如这汉赋中的广陵潮一般渊源不绝。千百年来,在扬州这片土地上留下名姓的,是张若虚、李白、杜牧、刘禹锡、郑板桥、欧阳修、苏轼、孟浩然、姜夔等一串串闪光的名字。他们中有的未必是扬州人,到扬州或是为官,或是游玩,但却为一座古城留下千古名句或是艺术珍品。消失在孤帆远影中的孟浩然,心中所念的是扬州的烟花三月;携手登塔的刘禹锡和白居易,曾在此发出"沉舟侧畔千帆过,病树前头万木春"的人生感喟;题壁怀师的苏东坡遥望着前人的背影,感慨并写下"十年不见老仙翁";杜牧曾在扬州迷惘沉沦,但最终被它的聪慧唤醒,继而自省奋发,留下了"春风十里扬州路,卷上珠帘总不如"的咏叹。

曾任扬州太守的欧阳修,在扬州留下了平山堂下一处美景和一段佳话。伫立在欧阳修祠院中那棵扬州年龄最大的圆柏下,我在想,一棵古树,就是一个人的品相。太守的政务虽然庞杂,但他纲目不乱,关心民瘼,深受百姓爱戴。面对着欧阳修的石刻画像,我更是久久不愿离去。在黑色的背景下,欧阳公身着长袍,双臂合拢,搁置胸前。他的目光下垂,一副谦恭之态。历经了官场、世事的磨砺,他知道,俯首为民方为至高境界。

扬州深邃厚重的历史,温柔如梦的怀抱,琼花浪漫的情怀,救赎了无数文人的精神,滋润着他们的心灵,让他们感知到了生命的意义,寻觅到了艺术的精髓。文人墨客,为扬州构筑着文化的主脉。

扬州的文化远不止这些。以任大椿、阮元、焦循、汪中、王引之父子为代表的"扬州学派",抨击宋儒之学,宣扬考据学风气。扬州戏曲、扬州评话、玉雕漆器、扬派盆景、雕版印刷、淮扬菜系等更是独具特色,源远流长,让扬州成为当时名副其实的中国文化中心。传统工艺、漆器、玉雕、刺绣、绒花等,其历史渊源可追溯到两千多年前的战国时代,有的产品甚至远销到世界五十多个国家和地区。

苏州的园林名气大于扬州,或许我对苏州园林是走马观花,因之扬州园林给我的印象更深。在乾隆、嘉庆年间,"甲天下"的便是扬州园林。它既有江南园林的灵秀,也兼容着北方皇家之雄气,形成了兼容并蓄、博采众长的独特风景。它秉承着扬州文化的内涵,吸取了文学和绘画艺术的创新风格。譬如何园,湖石堆叠,如峭壁凌空,若矶石俯瞰。池水袅袅,藤缠壁石,湖边一琴台,一棋台。想当年,主人泉边抚琴,琴之悠悠声,与泉水之潺潺声交融成韵,怎不心旷神怡?或邀好友下棋观景,吟诗作画,怎不逍遥自在?再譬如个园,如它的名字一般,处处彰显着细节之美,张扬着独特的性格。整个园林小巧、自由、精致、淡雅、写意,预示出淡泊隐逸的境界,具备着浓郁的文人色彩。人文与自然的巧妙结合,构成扬州园林独特的品相。

站在何园的一湾池水旁,我看见了自己清瘦的身影。突发一个念想,如果我能化身为鱼虾,终身拥有扬州园林的清水,那该是何等幸福的事情。我没有在晚上身临此处,据说在月圆之夜,可以看到三个月亮。天上明月,水中月影,而壁上的镜里却还有一个月亮。如此的创意,属于扬州的灵感。

漫步在扬州的大街小巷,我终于发现了它那深邃的内蕴。老城区纵横交错的巷子幽深素净,青石板地面镌刻着岁月的车辙,墙角孤井,井边秋虫,照应着墙头的青草和苔藓。那一座座曾是盐商官绅的宅院,黑漆的门楣,水磨的砖楼,外表倒也平常;然而深入进去,我便恍然大悟,正如扬州人内敛的性格,他们把极致的美隐藏在深深的高墙之内。那些阴阳风水的偶合,花木竹石的点缀,生活与休闲的相容,无不显示着美学的意境。就连最细微处的装饰纹样,也是深有用心。不经意间抬头,看见了门楼上精雕细刻的砖雕,宛若为我讲述着百年大宅的繁盛。金围带、斗升三级……这些词语,我虽不解其意,但却洞悉着它的深奥。

扬州城的精致,是一种建筑的品相。扬州城的建筑风格,是一种诗意的栖居态度。"人,诗意地栖居。"这原是19世纪德国浪漫派诗人荷尔德林一首诗的名字,后经德国哲学家海德格尔的哲学阐发,表述为:诗意地栖居在大地上。不难理解,诗意地栖居亦即诗意地生活,而诗意则源于对生活的理解与把握,尤其是内心的那种安详与和谐,那种对诗意生活的憧憬与追求。扬州人也许不知道荷尔德林,不晓得海德格尔,然而,他们的精神生活却是与诗人和哲学家相贯通。追求诗意的生活,是扬州人发自内心的审美需求。

瘦西湖,是扬州城的一颗明珠。历代的文人墨客,喜欢把瘦西湖比喻为清秀婀娜的少女,从而区别于妩媚丰腴的杭州西湖。一个"瘦"字,浓缩了它的神韵。清波就荡漾在脚下,鲜花就开放在发际,山斜矗于湖心,仿佛孤岛。舟漂浮于水面,宛若画笔。一切都是瘦的,一切都是小的,但正是这普普通通的一湾水,一座丘,一叶舟,在扬州竟然容纳了文化的气息,赋予了美学的意义。品味着湖内湖外的长堤春柳、四桥烟雨、徐园、小金山、吹台、五亭桥、白塔、二十四桥、玲珑花界、熙春台、望春楼、吟月茶楼、湖滨长廊、石壁流淙、静香书屋,我的心海仿佛展开一幅天然秀美的国画长卷。这幅画卷,千百年来就悬挂在扬州城的内心。

铭记着扬州,还与一个名字有关:史可法。我在想,是什么精神动力驱使他率领扬州的军民守城十余天,并慷慨就死?一座浓缩着民族精神、涵盖着中国博大精深文化的古城,在史可法的眼里就是一个民族的尊严和气节。是的,用鲜血和生命捍卫一座民族之城,是他义不容辞的神圣使命。

走进史公祠的大门,三百六十年前那个悲壮的画面依然在内心闪现,回味那种悲壮,品尝那种精神,我的眼眶不由自主地潮湿。这不仅仅是敬仰一位英雄,更是为一座古城感动。

一座城市从它建立的那天起,便会具有一种精神,扬州更不例外。扬州人豪迈大气,智慧理性。唐代时,"街垂千步柳,霞映两重城","市桥灯火连霄汉,水郭帆樯近半牛",可以想见,昔日的扬州人是何等的高视阔步,一脸豪迈。在唐时,扬州人张若虚的《春江花月夜》写出了扬州人的精神风貌。我尤喜欢其中的几句:"白云一片去悠悠,青枫浦上不胜愁。谁家今夜扁舟子,何处相思明月楼?"这是一种气概,一种情怀。在扬州人的眼中,大江瀚海、悠悠白云、扁舟明月、鸿雁鱼龙,这些自然的物象,其实是与他们的精神贯通的。人与自然的和谐,是扬州这座古城给予我最深刻的感悟。恢宏、包容、智慧、灵性,这便是不一样的扬州,这便是扬州的品相。

乌镇，夜色如禅

我来乌镇，是为了寻找禅的感觉。夜色，掩护着我这个算不上隐私的心愿。我迷离着眼和心，徜徉在乌镇的夜景里。

曾经，有过许多迷离的梦，寻找一处地方，如桃花源般的舒适，似瓦尔登湖般的恬静，安顿下这颗日渐烦躁的心灵。

还好，这个夏天，我置身于乌镇。

傍晚时分，我在修真观。夕阳余晖中，观院缥缈如仙境，这吻合了我的隐逸情怀。在广场的对联上看到了这样的句子，"人有千算，天则一算""天堂可到，地狱非遥，只有心头分路"。未必明了其中的意思，却感觉那是禅的意味：深邃，隽永。

一个深呼吸，夜幕就被我召唤而至。流水细语叩小楼，仿佛禅里的故事。

一只乌篷船由远及近，一位农家女摇着橹，橹搅动河面，绸缎般的水似被人抖动，层层散去，渐渐合拢。我知道，乌镇的夜色在向我逼近。西栅的夜，是我所见过的最美的夜。古朴的老街，枕水的古宅，参差的屋瓦，遒劲的老树，精巧的窗棂，石板、小巷、乌篷、灯影，都在水中的灯影里。桨声灯影入梦境，这是那晚我在笔记中写下的一句。

夜色在店家们的打烊声中降临了。乌镇褪去喧闹的外衣，和天色一同沉静下来，呈现出宁静和安谧的禅意。有声音在呼唤孩子回家，低一声、高一声，在凉爽的晚风中，悠然飘过河面。时光叩响门扉，小镇人抱出一摞摞旧木门板，依次放在门槛中的木槽里。身着白底蓝花的船姑们哼着小调，在楼阁帘招、桥重水复中轻盈地摇过，为穆静的晚景涂抹着温柔。那摇橹的声音，不紧不慢，由远而近。乌镇的夜晚，从这个时刻开始了。

西栅的灯光色彩很柔和，不杂乱，也不刺眼，温暖，悠远，宛若小女子的笑靥，指引我打开禅的境界。那檐下的黄，墙边的白，自然地展示着每一处值得显露的美。屋檐下的一处处灯光，闪闪烁烁，幽雅至极，仿佛乌镇的明眸，将黑夜里的古楼印到了水墨画里，又像一个个潮湿的旧梦，将古镇的安静气息蔓延开来。神秘，安详，此刻我除了享受，不愿再想任何事情。此刻，如朱自清在清华园里的荷塘边一样，什么也不用想，便觉是个自由的人。迷即众生，悟即是佛。我的心迷离着，错错落落的高墙矮门，竖起钩檐翘角的耳朵，静听夜色的呢喃。倾耳静听，似乎有闲适的棋子敲响，抑或柔细温香的吴侬软语。想起古诗里的某个句子：西窗剪烛，衔一根长箫呜咽，吹得灯花飘零。在这样的夜色里，我期待着青石板上走来撑着油纸伞、丁香一样结着愁怨的姑娘。

一根细长的竹竿斜挑着一面斗大的"茶"旗插在桥孔。在我的注目下，它在飘动——那是风的灵性。乌篷船静静地泊在旗帜下，聆听着它的声音。谁都明白，这里便是茶馆了。与西方人崇尚物质、印度人向往宗教不同，乌镇人追求的是精神的闲适。茶房传出花鼓戏的曲子，我忍不住走进去。茶香扑鼻，屋里坐满了白发茶客，一边闲适地品茗，一边聚精会神地聆听着。或许是我的进入惊动了他们，几位老者回头观望，于是赶紧退了出来。我是外人，不便去打扰他们这份夜色里的雅兴。

乌镇到处是水，以河成街，桥街相连，依河筑屋，深宅大院，重脊高檐，河埠廊坊，过街骑楼，穿竹石栏，临河水阁，古色古香。这就是我生命中所憧憬的"小桥、流水、人家"的境界。石板小路，古旧木屋，还有水的气息，仿佛梦里的氛围。晃晃悠悠，踏上了窄窄灰灰、呈井字形托着的水路。我没有目的，走到哪儿是哪儿。悠然闲适是禅，我在享受它的真谛。走累了，坐在通济桥的石板上，想着白天走过的茅盾故居、江南民俗馆、文昌阁、夏同善旧宅地，那些历史的痕迹让一处水乡古镇弥漫了文人气息。

桥是眉峰聚，水是眼波横。河边柳丝依依，宛若乌镇的睫毛在多情地眨动。坐在桥上,凝视着小船在水里打盹。黑黝黝的,仿佛乌镇的鞋子,一只只,一双双,一片片,安静地置放在淡蓝的水面上。油漆斑驳的乌篷船,用墨绿苔藓雕刻下舟楫的沧桑,和那些溢彩流光的画舫与小巧玲珑的灯船默默对峙,伴着主人的鼾声入梦。这是一个多云的夜晚,一处亮,一处暗,这明暗相间的天宇是乌镇这个夜晚的背景,河水影影绰绰,建筑物迷迷离离,这是另一种禅意:万物无常。无常,凝集着沧桑之美,充满着诡异的意境。

  白天的乌镇,那摩肩接踵的拥挤太过嘈杂,那琳琅满目的店铺太过张扬,那满街手工酱、三白酒、姑嫂饼的叫卖声也太过浓烈。白昼的喧嚣,让一座水乡承载了太多的烦躁。显然,这不是禅的境界,也不是我所期待的水乡,而夜色的降临也许能使我遂愿。唯有这夜色,才恢复了千百年来乌镇的本色:淳朴、宁静。如大虚空,如大圆镜,浑然到了禅的境界。

  忽然几丝细雨落在头顶。抬头,月亮躲进了一片云层。此刻我正在东栅的汇源当铺旁,有一条独具乌镇特色的弄堂,往里探去是旧时留下的小院:常丰街146—1号。我喜欢下雨的时候身处一处角落,孤寂的心圈在一个窄狭的空间。止像帕斯卡尔说的那样:"天气与我的情绪没有任何关系。我的内心有阴天,也有晴天。"人的心灵,如果能包容自然界的一切,那就不会有失意、烦躁、厌世这些影响生命长度的词语。我只是想在下雨的时候感受弄堂的情调,何况又是在夜色中。是微雨,窄弄里几乎淋不到雨星,在其中躲雨是再合适不过的了。潮湿的空气弥漫开来,滋润着我的思绪。

  马头墙,是乌镇的一道景观。当铺两侧成梯级状的马头墙泛着看不见、却能感受到的潮意,印证着一个好听的词组:绿苔绿蚀。更深处的小院灯影里,传出一丝丝孩童的笑声,恍惚还有《摇到外婆桥》的童谣声:"摇呀摇,摇到外婆桥,外婆叫我好宝宝……"回忆的翅膀诱导我飞回自己的童年。阅读王安忆的《长恨歌》,常常沉浸在主人公王琦瑶在邬桥生活的段落。外婆、乌船、阿二、水里的月亮……是和乌镇相似的夜景,也许会有相似的故事。马头墙连接着历史、人文,还有故事。这便是禅意了。

  这是我曾经梦幻的细节。一瞬间,所有尘世的烦恼、喧嚣,在此得以净化。

一阵凉风,从弄堂的一端走进。不经意间,我感受到时光的轮回,恍如走进了一册尘封已久的历史线装书里。

　　零星的雨点不见了,月亮又钻出云层,打量着我的行踪。走出弄堂,穿过小桥,在风声里静听着水的摇动。河边的棒槌声、叫卖的招徕声、儿童的嬉闹声、远处的笛声、吱哑的木门、琴房的试音……白日里那些杂乱的生活销声匿迹了。时光隧道被夜色截断,凡尘俗事了无踪迹。正如禅语所云:一切尘网消失,喧声无碍。在这禅意的夜色里,我的心是沉静的。这沉静正是乌镇的夜色所带来的。倘若不在此处,我也许会想着生活,想着创作。这时什么都不用想,只是感受如禅的夜色,沐浴着如禅的风声。我想着傍晚见过的一位老人,临河的廊棚下,他躺在竹椅中,竹椅旁的矮桌上摆着一个旧式的茶壶,躺一阵,他端起茶壶悠悠地喝一阵。一只猫,躺在他的脚旁。老人端起茶壶给矮桌下的碟里倒一点,那猫就直起腰舔干净。

　　我非常喜欢这样的场景,这样的细节。忽然问了老人一句:您晚上几点休息?他温和地看了我一眼,说道:猫儿睡了,我也睡了。就这一句,我的脑海里便浮现出老人和猫在夜色里温情脉脉的情景。这是童年里我的祖母给予我的想象。祖母和猫睡觉时达到了一个默契:猫的一只爪子被祖母握在手心,温情脉脉地缠绵着,无论冬夏。那是祖母生命中最柔软、最鲜活、最感性的细节。而此刻,那个老人和他的猫是在屋里相约着打着呼噜呢,还是在相互逗着玩呢?这样美好的夜晚,一个老人和一只猫,一定也会守护着禅意般的细节。

　　更深的夜色里,我的脚步错落在古旧的石板街上,身后是月光投射的影子。用石板铺成的小街,弯弯曲曲,忽左忽右,仿佛在指引着什么。夜空的云散开,天上是一条玉带,和小街一样狭窄,一样曲折。夜露濡湿着青石板街面,石板一块接一块,年代久了,走的人多了,石板就显得很光滑了。这石板仿佛古时的竹筏,长长的,一卷卷展开,上面写满了小镇的古老故事。每一卷都是历史的沉淀。

　　老街沉睡,一片静谧。偶有几声话语,柔细得似身边的水,一入耳便化了。我孤独徘徊的身影和这样的静夜已经疏离太久了。屏神凝息,万籁俱寂之外,我听到了河水走珠的声音,鱼儿吞吐泡沫的声音,弱柳拂风的声音……这声音的盛宴,是乌镇午夜梦回的幽叹音节。对面阁楼里的窗纱上有人影掠过,与我一起聆听着乌镇的禅声,我会心一笑,蓦地想起一首叫作《断章》的诗:你站在桥上看风景/看风景人在楼上看你/明月装饰了你的窗子/你装饰了别人的梦。

夜色如禅,逍遥愉悦。月光与水影相映,灯光与人影生辉,这便是乌镇的夜景。如此的景象是我生命里久久渴望的。我曾千万次寻觅着自己心灵的家园,然而五十多个年月逝去,我仍一无所获。在乌镇的这个夜晚,我不经意间获得了。这是属于我的幸福,我会珍藏它的每一个细节。

依恋着水的背景、船的背景。我走在乌镇的夜色里,就像走进了几百年前某个清幽的夜,依稀中,几个江南女子在树荫里对弈,在月光下绣花,在天井里谈笑,数着星星说着牛郎织女的故事。这是我的臆想,是乌镇的夜色给予我的感觉。恍恍惚惚,仿佛置身于这水道中,忘了来处,也不知去处。又恍惚几世几辈之间,自己便在这古旧的楼榭上,在这古旧的石桥上,那旧时的灯火同样映着我的心。钩沉往事,冷月孤心,悠悠然心神交会,不知今夕是何夕。

闻着古树散发的清香,静观天上的星光,心静如水。是的,我已融入乌镇,化为老藤上的一片叶,老井中的一滴水,老屋上的一页瓦,老街上的一块石板……物我一体,这是至高的境界。

乌镇的夜静谧、温馨。一弯月牙高悬,尼龙纱似的笼罩着古镇。苍穹之下,淡淡的月色勾勒出古镇街楼鳞次栉比的轮廓。水巷、乌船、楼阁、廊棚、小桥、流水……一切的景色,一切的画面,沉沉的,隐隐的,深深的,蒙蒙的,似凝定的,又是延伸的,穿越着无尽的禅的梦幻。

朦胧中,想起两句来:处处现禅心,时时用禅意。这两句,便是经典的句子。微风荡来,我打了个哈欠,该回到下榻的地方睡觉了。星空灿烂,人间与天堂相连,人心与禅意衔接。那一夜,我睡得很香。

三亚，灵魂之旅

三亚，对我这个北方汉子来说，那就是天堂。《圣经》里说：天堂，就是有牛奶加蜂蜜的地方。在我的潜意识里，天堂就是有海水有沙滩的地方。我在想，如果有可能，我会选择在三亚定居，将灵魂匍匐于海水和沙滩上。

我去三亚，是1994年的冬天。那时我还在县政府办公室工作，与县农牧局、财政局的几位领导一起陪同县长去慰问在那里育种的县农科所的职工。这样的慰问已成惯例，县上每年组织一次，在农历腊月。在覆盖关中的一场鹅毛大雪中，我们登上了从咸阳机场直抵海口的班机。早上七时飞机起飞，十时许降落在海口机场。下了飞机，脱掉毛衣毛裤，我们乘一辆中巴车去距离三亚一百多公里的一个叫古正头的村子。中巴车的窗户宽大透明，岛上的风光便一览无余。在北方，此刻遍地是"窝冬"的小麦，而岛上却是茂盛的草木和稻子、玉米、椰子树、芭蕉树、香蕉树，还有不知名的树木和紫藤，以及紫藤中掩藏不住的相思豆。

我是惧怕寒冷的，一入冬就萎靡。三亚这炎热的天气同北方形成了巨大的反差。一路上，我手舞足蹈。同行的几个人也一样，欣赏风光，谈笑风生。走进古正头村，只见树木很少见房子，遍地都是和牛粪搅和在一起的沙子。没有路，我们就在紫藤的间隙绕来绕去，绕过一座房又一座房，才到了育种队住宿的村支书老陈家里。老陈只穿背心裤头，精瘦黝黑。受岛上强烈的紫外线影响，岛上人绝大多数黑瘦，虽戴着斗笠，却无法阻挡阳光的曝晒。男人们则一年四季穿背心裤头，有的索性连背心都不穿。

老陈的住房比较宽敞，院子也用水泥打了地面。老陈从自家院子的椰子树上砍下椰子,用刀劈开让我们喝椰子汁。我们边喝边听着育种队负责人小张的汇报。老陈的女人在院子的一口大锅里做饭。她的眼睛很深,看你时你会觉得是在被她审视。但她看你仅仅是一瞬间,只那么急促地一瞥,就低下头去。

晚饭后,我到村外的榛树林拣拾榛子,榛子的壳很硬,形状却规则。捡榛子时和老陈的一个女儿相遇了。她看上去有十六七岁,瘦弱,黝黑。看见我在捡拾榛子,她惊叫了一声。她正在猫着腰采相思豆,咧着嘴笑了笑,用火辣辣的目光望着我。在异乡,我感受了一种温暖。她跑过来,塞给我三颗相思豆,灿烂的笑容宛如一朵黑牡丹。之后,她向远处跑去。不远处就是大海,在晚霞的映照下,海面上空呈现出一抹红晕。

在古正头住了一夜,第二天我们去了三亚。这是我第一次零距离接近大海,我惊异着这地球上怎么可能有那么多的水聚集在一起。那一刻,我想起了一个词:野心。人是有野心的,水也是有野心的,仿佛要吞噬掉整个地球。海水卷着波浪,自远而近向我咆哮而来。我没有后退,反而迎着它挪动了脚步。在很长的岁月里,我都惊疑着自己初次面对海水时的那种从容。

三亚海阔天高,空气中不杂半点尘埃,宛若仙境。仅仅用清新宜人来形容三亚实在是委屈了它。我的感觉是婴儿脱离母体,呈现在一个全新、明亮的境界之中。踩着软沙,来到刻有"天涯"和"海角"的立石和卧石前。天涯海角,这个神秘的面纱终于让我揭开了。"天涯望京华,过眼云烟去。海角梦魂牵,生死总由之。"我不知道这是谁的诗句。面朝茫茫大海,背靠密密的椰林和山岩,这不是路的尽头是什么?唐、宋两代曾有多少卿相大官被贬到此地,留下忧愤惆怅的诗句。其实,按照范仲淹"不以物喜,不以己悲"的人生观,天涯海角倒是修炼人生的佳境。

此时此刻,涛声依旧,人生的感悟却上升到一个新的境界。在"天涯""海角"石旁,我们一行留影,或合影,或个人照。几个人坐在沙滩上看海,我却从包里掏出了笔记本和笔。这是我旅行的习惯,或记录下景物的奇异,或抒写心灵里的感受。那天,我写下这样的文字:"我沉湎在海边,宁愿被海水充盈,又被海水放逐。"我是在沣河边出生的,水的印记一直灌输在生命的进程里。每次远行,看见水,看见河流,灵魂里便溢满冲动。然而,是三亚的海水,将我对水的欲望提升到一个更高的境地。这年我三十八岁。此前对水的渴望只是生命的需求,而目睹了三亚的海水,我将它和灵魂的需求联系在一起了。是谁说过,解读一条河就是解读一个人的心灵史。那么,解读浩瀚无边的大海呢?宇宙是伟大的心灵,人是微缩的宇宙。那么,人与大海,是否都是神秘的生命意志,外化于大地的表象。我的灵魂之行是从三亚开始的,从此我的生命便充满浩浩荡荡的灵魂书写。这是天边边,这是海角角。自然界到此终结,人的生命在此圆满。

海鸥贴着海面飞翔,白白的肚皮,一会翻转过来,灰白的翅膀又迎面而来,一愣神,它已展翅回旋到海的上空,鸣叫着呼唤人们投身大海。有人身着泳衣下水了。我不会游泳,虽是羡慕,却只能在水边遐想,用心灵泅渡在大海的深处。心灵的泅渡,这是精神的超越。海水丝丝缕缕,纠结着我的情感;海浪此起彼伏,聚集着我的心潮。我独坐在沙滩,享受着大海昭示的宇宙本相,阳光下的每一朵浪花溅起生命的光芒穿透心灵,从而获取生命由此岸抵达彼岸的密码。

三亚的气候是神秘的,眨眼间,天暗了下来,海天之间透露出神秘缥缈之感。不一会,远处的海面掀起了巨大的浪,我以为水里的游客会惊慌失措,谁知他们却若无其事一般,这令我汗颜。

柔软的沙滩,留下一串串深深的脚印。明明知道这些脚印是无法在岁月里存留的,但还是一步一回头。

晚上我们下榻在距海边不远的旅游局招待所。晚饭后,几个人在房间聊天,我孤坐在海边听潮观潮。近处和远处都有帆船的影子,到归航的时刻了。海风带着咸味撩起我的头发,我就从傍晚一直坐到深夜。深夜的海涛似火车轰鸣,却少了刺耳的噪音,似雷声震响,却让我不感到惊悸。漆黑,赋予了我充分的想象,我站起来,张开双臂,幻想着如一只大鸟一样,展翅飞跃大海。自在游弋,穿行往来,这是仙人的境界,让我在三亚的海边亲身领略了。

一觉醒来,我们去距三亚约四十里的另一个育种基地慰问。那个村名很奇怪：山脚村。环顾四周，周围并没有山，路旁、院落都是仙人掌、蟹爪兰之类的植物。村子宛若一个天然的花园，孩子极多，一个院落就是一群。那些黑肤色的孩子们尾随着我们，欢快地喊叫。这个村子不同于古正头，而是一户挨着一户，却没有整齐的街道。中午，村子的干部邀我们和育种队员在一块吃饭喝酒。岛上人喝不了白酒，把我们从北方带来的白酒当凉水喝下去后才觉得不对劲，硬着舌头说话，抱住我们亲热，气氛让人温暖。午饭后，我们去玉米基地参观。一棵棵椰子树在路边，田野生长着，牛和羊在这如诗如画的风景中徜徉。

当天下午我们返回三亚市。有人提议明天去崖城镇，说那儿是封建社会朝廷流放"罪犯"之地，一定有着别样的风光。问了旅馆的主人，说只有一个小时的车程，于是大家都有了兴趣。我在街头的书店买了一本介绍三亚的书，方知崖城是中国古代最边远州、郡、军、县的治所，历史上一直是海南岛南部政治、经济、文化中心和军事重镇。崖城是汉代的临振县县治、隋代的临振郡郡治、唐代的振州州治、宋元明清诸代的崖州州治、吉阳军治及宁远县治、吉阳县治。民国时期，崖县府设在崖城，新中国成立后，崖县人民政府在崖城设立，1954年，崖县府迁往三亚。自南北朝起建制崖州，依托上千年的历史积淀，崖城及附近地区不断容纳中原移民，传承着三亚的历史文脉，承载着中国厚重的、不可替代的天涯文化。

合上书的那一刻，我就预感到明天之行会是一次灵魂之旅。这倒不是因为它的历史久远，而是由于它是贬谪之地。凡被流放的官员，要么与皇帝的政见不合，冒死进谏，要么坚守着独立的人格，不愿同流合污。像南宋时的词人赵鼎，曾在朝廷任职，因力主抗金，受到秦桧的陷害，被贬崖州。天一亮，我们便租车前往崖城镇。

盛德堂。正午，我们站在崖城镇水南村一处荒废的古迹前。这原是唐代宰相裴度后人的私宅，赵鼎曾在此谪居三年，直至1147年绝食身亡。与其志同道合的抗金主帅胡铨于1148年也被贬到此，在这里寓居达八年之久，1156年遇赦离开前，亲笔题写了"盛德堂"匾额。温热的风，摇晃着屋顶的茅草，仿佛在诉说着一段远去的历史，讲述着两位民族英雄的心声。有鸟儿在屋檐间默无声息地飞来穿去,在我的意念里,它们是两个人灵魂的影子。

闲时曾读赵鼎的《点绛唇·春愁》,总是感到词人灵魂暗潮的涌动:"香冷金炉,梦回鸳帐余香嫩。更无人问,一枕江南恨……"一种深沉委婉的思绪,心灵的潜流,虽窄却深。作为一代中兴名相的赵鼎,将这首词写得婉约低回,梦中的追寻越是迫切,醒来的失望就越发浓重。至于这恨,所指到底是什么,词人没有讲明,也无须讲明,因为这是一种泛化了的苦闷,蕴含着时代的忧郁,也有个人的愁绪。伤春愁春只是本词的表层含义,惋叹之中又有着坚韧,婉约之中犹有筋骨。我恍然悟出,被朝廷冷落的赵鼎是在借词抒怀,忍受灵魂的煎熬。

据书上介绍,先后被贬逐到崖城的朝廷官员有四十多人,仅皇子、宰相和内阁大臣就多达十四人。著名的有唐高祖第十九子李灵夔、唐相韦执谊、李德裕、宋相卢多逊、赵鼎、丁谓,名臣胡铨,元代参政王仕熙等。贬逐官员之多,官阶之高,名气之重,十分罕见。当然,让崖城出名的还有两位人物,一个是唐代高僧鉴真,他六渡日本传教,第五次遇飓风漂流到崖城,滞留一年有余,为崖州官员受戒,重修大云寺,传播中原文化。另一位是宋末元初女纺织革新家黄道婆,在崖城生活近四十年,晚年在上海传播崖州的植棉技术和棉纺织技术,改革当地落后的纺织工具,推动了纺织业和社会经济的发展,成为世界名人。崖城本土也不乏精英人物,如组织崖州义民抗清复明、为南明王护驾有功的总兵王火晃;清代海南唯一参加戊戌变法和公车上书的维新骨干林缵统……

走进大街小巷,在崖城的古遗址和古建筑间流连忘返,我感受到了历史的厚重与沧桑。新石器时代遗址群、伊斯兰古墓群遗址、晒经坡遗址、郡主冼太夫人庙遗址、伏波祠遗址、五贤祠遗址、黄道婆居住地水南村、崖州古城池、孔庙、学宫、迎旺塔、广济桥、三姓义学堂、孙氏祠堂、民国骑楼街……我是一个喜欢怀古的人,每每出门,不喜欢那些现代建筑林立的大城市,因为在其中我寻觅不到灵魂的影像,更多的是烦躁不安和灵魂的空虚。而一看见那些古遗址、古建筑,还有那些在阳光下生长的草木,在清风里啼叫的鸟儿,在山间盘绕的溪水,我总是抑制不住欣喜和激动。这属于我的本性,谁也改变不了。因此，崖城的古遗址、古建筑，就成了我挥之不去的灵魂掠影。我的脚步迟迟不肯挪动，甚至面对从一栋古建筑破败的墙头伸出的一根枝条，也会久久凝视，感觉它好像是从幽深的岁月生长出来的。

同行的几个人对我对崖城的痴恋报以同情和理解，甚至连县长的眼里也有了赞许的目光。他也仿佛喜欢上了古旧的东西，总是眯着眼瞧着那些古建筑的细节。在他的感染下，同行的其他几个人也都放慢了脚步。

傍晚，辞别了崖城，我们驱车前往海口机场，结束了三亚之行。

刚刚认识就匆匆辞别，让我怅惘，让我留恋。保存着怅惘和留恋，就有再相识的日子。三亚的一处处细节，是那样贴切地关照着我的精神。三亚之行，注定成为我的灵魂之旅。

在蓝天白云之上，我无法再回首刚刚认识的三亚。椰树、榛子、相思豆、仙人掌我认识了，古正头、山脚村以及三亚、崖城我相识了，记忆里魂牵梦绕的，还有陈支书和他的女儿，赵鼎和他的盛德堂，海水和沙滩，以及海鸥、晚风、帆船，这些都以独特的感觉和视角诠释着三亚的魅力，触摸着灵魂最敏感的地方，演绎着一个个体生命对自己生存世界的精神救赎。

大写的沂蒙

蒙　山

对蒙山,我的敬畏之心由来已久。看过资料,知道它是历史文化名山。两千多年来,一直为文人骚客、帝王将相所瞩目。在孔子"登东山(蒙山)而小鲁"之后,李白、杜甫携手翩然而来,留下了"醉眠秋共被,携手日同行"的千古诗句,李白更是为兰陵镇的美酒佳肴所吸引,流连忘返,以至醉卧兰陵,"不知何处是他乡",醉出一段极致。苏轼,这位旷世才子,游蒙山后惊呼:"不惊渤澥桑田变,来看龟蒙漏泽春。"康熙皇帝冬游蒙山时,欣然挥毫:"马蹄踏碎琼瑶路,隔断蒙山顶上峰。"还有乾隆皇帝,于南巡途中专程来到蒙山,按捺不住胸中的激情,写下了"山灵盖不违尧命,示我诗情在玉峰"的诗句。

这些大写的历史人物,造就了大写的蒙山。

更让我敬仰的是,在20世纪前期,在中国人民抗击倭寇的岁月里,蒙山经历了艰苦卓绝的战斗。沂蒙山根据地,这两个名词的组合,让国人看到了民族的希望,以及血与火的洗礼。

顶着烈日,冒着酷暑,千里迢迢奔赴山东,是应邀参加山东省当代文学院在平邑举行的"蒙山丽夏"笔会。一直以为,沂蒙是一座山的名字,到了平邑才知道,这原来是一个误区。

车出济南,三个小时就到了平邑县城。时逢正午,燥热的风,伴着艰难的呼吸,在空气里流淌。坐上出租,我对司机说:去沂蒙山管委会。司机愕然:哪儿来的沂蒙山?我们这儿只有蒙山啊。

  2009年6月27日上午,笔会开幕式过后,下午就是登山的内容了。一座山,是用来攀登的。可是,登山的过程,被一辆大巴代替了。大巴拉我们到山顶,参观了山顶的景点。对那些人造的景物,我向来是不感兴趣的。所以,留恋的目光总是落在起伏的山峦间,和那些飘来飘去的云雾上。俯视这些,会有居高临下的快感。在蒙山的高处,我目睹了它集险、奥、幽、旷、奇、雄、秀于一体的景象。它的植被,比不上我常常身临其境的秦岭,但它的开阔,它的坚硬,以及那种男子汉般的粗犷,却让我感受到另一种豪杰般的气概。在山顶,我想到了另一座山:泰山。在山东的版图上,蒙山,似乎是泰山的兄弟,它们共同诠释着雄奇壮美的概念。

  极目远望,寻觅着孟良崮的影子。这是因为对小说《红日》的膜拜。那种英雄的气概,在我童年的心灵里,有着深深的烙印。是的,生当作人杰,死亦为鬼雄。数十万中国的男子汉,在蒙山的一座山头,演绎了一场经典的战役。那样的场面,那样的壮烈,在此后的战役中无疑是绝无仅有的。怀着如此的念想,我为山西作家乔忠延拍了一幅照片,并郑重其事地说道:你身后的背景,就是孟良崮。其实,我们彼此心照不宣。孟良崮虽然属于蒙山的脉系,却并不在平邑境内,它属于蒙阴的管辖范围。

  乘大巴上山,可以节省体力,下山我们选择了步行。一座山,如果不用脚步丈量它,就不会有登山的感觉。山路经过了修整,铺开的石阶,在我的脚下蔓延。不用担心脚下,可以尽情地享受风光。峰回路转间的雅致,好像都是因了我的到来而设置的。突然而至的几声婉转清亮的鸟鸣,扰乱了我的思绪。还不到有蝉的时候,否则,它们的啼叫,会给这座山增添一些禅意。

  沿途,蒙山的细节处,时不时地给我以惊喜。

  东天门一公里左右,有一片山崖瑰玮万状,上有许多乌龟或闭目沉思,或匆匆前行,或东张西望,形态各异,极富动感。打开想象的翅膀,可以清楚地看到,下边的巨龟已爬进海底,中间有的在踽踽前行,有的在左右回顾。最上边的几只小龟,仿佛刚从蛋壳里爬出来,还不敢下海,东张西望,可爱至极。此景被命名为群龟探海,真是再恰当不过了。

一面巨大的裸露岩石上,雕刻着老寿星的造型。老寿星采用明朝末年定型的形象,突出头部造型:大脑门,白须飘逸长过腰际,一手拄杖,一手托仙桃。和岩石一样的寿命,该有何等漫长呢?无须言语,只需眺望,甘当一座山的守望者。

蒙山的负氧离子含量为每立方厘米二百二十万个单位,居全国之最,被专家誉为"天然氧吧""世界养生长寿圣地"。漫步于枝繁叶茂、落叶松下的天下第一步游道,呼吸着天然氧吧的新鲜空气,忽然一阵清新的山风吹过,携带着松香的味道,泥土的芬芳。我张开大嘴,大口地深呼吸,像极了初生的婴儿,依恋母亲的乳汁。

阅读一座山,需要漫长的过程。一个下午,对于它的了解只不过是九牛一毛。因此,尽可能地浏览它的精华,是我唯一的选择。在几位文友的陪同下,我一直从蒙山顶走回下榻的沂蒙人家大酒店。据我的估算,行程大约十五公里。这样的距离,对我来说不是第一次,可是,由于目光的劳累,心灵的蔓延,双腿便酸痛无力。看着身旁驶过的电瓶车,我屡次动摇过徒步下山的意志,然而等到了酒店门前,我才幡然醒悟:用脚步丈量了一座山,这是何等愉悦、何等完整的体验啊。

具备了登临蒙山的经历,我的生命长度,该会延伸些许了吧?

沂　水

目光刚触及沂河的那个瞬间,我就感觉到,它是有灵性的。

蒙是山,沂为水。仁者乐山,智者乐水。仁者和智者,自然界都有和他相对应的事物。山是静止的,水是灵动的,人的情绪可以随波逐流。河流,适宜于思想的驰骋,因之被思想家反复咏颂。古希腊哲学家泰勒斯认为:水是万物的本原。"水生万物,万物复归于水",泰勒斯是第一个用抽象的哲学语言提出万物的根源问题并给予解答的人。在黑格尔那里,水又具备了思想的要素。在他眼里,人的思想犹如一条河。唯有不断变化,才能翻起浪花。

听说,沂河长度达到了五百七十四公里。它源于四条河流:徐家庄河、大张庄河、南岩河、田庄河。它们是沂河的长辈。四源相汇田庄水库,即《清史稿》载"经龙洞山而合"。水库以下称沂河,流经沂源、沂水、沂南、临沂、兰陵、郯城等县区,由郯城县吴家道口村入江苏省境内的骆马湖。它的主要支流有东汶河、蒙河、祊河、梓河等。这些支流,无疑是沂河的儿女。

在临沂市新区,我看到了沂河。沂河在此处的宽阔,完全可以和黄河、长江媲美。一座创世界纪录的橡胶拦河大坝,使沂水形成了一片浩大的湖面。正是傍晚,迷蒙的水气,将一座城市滋润得如同蒙着细纱的神秘女郎。湿润的目光,让眼前的景物具备了诗的气象。城市的嘈杂和喧哗,让一条河隔断了。坝下的大人和孩子,不知在弯腰捡拾着什么。这是大海边的闲情。聚集在临沂这样拥挤的城市里,有如此的闲适,也就够了。

行走在沂河的边缘时,晚风正在驱散白昼的炎热。沿着河水行走,两岸芳草鲜美,绿树成荫。文人笔下的碧水青山,天光云影,在这里得到了验证。

拜访了沂河,再走进临沂城内的王羲之故居,便悟出"书圣"的境界。沂水的精灵,开启了王羲之的心扉。清晨或者黄昏,他在河边走着。一缕缕风,像一支支飘动的笔杆,在水面上涂抹出飘逸的文字。河水随风颤动,勾画出一个个飞舞的汉字。王羲之眼前一亮,沂水帮助他揭开了汉字结构的秘密。于是,他顺手捡起河边的一根树枝,在大地上龙飞凤舞起来。

《兰亭序》又名《临河序》,计二十八行,三百二十四字。据说,东晋永和九年(公元353年)三月三日,天朗气清,惠风和畅,羲之与谢安、孙绰等四十一人在山阴兰亭流觞饮酒,赋诗唱和。羲之用蚕茧纸、鼠须笔,乘兴写下了这篇"遒媚劲健,绝代更无"的序文。对它的问世,我向来有着自己独特的感受。大凡传世的文字和书法,无一不是寂寞的杰作。那应该是一个月夜,羲之在沂河边行走,月光下的沂水,起伏跌宕,变幻莫测,呈现出生命里的轨迹。忽然,狂风骤起,河水激情万丈,惊起千堆雪。如潮的情感,冲击着羲之的胸襟。他疾步回到书案前,打开窗,把宣纸如月光一般铺在案上,然后,在我们现在所看到的"洗砚池"里盛满一桶水,墨笔一挥,顿时清风出袖,明月入怀,将"清流激湍"引以为"流觞曲水",铺展出沂河月夜的景致。一字一句,尽显人生况味。

夜深人静的时刻,一个人在河边踽踽独行,总会有意想不到的收获。

俯仰之间,《兰亭序》已为陈迹,雕琢在王羲之故居里一面巨大的石壁上。天落着细雨,壁上的文字笼罩着忧愁。喜和悲,为人生最基础的两种感情。五十岁的王羲之历经了数次的辞官后,终于进入了"万物静观皆自得"的哲学意境。这是人生之大幸。回归沂水之间,他才领悟了生命的意义,悟出了书法的极致境界,成为一个大写的人。

老子曰:上善若水。沂水,是王羲之生命里独特的气象。自然界的一切物象,包括功名利禄,在他的心胸中,已是弹指一挥。唯有沂水,是大智慧,大境界。

沂河之畔,还诞生了一位智者:诸葛亮。据传,诸葛亮在故乡沂南的时间只有八年。而一个杰出人物的问世,在其诞生之地,必定有着常人无法破解的命运密码。三国时的沂河,它蜿蜒的皱褶之间,真的就藏匿着一个人的智慧么?

临沂市区东南有两座山冈,相传古代在此处遍生一种灌木,春夏之交,此木鲜花盛开,花朵形似云雀,东冈为黄色,西冈为白色,故两座山冈得名金雀和银雀。站在银雀山汉墓竹简博物馆的门前,环顾四周,怎么看也不像座山,甚至没有丝毫山的痕迹。可是,它却被誉为"天下最小名山"。孙武、孙膑、汉墓、竹简,这些古时的人物和事物带着泥土的气息以及神秘的气象,在临沂的天空飘荡。在遥远的时空隧道里,银雀山的四周不会有如此众多的高大的建筑物。那时,它就是一座山,一座突兀的山头。沂河的水,缠绕着它的躯体,它的灵魂,或者,和它遥望,如恋人般相守着一个秘密。银雀山是男人,沂水是女人,缠缠绵绵,如泣如诉。这样的风光,是皇宫贵族们期盼的葬身之地。可是,它却掩埋着古代两位军事家的军事思想。一枚枚竹简上,虽经泥水的长期浸泡,而竹简上的墨迹仍清晰可辨。

银雀山脚下的水,应该是沂河的脉络。

山是骨骼,水是血脉。由此,便有了大写的沂蒙。

喜欢瘦水的感觉,却无法领略到沂水的涓涓细流,那细碎的涟漪潺湲自如,如泣如诉。宽阔、雄壮,固然是一种美,是一种大调,可是,我更喜欢沂水的小调。如果有机会,一定要看看它的源头,它的分支。

小　调

小调,属民歌体裁类别的一种,又称小曲、俚曲、时调,是人们在劳动之余,日常生活当中以及婚丧节庆之日用以抒发情怀、娱乐消遣的民歌。《诗经》中的某些叙事性篇章,已经孕育了这一体裁的某些因素。相对于宫廷歌舞,它隶属于民间的曲子。

大调有大调的雄浑,小调有小调的雅致。在艺术的领域里,它们处于不同的生存形式和状态。莫扎特的一生,经历了比贝多芬更残酷的苦难。所以,他的小调,注满了心碎肠断的滋味,还有对不可知的恐怖,以及孤独的凄惶与苦闷。我预感到,他在演奏时的呼吸,能把一个个平庸的灵魂带走。

在"蒙山丽夏"笔会的篝火晚会上,我首次听到了沂蒙山小调的曲子。我没有记住歌唱者的名字,只记得是一个男子,被主持人推上舞台。"人人(那个)都说(哎),沂蒙山好,沂蒙(那个)山上(哎),好风光,青山(那个)绿水(哎),多好看,风吹(那个)草低(哎),见牛羊(转段音乐),高粱(那个)红来(哎),稻花(那个)香,满担(那个)果蛋(哎),堆满仓。"后来,他就从正月开始,一直唱到了腊月。

小调,指流行于民间的各种曲调。它以音阶中的第六音为主音,通常用以表达悲伤的情感。《沂蒙山小调》则在悲伤之间,揉进了喜悦之音。"正月里来什么花,先开先败,什么人手挽手走下山来?正月里来迎春花,先开先败,梁山伯祝英台走下山来……"

李公顺先生是地地道道的临沂人,典型的山东大汉。在去临沂的途中,他引领着我们穿行在一条小路上。乍然惊觉,小路被两条长长的绿带夹裹着,杂草枝叶间,满树的明艳,枝条苍青,花瓣娇嫩,玲珑小巧,红灼似火。

我们进入了一个小山村。

白石屋,一个四面环山的村子。白石,绿水,人家;宁静,淳朴,萧疏。表面上,它波澜不惊,温文尔雅,仿佛与世隔绝。如此狭窄的环境,是诞生沂蒙山小调理想的场所。人的情感,在小调舒缓、压抑的旋律中荡漾着,回旋着。曾经盘腿坐在陕北窑洞的炕上,品着黄酒,听一个女子吟唱一首情歌。它的韵律,并不像舞台上、黄土坡上信天游那样铿锵、悠长,而是委婉、短促。我知道,它属于小调。

这样的境地,对我来说并不陌生。我的灵魂,好像就附着在这样的地方。在人生的坐标上,我把自己定位为小调:淡泊、宁静。

当我们驱车进入它的腹地时,它是那样的安静,如一位慈祥的老者,迎接着陌生的来客。时间仓促,我们无法与它的主人交谈,也就进入不了它的内心世界。呈现在我们眼前的只是静立的山头,碧绿的河水,凄美的芳草。一块面向湖水的石头上,雕刻着"沂蒙山小调诞生地"一行字,是袁成隆的笔迹。1939 年,他随抗大一分校从延安来到沂蒙,在此工作了十四年之久,组织创作了《沂蒙山小调》。

如果时光能够倒退六十年,它该是怎样的情景呢?

1940 年,抗日战争正处在艰苦卓绝的时期。抗大一分校由蒙阴县的垛庄一带迁驻费县,该校的文工团就住在白石屋村。《沂蒙山小调》是在白石屋村一间简陋的民房里创作出来的。曲子选用传统民歌《十二月调》的旋律,填上了《打黄沙会》的歌词。美妙动听的曲调在山坳里一响起,那沉睡着的山崖、草木、泥土、鸟儿禁不住欢呼雀跃。那是它们未曾聆听过的旋律,是它们灵魂里久久渴望的曲调。歌曲从一座山洼迅速扩散到整个沂蒙大地,进而传遍鲁中、鲁南、滨海、胶东、渤海,此后,又蔓延到华北、东北各抗日根据地,在全国唱响。

我的目光,凝视着白石屋上空一只飞鸟的旋转。碧蓝的天宇,运行着它飞翔的频率。突然,它一个俯冲,落在了河边的一棵树上。它开始啼叫,歌唱,宛若小调的韵律。这个细节,是我挥之不去的幻觉。它的祖先,聆听过小调的韵律之后,就把它定格为生命里的磁场,一代一代传承。

拐弯处,一头牛卧在路边,一个老者坐在牛的身边。对我们的到来,牛和老人都是漠视的。无须惊讶,无须思索,就像苍穹里脱落下来的一根空弦。老人的身边,是千年不变的山头、石块、泥土,四季轮回的草木,以及一茬茬的树木,一代代的鸟儿,老人明白,他不过是这个山洼的一个过客。那么,来到此地的客人,恐怕连过客也算不上,只是匆匆掠过的一个影像。

在白石屋这个世外桃源般的山洼,我真想久久驻留,获得更多的人生体验,还有情感的慰藉。

我们要离开白石屋了。忽然发现,它是如此的孤独。孤独,正是它的本质。守不住孤独的人,包括自然界一切的物,无法做出轰轰烈烈的伟大事业。是的,伟大需要沉淀,惊天动地更需要沉淀。就像贝多芬的第九交响曲,第一、二乐章使用的是 D 小调,三、四乐章才进入 B 大调、D 大调,经过小调的一系列铺垫,才开始了《欢乐颂》的吟唱。白石屋,这个小山村,六十年前曾经有过让后人铭记的历史瞬间,而那是经过了百年、千年的孤独和沉淀。

仿佛要让无边的思考打住,车上,不知谁引了个头,我们一起吟唱起了《沂蒙山小调》。人的情绪进入小调的氛围,感觉真的不错。大写的沂蒙,既有山的雄伟,水的灵动,也有小调的滋味。

小调,属于沂蒙的细节,和伟大相得益彰的细节。